T0080798

DESCARGA
GRATUITA

Editorial **CLIE**

Como muestra
de gratitud por su compra,

visite www.clie.es/regalos
y descargue gratis:

*"7 consejos cristianos para reducir la
ansiedad en 7 días"*

Código:

VIVIR24

JONATHAN EDWARDS

Un teólogo del corazón

Harold P. Simonson

Editorial CLIE
www.clie.es

EDITORIAL CLIE
C/ Ferrocarril, 8
08232 VILADECAVALLS
(Barcelona) ESPAÑA
E-mail: clie@clie.es
http://www.clie.es

Copyright © 1982 The Simonson Family Trust, dela versión original en inglés por Simonson, Harold P. Esta edición está autorizada con permiso especial de Wipf and Stock Publishers. www.wipfandstock.com

«Cualquier forma de reproducción, distribución, comunicación pública o transformación de esta obra solo puede ser realizada con la autorización de sus titulares, salvo excepción prevista por la ley. Diríjase a CEDRO (Centro Español de Derechos Reprográficos) si necesita fotocopiar o escanear algún fragmento de esta obra (www.conlicencia.com; 917 021 970 / 932 720 447)».

© 2020 por Editorial CLIE, para esta edición en español.

Jonathan Edwards: Un teólogo del corazón
ISBN: 978-84-17620-28-8
Depósito Legal: B 4680-2020
Biografía
Historia
Referencia: 225116

Impreso en Estados Unidos de América / *Printed in the United States of America*

Agradecimiento a los revisores

Todo escritor sabe que tiene sus puntos ciegos. Estoy muy agradecido a ese grupo de amigos, superiores, compañeros y colegas que, amablemente, han dedicado tiempo a leer algunas porciones de estas reflexiones, algunas en inglés y otras en español. Entre ellos se cuentan Kenneth Minkema, Steve Irvin, Randy Skelton y Tim Wertergren. Amigos, gracias por tomaros ese tiempo y por proporcionarme unas críticas tan valiosas como útiles. ¡Cualquier error que pueda haberse colado en el texto final es solo mío!

ÍNDICE

PRÓLOGO

por Dr. Kenneth Minkema

Es infrecuente que se pueda decir esto de un libro, pero lo que tiene usted entre las manos es un instrumento tremendamente útil para beneficiar tanto a su intelecto como a su espíritu. Habla de Jonathan Edwards, un teólogo norteamericano del siglo XVIII, un personaje que ha conformado en gran medida la vida intelectual y religiosa de muchas personas hasta nuestros tiempos, y que ha influido en ella. Aunque Edwards, encuadrado en una época, un lugar y una tradición concretos, puede parecer una figura muy lejana para muchos lectores de habla hispana, el vigor y la relevancia de su pensamiento hacen que resulte atractivo para creyentes que proceden de diversos trasfondos.

En este estudio, el profesor Simonson se centra en diversas maneras esenciales para comprender y describir el camino a la salvación tal como lo expuso Edwards, incluyendo la narrativa, la experiencia y, un rasgo aún más distintivo de Edwards, "los afectos". El lenguaje es el medio por el que transmitimos a nosotros mismos y a otros cuál es nuestro estado religioso, forjando así un contexto emocional; el propio Edwards fue un factor esencial para reformular el lenguaje religioso antiguo dándole una forma nueva y moderna de auto-revelación. La experiencia, junto con las Escrituras y la razón, fue para Edwards uno de los pilares de la vía del conocimiento. Por medio de la experiencia de la gracia, los peregrinos tienen un "sentido", un sentido nuevo, un sentido espiritual de la realidad de las cosas divinas, un conocimiento regenerado que está por encima de lo que puedan saber las personas "naturales". Y mientras que muchos teólogos colocan la mente o las emociones en una posición primordial como canal de la experiencia religiosa, Edwards consideraba que es toda la persona, combinando el corazón y la mente como afectos, la que participa de toda experiencia religiosa genuina.

Confío en que esta introducción a los paradigmas de Edwards transmitirá algunos de los conceptos esenciales de su visión, hasta tal punto que usted se sienta lo bastante intrigado como para leer sus obras. Le prometo que será un viaje tan desafiante como gratificante.

Dr. Kenneth Minkema
Jonathan Edwards Center
Universidad de Yale

PRÓLOGO

por Douglas A. Sweeney

Me alegra mucho ver la traducción al español de esta obra clásica sobre Edwards y el corazón del cristiano, porque nos enseña mucho sobre lo que quiere hacer Dios en nosotros por medio del Espíritu Santo.

Como leerá en las páginas siguientes, Jonathan Edwards enseñaba, basándose en las Escrituras, que cuando Dios convierte a los pecadores, lo más importante que hace es renovar sus corazones. Les llena de su Espíritu; altera sus "afectos". Insufla en sus almas el anhelo profundo de caminar con Él, de conocerle mejor y de honrarle en todo lo que hagan.

De modo que cuando Edwards aconsejó a las personas sobre la posición que tenían delante de Dios, no les habló principalmente de los aspectos externos de la religión. Les preguntó qué cosas amaban, cómo deseaban invertir su tiempo, a qué aspiraban en la vida. De hecho, el núcleo central de sus 35 años de ministerio pastoral se centró en ayudar a las personas a discernir la obra del Espíritu en sus vidas, transformando sus deseos y reordenando sus amores.

Edwards afirmaba que Dios está activo, de una forma real y activa, en nuestros quehaceres cotidianos. Además, Dios diseñó a los seres humanos para cooperar en su misión de amor redentor en este mundo. Pero nosotros no podemos hacer esto bien, no podemos vivir conforme a ese plan, sin la ayuda del propio Espíritu de Dios. En realidad, el Espíritu juega un papel esencial en los corazones de las personas que medran en este mundo.

Edwards insistía a los suyos que la conversión es algo real. Puede concedernos un corazón nuevo. Puede mostrarnos la verdad divina. Puede liberarnos de las inclinaciones autodestructivas. Puede ayudarnos a encontrar la plenitud en las cosas que satisfacen verdaderamente. Puede ponernos en contacto con Dios, salvar nuestra alma y hacer que nuestra vida cotidiana sea emocionante e importante. ¿Qué podría ser mejor que esto, entonces o ahora?

Douglas A. Sweeney
Profesor de Historia de la Iglesia y del pensamiento cristiano
Director del *Jonathan Edwards Center*
Trinity Evangelical Divinity School

PRÓLOGO

Ernest Klassen

Estoy profundamente agradecido a CLIE por su iniciativa al dar a conocer en español esta obra sobre el pensamiento de Jonathan Edwards como teólogo del corazón, una obra que se publicó originariamente como una serie de reimpresiones sobre la excelencia académica. Edwards es la personificación del dicho "la mente y el corazón van de la mano". Sin duda, Edwards fue un teólogo brillante que tiene una influencia tremenda en nuestro mundo actual. Pero su concepto del corazón es genuino y profundo, y contiene ideas estimulantes que son muy importantes para quienes pretenden integrar la mente, el corazón y la práctica (la cabeza, el corazón y las manos, o el cerebro, el corazón y la conducta). En mi opinión, su obra clásica sobre los afectos religiosos sigue sin tener rival. Simonson hace un trabajo excelente al presentar a Edwards como un teólogo del corazón. El concepto que tiene Edwards de la conversión y del corazón avivado, su experiencia y sus reflexiones teológicas sobre el Primer Gran Despertar (donde fue tanto protagonista como crítico), además de su visión sobre la gracia y la gloria de Dios, justifican por entero el dinero invertido en este libro.

Edwards habla de conceptos como la belleza y la imaginación santificada de una manera que sigue resultando útil tanto para los académicos como para cualquier otra persona. Su tratamiento del lenguaje y del papel que este juega en los sermones es importante, así como muy útil.

Me siento honrado porque CLIE me haya solicitado que presente al mundo hispanohablante el pensamiento de Edwards; encontrará mi aportación en los dos apéndices de esta obra. En el primero intento demostrar su importancia para una comprensión más plena del avivamiento. Edwards, por sus cualidades de equilibrio, apertura y sabiduría, resulta especialmente útil para quienes anhelan un tipo de avivamiento que refuerce los valores esenciales de la Reforma. En el segundo apéndice he tenido la intención de destacar algunas de las maneras únicas en las que Edwards habla al mundo de habla hispana moderno. Creo que Edwards es especialmente importante para ese ámbito en asuntos tales como la relación entre mente y corazón, el valor que tiene ministrar juntos como pareja y su pasión por la gloria de Dios. Confío en que mis reflexiones sobre la relevancia que tiene Edwards para los líderes hispanohablantes le estimulen a leer las obras de Edwards. No es "de lectura fácil", pero se verá más que compensado por perseverar y analizar las consecuencias que tiene su pensamiento para su vida y para su esfera de influencia.

Ernest Klassen
Autor de *La predicación que aviva:*
Lecciones de Jonathan Edwards (CLIE, 2016)
Pastor de la Comunidad Cristiana El Campello,
http://www.elcampellochristiancommunity.org/
Decano académico de INFORMA (España) institutoinforma.com

JONATHAN EDWARDS:
Un teólogo del corazón

Harold P. Simonson

*Para mi familia, con un recuerdo especial
de St. Andrews*

PREFACIO
a la edición de 2009

Si el teólogo Jonathan Edwards (1703-1758) hubiera vivido cien años antes, habría disfrutado de relaciones sociales con personas con quienes se habría avenido bien: los calvinistas estadounidenses Thomas Hooker, Thomas Shepard, John Cottton, personas carentes de todo rival en su predicación y su erudición. Edwards, que nació solo tres años antes que Benjamin Franklin (1706-1790), se enfrentó al arminianismo herético y a todo tipo de disensiones religiosas: una democracia política incipiente, no una sagrada Confederación; el deísmo y el ingenio yanqui en lugar del santo visible que da testimonio de su experiencia de redención.

En 1759, el laicado liberal expulsó a Edwards de su púlpito en Northampton, que había ocupado durante veintitrés años. Sospechando lo que le aguardaba, Edwards había compartido sus inquietudes mediante una dilatada correspondencia con determinados ministros escoceses, como John Erskine de Edimburgo, William McCulloch de Cambuslang, John MacLaurin de Glasgow, James Robe de Kilsyth, Thomas Gillespie de Carnoch y John Willison de Dundee, que se veían muy apurados para mantener sus propios fundamentos calvinistas. Con unas palabras tremendamente personales, Edwards expresó su angustia a esos ministros escoceses. Lamentablemente, se mudó con su familia a Stockbridge, y durante siete años fue el pastor de esta reducida congregación fronteriza y sirvió como misionero entre los indios mohicanos. Al año siguiente, el colegio universitario de Nueva Jersey (hoy día Universidad de Princeton) le confirió el cargo de presidente, el tercero de esa institución; tres semanas más tarde, ese mismo año, murió a consecuencia de una vacuna contra la viruela.

La llamada "tragedia de Northampton" que le envió al "desierto" se achacó frecuentemente a una teología exhausta que admitía la faceta oscura de la condición humana, la mancha intensa del pecado y sus consecuencias eternas a menos que el individuo recibiera el nuevo nacimiento por medio de la gracia amorosa de Dios. En una época temprana, tanto en su *Diario* como en sus *Resoluciones*, obras escritas antes de cumplir los veinte años, Edwards ya había empezado a sondear sus propios abismos genuinos, lugares en que la vida se vuelve compleja y melancólica. Llegó incluso más abajo en su *Narrativa personal*, escrita cuando sobrepasaba los cuarenta años. Como el poeta Robert Frost, que escribió "Me he familiarizado con la noche", Edwards no se vio exento del inframundo de la vida, que incluyó experiencias de miedo —de terror incluso— así como una especie de "temor y temblor" propios de Kierkegaard.

Sin embargo, la convicción de pecado precede necesariamente al gozo "inefable y glorioso", palabras que Edwards citaba de 1 Pedro 1:8 como prólogo a su monumental *Tratado relativo a los afectos religiosos* (1746). Su tema principal fue siempre el gozo de la salvación. Lo definió como el propósito último de Dios cuando creó el mundo; es decir, la emanación y la transmisión de Su plenitud infinita y, por consiguiente, la meta final del creyente sería el reencuentro con esta plenitud.

Los sermones de Edwards, sus majestuosos estilos teológico y filosófico, unidos al propio autoexamen al que se sometía y a sus visiones sobre otros, le incluyen en el panteón más elevado de los pensadores religiosos estadounidenses. Su prosa revela una mente compleja. Los lectores consideran que sus ideas son profundas, a veces difíciles, pero su estilo siempre es lúcido si lo seguimos de cerca. De hecho, la cadencia, las imágenes y las metáforas de su prosa hacen que a menudo esta se remonte al ámbito de la poesía más excelsa. Cabe destacar que en los estudios universitarios modernos sobre la *literatura* americana del siglo XVIII, Franklin y Edwards destacan en claro contraste mutuo. El primero, en su *Autobiografía*, define su credo personal con una abstracción concisa, usando el menor número de palabras, que cabrían en un sello de correos, mientras que el corpus literario de Edwards lo forman veinticinco imponentes volúmenes.

Los dos volúmenes del historiador Perry Miller, *The New England Mind* (1939, 1953), suscitaron una renovación del interés por el pensamiento puritano y sus repercusiones en el siglo posterior. Desde entonces, se ha producido un despertar de impresionante erudición e interpretación crítica, que ha exigido la atención pública tal como lo hiciera el resurgir de Herman Melville entre los eruditos de Yale a finales de la década de 1940. Para los especialistas en Edwards, un volumen primordial es el de las *Obras*, que se concluyó recientemente y que ha publicado *Yale University Press*. Como escritor cuya mirada penetrante en la condición humana se interna tanto en el territorio psicológico como en el religioso, donde operan los grandes artistas de la literatura, solo Melville, Nathaniel Hawthorne, Emily Dickinson, Henry James y William Faulkner están a la altura de Edwards.

Dos textos especialmente conmovedores son los dos "sermones de despedida" de Edwards, uno cuando se fue de Northampton y el otro al abandonar Stockbridge. Para el primero eligió el tema del "juicio": el juicio de la congregación sobre él, el suyo sobre ellos y, por último, el juicio de Dios sobre todos. El segundo sermón, que Wilson H. Kimnach describe como "muy breve, como un esbozo", consiste en un pasaje bíblico ("Velad, pues, en todo tiempo, orando", Lc. 21:36), seguido de cinco proposiciones (que suelen ser frases individuales) con subtítulos, acompañadas de algunas aplicaciones a modo de conclusión. Kimnach considera que las breves palabras de Edwards son "emotivamente premonitorias, una triste despedida".

En *Los afectos religiosos* Edwards escribió "que nunca se ha producido ningún cambio considerable en el pensamiento o en la conversación de ninguna persona, mediante cualquier factor de naturaleza religiosa… que no haya conmovido a sus afectos", entre ellos el "temor, la esperanza, el odio, el deseo, el gozo, la tristeza, la gratitud, la compasión y el celo". Esta sucinta afirmación permea *Jonathan Edwards: Un teólogo del corazón*. Este volumen evidencia mi interés constante por Søren Kierkegaard, Blaise Pascal, retrocediendo hasta san Agustín, y llegando por último hasta el apóstol Pablo. Todos ellos procuraron comprender la naturaleza de la experiencia religiosa, no solo en abstracciones sino mediante el conocimiento existencial del corazón, el corazón redimido y santificado donde Edwards proclamó que residen las verdades más profundas.

Harold P. Simonson
Universidad de Washington
Abril de 2009

PREFACIO
a la edición 1982

Como fuentes primarias de este estudio me he basado, sobre todo, en la edición de 1834 de *The Works of Jonathan Edwards* (2 vols.), editados por Edward Hickman, que contienen la valiosa Nota biográfica del nieto de Edwards, Sereno E. Dwight. Excepto cuando se diga lo contrario, la documentación de los escritos de Edwards hace referencia a esa edición. Para facilitar la cita de las referencias, he incorporado la mayoría de ellas, tal como se indica, en el texto escrito. Sin embargo, cabe advertir que cuando hacemos referencia a las obras de Edwards disponibles actualmente en las nuevas ediciones de Yale, he elegido estas ediciones y no la de Hickman. Los volúmenes de Yale incluyen *El libre albedrío* (ed. Paul Ramsey), *Un tratado sobre los afectos religiosos* (ed. John E. Smith), *El pecado original* (ed. Clyde E. Holbrook) y *El Gran Despertar* (ed. C. C. Goen). En este último volumen, cuyo título proporciona el profesor Goen, figuran *Una narración fiel*, *Los rasgos distintivos* y *Pensamientos sobre el avivamiento*, las tres de Edwards. Cuando hago referencia a estas tres obras, cito la edición de Goen. También recurro a las obras individuales editadas por Perry Miller y William K. Frankena cuando abordo *Imágenes y sombras de cosas divinas* y *La naturaleza de la auténtica virtud*, de Edwards.

Escribí la mayor parte de este libro en St. Andrews, Escocia. La facultad del St. Mary's College y el personal de la biblioteca universitaria me dedicaron unas atenciones que recordaré durante mucho tiempo. Me complace especialmente agradecer las útiles suge- rencias del profesor J. K. Cameron, que leyó un borrador temprano del manuscrito, y las conversaciones con el profesor N. H. G. Robin- son, el profesor James Whyte y el director Matthew Black. Pecaría de ingrato si no mencionase la amabilidad de James y Maud Harrison y de Arthur y Emmine McAllister, con quienes siempre asociaré la generosidad escocesa en su máxima expresión. Mi mayor gratitud es para mi esposa Carolyn y mis tres hijos, Eric, Greta y Peter, cuyo amor me respaldó mientras estudiaba el de Edwards.

Harold P. Simonson
Universidad de Washington

INTRODUCCIÓN

En su libro *Temor y temblor*, Søren Kierkegaard relata la historia de Abraham e Isaac, repitiéndola literalmente una y otra vez, y en cada una de esas ocasiones aprecia en ella una riqueza, una complejidad y una fuerza adicionales. Su repetición del episodio pretende sugerir la manera en que él mismo regresó a esta historia después de haberla leído por vez primera siendo niño. Había algo en el relato que le indujo a hacerlo, y durante varios años sus lecturas reiteradas fueron acrecentando su sospecha de que esa narrativa contenía un enigma —el enigma de la fe religiosa— que exigía toda su atención. La fe de Abraham atraía irresistiblemente a Kierkegaard a grados de entendimiento cada vez más profundos, y fue precisamente en esas profundidades donde escribió esa obra.

Aunque estos dos pensadores se encuentran separados por un siglo y por un océano, el pensamiento de Jonathan Edwards se vio dominado por esta misma profunda sensación de urgencia. También él despertó en un momento temprano de su vida al misterio de la religión, y se había visto igual de impactado por el poder sobrenatural de las palabras de la Biblia. En su caso, fueron las de san Pablo: "Por tanto, al Rey de los siglos, inmortal, invisible, al único y sabio Dios, sea honor y gloria por los siglos de los siglos" (1Ti. 1:17). En su *Narración personal* escribió: "Para mí, ningún otro mensaje de la Escritura se asemejó a estas palabras". Dijo que se infiltró en su alma "una sensación de la gloria del Ser divino; una nueva sensación, muy distinta a cualquier otra cosa que hubiese experimentado antes". A lo largo de los años amplió estas palabras creando una colección literaria magnífica en la que propugnó el tema de la gloria de Dios y su percepción por parte del corazón humano. Edwards experimentó esta refulgencia en un grado superior al de Kierkegaard; a pesar de ello, en ambos escritores se hizo patente una pasión religiosa que dominó sus vidas, y un atisbo del corazón que destilaban sus palabras, hasta el punto de que el lector moderno se siente curiosamente motivado a leer una y otra vez sus obras.

En este estudio he analizado el concepto del corazón que tiene Edwards. He decidido hacerlo porque, en primer lugar, este tratamiento no ha desempeñado un papel preponderante en las obras sobre Edwards. Perry Miller, el más destacado intérprete moderno de Edwards, enfatiza una epistemología lockiana, y al hacerlo no logra dar el lustre necesario al sincero pietismo que constituyó el cimiento de la vida y del pensamiento de Edwards. El segundo motivo para llamar la atención sobre lo que se puede definir como una epistemología de la conversión religiosa es que incide en toda la teología de Edwards. El propio Edwards no permitió jamás que la ciencia empírica definiese la naturaleza de la experiencia religiosa; William James haría lo mismo un siglo y medio después, y Miller fundamenta su interpretación de Edwards en proposiciones similares. Independientemente de las influencias de los siglos XVII y XVIII que tuvieron efecto sobre Edwards, las esenciales se remontan a Juan Calvino, incluso más atrás a San Agustín, y por último a San Pablo. La idea central tiene que ver con la conversión religiosa, con el hecho irrazonable, ofensivo y radical de la gracia divina. Según Edwards, de esto nace todo conocimiento ulterior. O, por decirlo de otro modo, todo lo que no pertenezca al corazón redimido no debe considerarse, en última instancia, como conocimiento real. Al adoptar esta postura, vemos que Edwards se coloca junto a Kierkegaard que, en *La enfermedad mortal*, reiteró la doctrina paulina de que lo que no es de la fe es pecado. En términos epistemológicos: lo que sabemos depende de lo que somos. Edwards se pasó la vida declarando que lo que somos depende del corazón, del corazón redimido y santificado.

Con objeto de preparar el terreno para la teoría del corazón que tenía Edwards, dedico los dos primeros capítulos al hecho de la experiencia religiosa en su relación, primero, con la biografía de Edwards, y luego con su época en Nueva Inglaterra. Sus primeros años como alumno de Yale y como ministro novel en Northampton, Massachusetts; su lectura de John Locke; sus inquietudes teológicas que fueron evidenciando cada vez más la influencia de Calvino a la par que la de Locke... todas estas cosas se entienden como hitos importantes precedentes de sus afirmaciones radicales, en 1731 y 1734 respectivamente, sobre la soberanía de Dios y la justificación por la fe. Estos pronunciamientos importantes que establecieron su postura calvinista dieron pie a debates teológicos que conformaron toda su carrera. Estas doctrinas, representativas de su oposición arrolladora al liberalismo arminiano, fueron también el fundamento del reavivamiento religioso que, hacia 1735, se había extendido por el valle del río Connecticut.

No fue la intrépida defensa que hizo Edwards del calvinismo *per se* lo que dio relevancia especial a su liderazgo durante el Despertar; fue más bien su profunda convicción de que la teología calvinista era cierta en la experiencia humana. Estaba convencido de que la experiencia humana corrobora los paradigmas calvinistas. Edwards insistió en que, a menos que la teología se enraizase en la experiencia, no podía ser otra cosa que especulación intelectual. Al trascender la teoría de la sensación de Locke, Edwards insufló vida a las doctrinas del pecado original, la justificación por la gracia, la elección y la salvación, y proporcionó el tono espiritual para todo el Despertar.

Para conseguir que el reavivamiento fuera convincente desde el punto de vista teológico, Edwards tuvo que distinguir entre el emocionalismo y los afectos religiosos genuinos. Los ministros revivalistas eran criticados (a veces con motivo) por no saber distinguir entre ambas cosas, y el propio Edwards les advirtió sobre la importancia de hacerlo. Entre sus primeros escritos sobre el tema destacan *Marcas distintivas de la obra del Espíritu de Dios* (1741) y *Algunos pensamientos sobre el avivamiento presente de la religión en Nueva Inglaterra* (1743), obras que los lectores contemporáneos, independientemente de su postura teológica, reconocieron como tratados notables por propio derecho. Cuando en 1746 se publicó el *Tratado sobre los afectos religiosos*, no cupo ninguna duda de que había surgido una voz importante entre ellos. A pesar de que esta obra apareció cuando ya se había producido el Gran Despertar, clarificó de una vez por todas la postura esencial de su autor. Él afirmaba que la religión no consiste solamente en una comprensión especulativa, sino en la voluntad, la inclinación, el apego. La religión concierne a un afecto genuino que induce al corazón a apartarse del egocentrismo y a centrarse en Dios. El tema que desarrolló Edwards durante toda su vida fue qué supone esto cuando se traduce a la experiencia humana.

En los dos capítulos siguientes (3 y 4) analizaré cuáles son las consecuencias importantes de la experiencia religiosa según la teología de Edwards. Voy a centrarme concretamente en la imaginación (visión) y el idioma. Estos capítulos más especulativos del libro hablan de lo que Edwards explicitó solo de vez en cuando, pero que fue un elemento subyacente en su gran predicación sobre el pecado y la salvación. Edwards creía que el conocimiento depende del conocedor, y que todo conocimiento cristiano se basa en la experiencia de la conversión. Esto quería decir que la imaginación, como concesión hecha al hombre natural, no incluye nada espiritual hasta que el alma (el corazón) acepta a Dios por la fe. En resumen: el ser humano cree primero para poder imaginar, percibir y ver de verdad. Según Edwards, la imaginación santificada permite captar lo que es invisible e incognoscible para el hombre natural. Por consiguiente, el individuo lo percibe todo como imágenes o sombras de las cosas divinas y existentes dentro de la unidad del sentido divino. Cuando se contempla desde dentro del círculo de la fe cristiana, todo es una emanación divina. Solo dentro de este contexto, que Edwards identificó como la revelación cristiana, es digna de confianza la imaginación humana. Solo cuando el alma "se une" a Cristo y la gracia ilumina el corazón, la visión estética se vuelve cristiana y el artista se convierte en santo.

El idioma religioso es el idioma de la fe. Al adoptar este paradigma, Edwards se desvió mucho de Locke, quien concebía las palabras como señales arbitrarias impuestas a las ideas, que no tenían ninguna conexión inseparable con ellas. Para Locke, las palabras vienen después de las ideas y solo tienen una relación arbitraria con ellas. Por otro lado, Edwards vinculó las palabras con las ideas reales (una idea *real*, bajo el punto de vista de Edwards, fue siempre una experiencia que participase de la emoción además del conocimiento), de modo que las palabras sirven para salvar el vacío entre el conocimiento y el ser, la cognición y la aprehensión. Fue un paso más lejos, intentando relacionar las palabras con la experiencia religiosa. Por supuesto que no lo consiguió, y él era consciente de que así sería. Conocía las limitaciones del lenguaje religioso, aunque no eran tan restrictivas como las de la estética. Edwards dijo que el lenguaje religioso nunca puede expresar plenamente el sentido del corazón. Tampoco puede ser el medio definitivo de la gracia. Las palabras son la causa "ocasional", nunca la "suficiente"; preparan el corazón induciendo una disposición emocional para la aprehensión de la verdad religiosa, pero nunca son los medios suficientes para transmitirla.

En su calidad de predicador y escritor, Edwards utilizó las palabras como medios para preparar el corazón del oyente y del lector. En los dos últimos capítulos (5 y 6) analizo las maneras en que Edwards hizo esto, sobre todo cuando dio expresión a las grandes doctrinas cristianas del pecado y la salvación. Por lo que respecta a su tratamiento del pecado, presto una atención especial a "Pecadores en manos de un Dios airado", el sermón más famoso que haya nadie predicado en Estados Unidos. Debato las ideas de Edwards relativas tanto a la salvación personal como a la historia de la salvación, incluyendo sus ideas sobre la creación y la escatología, aunque el comentario sobre ellas exige necesariamente un examen de la teología subyacente que estableció Edwards en determinadas obras no homiléticas. En este sentido, tienen una importancia especial obras como *El pecado original* (1758), *La naturaleza de la verdadera virtud* (1765) y *Sobre el fin que tuvo Dios al crear el mundo* (1765).

El énfasis de este libro recae sobre lo que Edwards definió como el sentido del corazón, la capacidad que trasciende el sensacionalismo de Locke, la racionalización, la especulación y la "comprensión", la visión estética; es decir, la capacidad de experimentar por fin, por medio de la fe, la gloria de Dios y concebirla como el fin último y el propósito de su creación.

CAPÍTULO UNO

La historia de la conversión de Edwards

1. El corazón que despierta

Lo que sabemos de la primera época en la vida de Edwards, concretamente de sus emociones religiosas, antes de que fuera ordenado en Northampton en 1727, a los 23 años de edad, procede sobre todo de tres breves escritos que él nunca destinó a la lectura pública. Uno es su *Narración personal*, escrita en algún momento después de 1739, seguramente cuando Edwards contaba 40 años más o menos. Esta obra suele admitirse, justificadamente, como una de las mejores autobiografías de la literatura estadounidense. Dos terceras partes de la misma se centran en esos primeros años de la vida de Edwards, vistos desde una perspectiva que mejora gracias a muchos más años de reflexión madura. El segundo documento es un *Diario* que Edwards empezó el 18 de diciembre de 1722, cuando tenía 19 años, y que concluyó unos cuatro años más tarde, aunque, para ser exactos, hemos de decir que Edwards añadió una única entrada breve en 1728, otra en 1734 y tres en 1735. La tercera obra es lo que Edwards bautizó como *Resoluciones*, que son setenta, todas escritas antes de cumplir los veinte años. Tomadas en conjunto, estas tres obras abarcan los seis años en que Edwards fue estudiante universitario y posteriormente graduado de teología en Yale (hasta 1722); los ocho meses que dedicó al cargo ministerial en una iglesia presbiteriana escocesa en Nueva York (desde agosto de 1722 hasta abril de 1723); y el periodo anterior a su elección como tutor en Yale, los dos años que pasó en ese cargo y los pocos meses antes de su ordenación en Northampton el 15 de febrero de 1727. Esta fue la ocasión, según dijo su nieto y biógrafo Sereno Dwight, la ocasión en que Edwards "entró en la empresa de la vida".[1]

Al examinar la teología del corazón de Edwards y su fundamento en la experiencia redentora de la religión, es necesario contemplar esos primeros años debido a lo que nos revelan sobre su propia vida religiosa. Partiendo de estos tres documentos hay algo seguro: desde edad muy temprana a Edwards le interesó persistentemente el mundo misterioso de la religión. En primer lugar, su familia y su entorno alimentaron ese interés. Su padre, Timothy Edwards, fue ministro durante 64 años en East Windsor, el pueblo natal de Jonathan, y permaneció en el púlpito hasta su muerte en 1758, a la edad de 89 años, justo dos meses antes de la muerte de su hijo. Además, el abuelo materno de Jonathan era el venerable Solomon Stoddard, que fue durante décadas el ministro más influyente en todo el valle del Connecticut. La abuela materna de Jonathan, Esther Warham Mather, era la hija de John Warham, primer ministro de la colonia de Connecticut, y nieta de Thomas Hooker, el más poderoso de toda la primera generación de predicadores puritanos en Estados Unidos. Sin embargo, el linaje nunca explica satisfactoriamente el genio, ni tampoco explica del todo las predilecciones infantiles, como la práctica de Edwards: cuando contaba solo siete u ocho años se retiraba a una "cabaña" secreta que había levantado en los bosques pantanosos a las afueras de East Windsor, donde, junto con varios compañeros de colegio, oraba y "dedicaba mucho tiempo a conversaciones religiosas". En su *Narración personal* escribió que, incluso a aquella edad temprana, antes de formar parte de la "Escuela colegiada" de Connecticut

---

1 *The Works of Jonathan Edwards*, con una Memoria de Sereno E. Dwight, ed. Edward Hickman, 2 vols. (Londres: F. Wesley y A. H. Davis, 1834), I, lxxviii. A partir de este momento, las referencias a este volumen se incluirán en el texto situándolas entre paréntesis.

(el nombre originario de Yale) a los trece años, sus afectos parecían "ser vivaces y muy sensibles", y que cuando se dedicaba a alguna "tarea religiosa" parecía encontrarse en su ambiente (I, liv).

Quien quiera seguir estos años, anteriores al momento en que Edwards comenzó su obra monumental en Northampton, deberá iniciar, por así decirlo, un peregrinaje de gracia que, como muchas características de la vida de Edwards, tuvo su inicio en un momento notablemente temprano. Escribió esos documentos sumido en la agonía y en el júbilo de la presencia sentida de Dios. Esas páginas manifiestan una intensidad como si, desde muy temprano en su vida, Edwards supiera que el propósito realmente fundamental de la vida tiene que ver con la religión. A pesar de la solidez de sus convicciones, también era consciente de que ese peregrinaje incluye profundas experiencias de temor e incluso terror. Así, descubrimos una y otra vez que las resoluciones de Edwards para encontrar la salvación y para hacer lo que es propio de la gloria divina se vieron acosadas por la melancolía, la rebelión y la desesperanza. Incluso cuando parecía "plenamente satisfecho" en lo tocante a las doctrinas de la soberanía, el juicio y la elección de Dios, se inquietaba cuando su mente "descansaba" en ellas. El hecho de que las palabras de 1 Timoteo 1:17 ("Por tanto, al Rey de los siglos, inmortal, invisible, al único y sabio Dios, sea honor y gloria por los siglos de los siglos") le manifestaran una nueva sensación de la gloria divina, una sensación radicalmente distinta a todo lo que hubiera experimentado antes, también le inducía a intentar con afán comprender la naturaleza salvífica de la experiencia y, en ocasiones, le paralizaba por su temible poder. La *Narración personal* nos presenta a un joven Edwards totalmente integrado en la dinámica de la fe, lo cual incluye necesariamente la paz y el desespero. Pero no sospechemos que Edwards, escribiendo este documento a una edad madura, creó conscientemente un mero *personaje* que representase en unos términos dramáticos la universalidad de su experiencia; una mera comparación con el *Diario* y las *Resoluciones* nos revela que, de hecho, recordaba sinceramente su adolescencia como una época de titánicas luchas internas, terriblemente privadas y subjetivas.

El 12 de enero de 1723 se produjo una confluencia notable de estos tres documentos, hasta tal punto que podemos precisar la ocasión de la conversión religiosa de Edwards. En esta época Edwards tenía 19 años; había estudiado seis años en Yale y estaba ya mediado su breve ministerio en Nueva York. Unos veinte años después, en su *Narración personal*, escribió acerca de este día: "Hice votos solemnes de consagrarme a Dios, y los anoté; entregué a Dios mi persona y todo lo que tenía; en el futuro ya no me pertenecería; actuaría como alguien que no tenía ningún derecho sobre su vida" (I, lvi). En sus *Resoluciones* para el mismo día escribió: "*Resuelto* a no tener otro fin que la religión influya sobre todos mis actos; y que ningún acto será, en la más mínima de las circunstancias, nada que no vaya destinado al propósito religioso" (I, lxii). Y en su *Diario* de ese mismo sábado aparece una entrada de más de 900 palabras, que es con mucho la más larga de todo el documento. Escrita en diversos momentos a lo largo del día, registra la experiencia de la mañana: "He estado delante de Dios y me he entregado, todo lo que soy y lo que tengo, en sus manos" (I, lxvii). Por la tarde se planteó la pregunta de si después de su compromiso se permitiría "el deleite o la satisfacción" de los amigos, los alimentos y "los espíritus animales [naturales]". Su respuesta afirmativa destacaba que esas alegrías deberían "contribuir a la religión".

Otro tema que le interesaba mucho era hasta qué punto le parecía que debía dedicarse a sus actividades religiosas, aun al precio de su salud. Tenía motivos sobrados para preocuparse, porque nunca gozó de una salud física equiparable a la espiritual. Según Dwight, era "tierno y débil" incluso a una edad típicamente saludable como son los 23 años, y conservó su salud tolerable solo gracias a "cuidados incesantes" (I, lxxviii). Cabe destacar que su enfermedad prolongada interrumpió su trabajo como tutor en Yale, y otra enfermedad hizo que postergase durante varios meses su trabajo pleno en Northampton después de que la muerte de Stoddard en febrero de 1729 hubiera dejado vacante el púlpito para su joven sucesor. Por consiguiente, es comprensible la inquietud que manifestó Edwards ese día importante de 1723. Sin embargo, con una severidad implacable cuestionó si su deseo de disfrutar de algún reposo ocasional nacía de cierto tipo de cansancio engañoso que ocultaba su pereza y no de un agotamiento genuino. Independientemente de su origen, él decidió que el cansancio físico no le impediría dedicarse a su trabajo, a sus oraciones, estudio, redacción y memorización de sermones. La nota que escribió esa tarde lo deja claro: "Me da lo mismo lo cansado y cargado que me siento" (I, lxvii). Es evidente que Edwards concebía su compromiso religioso como una actividad que abarcaba todo su ser, cuerpo, mente y espíritu.

Pero, tal como sabía el peregrino de John Bunyan, incluso frente a las mismas puertas de la gloria hay un camino que lleva al abismo. Para Edwards el abismo se abrió casi de inmediato. Solo tres días más tarde se lamentaba: "Ayer, antes de ayer y el sábado me pareció que siempre retendría las mismas resoluciones y con la misma intensidad. Pero, ¡ay!, ¡cuán rápidamente fracaso! ¡Qué débil, qué impotente, qué incapaz de hacer nada por mí mismo! ¡Qué pobre ser incoherente! ¡Qué desdichado miserable sin la asistencia del Espíritu de Dios!" (I, lxviii). Dos días más tarde, el 17 de enero, escribió que estaba "sofocado por la melancolía" (I, lxviii). Esta batalla de fe no implica necesariamente que el tormento de Edwards fuese fruto de la incredulidad. Dicho claramente, sus dudas nacían de lo que él consideraba su relación incierta con Dios. Ahora, por primera vez, en su interior surgió el sentimiento de una verdadera dependencia, que le informó dolorosamente que, a pesar de todas sus resoluciones, seguía siendo una criatura dependiente de la asistencia divina. Lo que admitió, además, fue su propia incoherencia: la verdad impactante de que no era capaz de hacer lo que se había comprometido a hacer. Eso fue lo que detectó también Pablo y expresó en su lamento de Romanos 7: "¡Miserable de mí!" Tal como sabía el apóstol, el problema no radicaba en la voluntad. Escribió: "Y yo sé que... el querer el bien está en mí, pero no el hacerlo" (7:18). A pesar de los muchos esfuerzos internos que le costó a Pablo escribir Romanos 8, afirmó que el cómo hacerlo dependía de la gracia divina enmarcada en la relación de la dependencia de Dios que tiene el ser humano. Esta verdad estaba tan profundamente grabada en el corazón de Edwards que, ocho años más tarde, en 1731, cuando tuvo el honor de predicar ante la élite eclesiástica de Boston, eligió el mismo tema, "Dios glorificado en la dependencia humana", un sermón que dejó inequívocamente clara su postura frente a los agitados arminianos que estaban sentados entre el público.

Fue durante esos últimos meses en Nueva York cuando Edwards experimentó no solo las primicias del Espíritu, sino también el coste que estas suponen. En términos paulinos: todo su ser gemía en su sufrimiento, a pesar de que, como esperanzador contrapunto, siguió redactando más resoluciones. Su diario, sobre todo mientras fue tutor en Yale, revela una mente muy reflexiva y melancólica. Una explicación parcial surge de los problemas que seguían conmocionando al colegio universitario desde la insurrección de 1722, cuando el rector Timothy Cutler —que era tutor— y dos ministros vecinos renunciaron al congregacionalismo y, como lealtad al gobierno legal, se declararon episcopales. Cuando Edwards asumió sus deberes en mayo de 1724 el colegio seguía sin contar con un director. Aparte de los fideicomisarios que, alternadamente, ocuparon el cargo de vicerrector, solo tres tutores, incluyendo a Edwards, componían el personal docente. Por consiguiente, sobre ellos recaían todas las tareas administrativas y educativas cotidianas. Después de estar atrapado en estas circunstancias durante un mes, Edwards ya hablaba de "desaliento, temor, perplejidad, multitud de cuitas y distracciones de la mente" (I, lxxvii). Y tres meses más tarde: "Las cruces de la naturaleza que he encontrado esta semana me hicieron caer bastante por debajo de los consuelos de la religión" (I, lxvii). El siguiente junio escribió que estaba tan "apático" que lo único que le proporcionaba algún consuelo eran las conversaciones o el ejercicio físico. Su única entrada para el año 1726 resumió todo ese periodo complicado: "Ha sido un lapso de tres años en el que me he visto preso, en su mayor parte, en un estado y una condición de abatimiento, miserablemente insensible, frente a lo que yo solía ser en lo tocante a las cosas espirituales" (I, lxxviii).

Estos años evidencian que la conversión de Edwards no fue un suceso instantáneo, sino más bien una sucesión de perturbaciones cada vez más profundas que, implacablemente, produjeron en su ser una consciencia de su debilidad natural, incluso su impotencia, junto con el sentido de la gracia divina. Raras veces conoció la tranquilidad o lo que él más tarde llamó "dulce complacencia en Dios", sin ser consciente también de temblores inquietantes en su alma. Su *Narración personal* se vuelve de lo más dramática cuando describe no solo su deseo de verse tan absorbido en Cristo, sino también su sensación omnipresente de indignidad. Ni siquiera su llegada a Northampton en 1727 para ocupar el púlpito junto a su ilustre abuelo ni su matrimonio con Sara Pierrepont, ese mismo año, disolvieron esos sentimientos antitéticos. En lugar de eso, su consciencia creciente de las "dulces y gloriosas" doctrinas del evangelio evidenciaba, en contraste, la sensación de su "maldad infinita". La importancia de esta sensación doble se derivaba de la naturaleza de la madurez religiosa. Por supuesto, no es que Edwards se hubiera vuelto más malvado, sino que su conciencia profundizada le permitía verse con mayor transparencia. Como en el caso de Pablo, que aun regenerado se consideraba "el mayor de los pecadores", Edwards, que se consideraba bendecido por "la dulce gracia y el amor" de Dios, se veía también como alguien que merecía "el lugar más profundo del infierno". En ambos casos la conversión supuso una nueva forma de entenderse a sí mismo en relación con Dios.

Aunque es importante admitir que la juventud de Edwards fue un momento de ferviente despertar religioso, es incluso más crucial recordar que las experiencias religiosas de Edwards, tanto si conllevaban una carga de pecado como de santidad, constituyeron el fundamento de su vida. No entender esto supone ignorar el significado esencial de todo lo que escribió más adelante en su vida. En la historia intelectual de Estados Unidos ha habido pocas personas que enraizasen más profundamente que Edwards sus escritos en la experiencia privada. Para él, se trataba de una experiencia cristiana. Como ingredientes de esa realidad tenía las doctrinas del pecado y la salvación, el juicio, la gracia y la elección. Las defendía porque experimentaba esa realidad, no porque quisiera defender el calvinismo *per se*. Lo que Edwards definió repetidamente como "un sentido del corazón" nacía de ese sentido personal, empírico.

Por supuesto, podemos argumentar que la fuerza subyacente en los tratados principales de Edwards fue también polémica, y que esas obras iban destinadas a hombres y cuestiones teológicas concretas de su época. Así, por ejemplo, su *Tratado sobre los afectos religiosos* fue una respuesta a los racionalistas; su *Humilde estudio* sobre las cualificaciones de la comunión respondía a aquellas personas, incluso dentro de su propia congregación, que respaldaban la postura de Stoddard y el Pacto del Camino Intermedio*; su *Libre albedrío* buscaba el blanco claro de los arminianos; y su *Doctrina sobre el pecado original* fue una respuesta directa al reverendo John Taylor.

Sin embargo, debemos reiterar la idea de que Edwards quiso que sus grandes tratados intelectuales quedasen corroborados por el corazón humano. Sus propios afectos religiosos fueron el motor de esa redacción. Un rasgo distintivo implícito en su teología general, incluso cuando se mostraba fríamente polémica, es la centralidad que otorga al ser humano y a la condición de su corazón... siempre en relación con Dios. Si, tal como sugiere John MacQuarrie, una teología existencial presupone al hombre como un "yo" único distinto a la naturaleza y personalmente responsable ante Dios, entonces a Edwards se le puede llamar existencialista.[2] Edwards se veía a sí mismo bajo esta luz existencial, y creía que solamente al separar al ser humano de la naturaleza puede este conocer su verdadero ser y su unicidad. Así, alcanza su destino no al perderse en la naturaleza, ni al conservar su condición caída dentro de ella, sino solo cuando recibe gracia para vivir aparte de ella y en relación con un Dios personal de la historia; un Dios iracundo, lleno de gracia, viviente. Este Dios no es nunca un mero Emprendedor Inmóvil, una Primera Causa, un Absoluto Intemporal. Tampoco es el Dios de la especulación y el entendimiento filosóficos. Haciéndose eco de Pascal, Edwards declaró que Dios es el Dios de Abraham, de Isaac y de Jacob; de hecho, el Dios soberano del ministro y teólogo más destacado de Northampton.

---

* (N. del T.) El Pacto del Camino Intermedio fue un estilo de membresía condicionada que adoptaron las iglesias congregacionales de la Nueva Inglaterra colonial en la década de 1660s. Estas iglesias, controladas por los puritanos, demandaban evidencia de una experiencia de conversión personal antes de conceder a una persona la membresía de la iglesia y el derecho a bautizar a sus hijos.

2 John Macquarrie, *An Existentialist Theology: A Comparison of Heidegger and Bultmann* (Londres: SCM Press, 1955), pp. 18-20.

2. Locke y el empirismo

Los dos factores básicos en la psicología de Edwards eran (1) lo especulativo o conceptual y (2) lo intuitivo. Al primero también lo llamaba "entendimiento", y al segundo "voluntad", "inclinación", "afecto" o "sentido del corazón". En este estudio nos ocuparemos sobre todo de este último, y ya hemos destacado que los primeros escritos de Edwards, su *Diario* y sus *Resoluciones*, así como su obra maestra autobiográfica, *Narración personal*, derivan todo su tono de esta faceta afectiva de su experiencia. Si tenemos en cuenta que esos escritos expresan tan íntimamente sus experiencias durante su época en Yale, no nos sorprenderá descubrir que en estas tres obras no alude a ningún otro libro que no sea la Escritura. Este hecho sugiere la primacía, así como la privacidad, con la que consideraba sus convicciones religiosas cada vez más profundas.

Sin embargo, sabemos que el currículo de Yale incluía el latín, el griego, el hebreo, la teórica ramista y la lógica, y que entre sus materiales habituales figuraban las *Medulla* y las *Tesis y casos teológicos*, de William Ames. Basándonos en el tratado sobre los arcoíris que escribió Edwards antes de entrar en Yale podemos aventurar que había leído la *Óptica* de sir Isaac Newton, y cuando era estudiante universitario devoró la obra de John Locke *Ensayo sobre el entendimiento humano*. En su último año de carrera pidió a su padre que le enviase "la *Geometría* de Alstead y la *Astronomía* de Gassendus", además de *El arte de pensar*, de Antoine Arnauld y Pierre Nicolet.[3] Cuanto más examinamos estos años formativos, más evidente es que junto a la creciente consciencia religiosa de Edwards se iba forjando un impresionante recorrido intelectual. Es cierto que ambas facetas no se pueden separar arbitrariamente, pero Edwards insistía en una naturaleza doble del conocimiento, y durante sus años como estudiante formuló lo que se parecía superficialmente a esta división de categorías. La idea incluso más importante sugiere que en esta época Edwards intentaba comprender todo el fenómeno de la propia mente,

---

3 Leon Howard, "*The Mind*" *of Jonathan Edwards: A Reconstructed Text* (Berkeley y Los Angeles: University of California Press, 1963), pp. 6-7.

un fenómeno que verificaba diariamente en su propia vida emocional e intelectual. Resulta instructivo observar el modo en que realizaba Edwards esta tarea.

Cuando tenía 16 años y cursaba el último año de Yale, escribió lo que se ha llamado "uno de los documentos más emocionantes de toda la historia intelectual estadounidense".[4] Con el título de *Notas sobre la mente*, la obra consiste en 72 entradas, algunas de ellas con solo unas frases, y otras con párrafos extensos. Dentro de las *Notas* figuran dos entradas que podríamos calificar de ensayos: "Sobre la existencia" y "Los prejuicios de la imaginación", y al final de las *Notas* hallamos un esbozo que, aparentemente, él quería usar como un tratado sobre la mente, que ya había proyectado pero no había escrito. Este documento, admirablemente reconstruido por el profesor Leon Howard, revela el despertar intelectual del Edwards que se convertiría en la mente más destacada de los Estados Unidos del siglo XVIII. Podríamos remontarnos aún más en las obras "intelectuales" de Edwards llegando a aquellas composiciones breves pero notables que redactó antes de entrar en Yale: ensayos sobre el alma, las arañas voladoras y los arcoíris. Pero es dentro de las *Notas* donde hallamos la primera indicación sólida de que aquí tenemos a un joven con una agudeza intelectual impresionante.

El hecho de que John Locke fuese una fuerza poderosa para su crecimiento no minimiza ni por un instante la afirmación de que Edwards, incluso de joven, fue un pensador independiente. Para el estudiante universitario, el *Ensayo* de Locke fue un verdadero tesoro (como "puñados de plata y de oro", dijo Samuel Hopkins, un amigo personal de Edwards y su primer biógrafo[5]), donde encontró serenas especulaciones sobre la mente y sobre su percepción de la realidad. Aunque cautivado por las ideas de Locke, Edwards siguió estando inquieto, deseando en todo momento trascender a Locke y buscando más de lo que este podía darle. El joven Edwards consideraba atractivo el concepto de causa natural y efecto de Locke porque implicaba

---

4 Ibíd., p. 4.
5 Samuel Hopkins, *The Life of President Edwards*, en *The Works of President Edwards*, 8 vols. (Leeds, Inglaterra: Edward Baines, 1806-1811), I, 11.

un diseño universal, pero también especuló más sobre la naturaleza de ese diseño. Le atribuía las cualidades teleológicas de igualdad, correspondencia, simetría y regularidad. Pensaba en él en términos de armonía y de proporción. Se aventuró incluso más hacia la postura idealista de considerar que toda la materia y las proporciones eran "sombras" del ser supremo en una proporción unitaria.

Dilucidar si a estas alturas leyó o no a George Berkeley es menos importante que el hecho de que la propia reflexión de Edwards, notablemente meticulosa, le llevó a un idealismo temprano.[6] En él participaba un Creador o Mente divina en quien todas las cosas confluyen con una armonía perfecta. La esencia de esta armonía es el amor divino. La analogía de Edwards es concreta: "Cuando una cosa armoniza dulcemente con otra, como las notas en la música, las notas están conformadas de tal manera, y mantienen semejante proporción unas con otras, que parecen respetarse mutuamente, como si se amaran unas a otras. De modo que la belleza de las figuras y de los movimientos es… muy semejante a la imagen del amor". La "dulce armonía" entre las numerosas partes del universo se convierte en la imagen del "amor mutuo". Lo que Locke había concebido como la ley natural era para Edwards un universo en el que todas las cosas consienten al todo con amor. En este consentimiento se hallaba el Ser verdadero o, usando uno de los grandes términos de Edwards, la auténtica "excelencia". Aquí Edwards luchaba contra un concepto mediante el cual intentaba reconciliar el ser finito y el infinito. Él pensaba que esta reconciliación se produce cuando el uno consiente al otro. En resumen: la excelencia es esa apoteosis en que el ser consiente al Ser. La naturaleza de este consentimiento es el amor: "La excelencia espiritual se resuelve en amor".[7]

Estas son ideas majestuosas para cualquier persona tenga la edad que tenga, pero Edwards, a sus dieciséis años, acababa de empezar. Había establecido al Creador como un Ser infinito y como la perfección de la excelencia. Había argumentado que toda la materia, incluyendo el mundo natural del ser humano, subsiste dentro del Ser

---

6 Ola Elizabeth Winslow, *Jonathan Edwards, 1703-1758* (Nueva York: The Macmillan Company, 1940), pp. 63-64.
7 Edwards, en Howard, pp. 36, 64, 73.

infinito y por medio de él. Además, había demostrado que la verdadera excelencia consiste en el acto de consentir con amor. Estos son conceptos que en obras posteriores refinaría y daría lustre.

Las *Notas* demuestran que al joven Edwards le preocupaban otras cuestiones intelectuales allá en New Haven. Parecía dispuesto a aceptar el concepto lockiano de la sensación como fuente del conocimiento para la mente. Para Locke, todo conocimiento dependía de ideas forjadas por la experiencia sensorial. Sin embargo Edwards se planteaba la verdadera fuente de esas sensaciones que son transmitidas a la mente. Las sensaciones, ¿"reflejan la apariencia" de un Ser supremo, volitivo? Aparte de esto, ¿la mente es pasiva al recibirlas, como sostenía Locke? A Edwards la mente la parecía "abundantemente activa". La memoria, la imaginación, el juicio, eran facultades mentales subsistentes en la actividad. Edwards afirmaba, por ejemplo, que incluso en los momentos de descanso la imaginación dispone "marcas o manchas en el suelo o en la pared" formando "conjuntos y figuras regulares".[8] Obviamente, no todas las preguntas que planteaba sobre la naturaleza de la experiencia sensorial y sobre el entendimiento se podían responder por medio de la sensación lockiana.

Edwards también bregaba con el problema de la voluntad, la fuente o impulso de los actos humanos. Este tema le preocupó durante el resto de su vida. Él preguntaba qué determinaba nuestros actos. Por sugerente que fuese, Locke tampoco podía proporcionar explicaciones idóneas. El concepto lockiano de que nos impulsa la mera intranquilidad no explicaba lo que Edwards creía que era la señal distintiva de la consciencia humana, es decir, la capacidad de reflexionar sobre lo que sucede dentro de la propia mente. Él decía que mientras que el animal solo tiene una "consciencia directa", o una consciencia meramente pasiva, involuntaria, el ser humano puede observarse contemplativamente; fue "creado para los ejercicios y los placeres espirituales, y por consiguiente tiene la capacidad, mediante la reflexión, de ver y contemplar las cosas espirituales". Por consiguiente, prosigue Edwards, "el hombre es capaz de tener religión".[9]

---

8 Ibíd., p. 45.
9 Ibíd., p. 82.

La idea a destacar en este caso es que, ya desde el principio, Edwards vinculó inexorablemente la religión con la voluntad. O, planteando la cuestión de otra manera, fue más allá de la psicología lockiana para llegar a la religión. La gran contribución de Edwards a la epistemología —una contribución que desarrollaría plenamente en su *Tratado sobre los afectos religiosos*, publicado casi treinta años más tarde— hunde sus raíces en esta insistencia temprana en que la contemplación de las cosas del espíritu determina en cierto sentido quiénes somos y qué hacemos. Por el contrario, la ecuación lockiana prescribía que la percepción por medio de la sensación gobierna nuestro pensamiento y nuestra acción. A su vez, Edwards argüía que el acto nace de la voluntad, que por sí misma está determinada por "ejercicios y placeres espirituales" antecedentes. Sin decir nada todavía sobre el pecado original o sobre aquellos motivos que daban como consecuencia el amor por uno mismo, afirmó que el más sublime de tales ejercicios es la contemplación (la "existencia mental") del Bien, sin asociar con ella necesariamente ninguna sensación lockiana. Conformó esta idea llamando a esta existencia mental "la percepción del Bien que tiene la mente" o, un paso más allá, "el máximo grado de aprehensión, o percepción, o idea" del Bien. Entonces, ¿qué determina la voluntad, que más tarde él llamaría "los afectos religiosos"? Sostuvo que es la "profundidad" de este sentido, "la claridad, vivacidad y sensibilidad del bien, o la intensidad de la huella que deja en la mente".[10] Los términos son lockianos, pero el concepto no lo es; porque lo que Edwards intentaba describir por medio del lenguaje de la sensación es una dimensión de la existencia que trasciende la propia sensación.

Por primera vez se enfrentó a las limitaciones del lenguaje. Esa frustración le acompañaría en los años venideros; su solución fue su gloria literaria. Interesado ahora por esta sensación profundizada del Bien que determina la voluntad, formuló una distinción clave entre dos tipos de conocimiento del bien. Dijo que era como la diferencia entre la persona "que acaba de *gustar* la miel [y] tiene una idea clara de sus beneficios" y la persona "que nunca la gustó, aunque también *cree*

---

10 Ibíd., pp. 83, 84.

plenamente que es muy dulce, tan dulce como lo es".[11] La distinción se traza entre un conocimiento intuitivo determinante y un conocimiento racional o especulativo. El primero permite que el individuo experimente el poder iluminador de la excelencia divina; el segundo le confina al mundo natural de la sustancia y la lógica. La diferencia concierne al sentido del corazón como algo distinto a la comprensión especulativa.

Lo que convierte a las *Notas* en una lectura tan extraordinariamente emocionante es la aparición de determinados patrones y estrategias, reiteradas en sus "Miscelánea", que se pueden considerar indicadores de los éxitos que obtendría Edwards en su madurez.[12] Un elemento central en su desarrollo es esta distinción entre un entendimiento de la verdad puramente inteligible y una apreciación de la excelencia sobrenatural. La distinción refuerza el argumento del profesor Howard, quien sostiene que "es evidente que la mente [de Edwards] no funcionaba como la de Locke". Con consecuencias de gran envergadura, Edwards percibía el peligro de depender excesivamente de la racionalización. Advertía que ir demasiado lejos en las abstracciones suponía poner en peligro la claridad: "Es mejor que nos quedemos a uno o dos pasos de hacerlo... Si no, es probable que caigamos en el error y confundamos nuestras mentes". Detectaba la futilidad de depender de abstracciones estrictamente lógicas como vía para definir la verdad. No era simplemente antojadizo cuando reflexionó que "si tuviéramos ideas perfectas de todas las cosas de inmediato, *es decir*, si pudiéramos abarcarlo todo de un solo vistazo, conoceríamos toda la verdad en el mismo instante, y no existiría la racionalización ni el descubrimiento de la verdad".[13]

Las últimas entradas de las *Notas* indican que Edwards se aproximaba cada vez más a un "momento" semejante en su propia experiencia. En sus escritos autobiográficos plasma el hecho de que esto

---

11 Ibíd. , p. 84 (cursivas mías).
12 *The Philosophy of Jnoathan Edwards from His Private Notebooks*, ed. Harvey G. Townsend (Eugene: University of Oregon Press, 1955). Para un análisis destacado del Item nº 72 de las "Misceláneas" ("IDEAS, SENTIDO DEL CORAZÓN, CONOCIMIENTO O CONVICCIÓN ESPIRITUAL, FE"), véase Perry Miller, "Jonathan Edwards on the Sense of the Heart", *Harvard Theological Review*, XLI (abril de 1948), 123-145.
13 Howard, p. x; Edwards, en Howard, pp. 50, 52.

sucediera en 1723. Puede que la teoría del profesor Howard tenga mérito cuando sostiene que al escribir las *Notas* el autor preparaba el camino hacia su propia conversión. Parece seguro que cuando dejó a un lado el manuscrito se sintió aferrado por una nueva fuerza que, según su *Narrativa personal*, condujo a "una maravillosa alternativa" en su mente. Como él dijo, fue "una dulce quemazón en mi corazón", un "arrebato", una "dulce complacencia" en la soberanía de Dios, una aceptación de las "dulces y gloriosas" doctrinas calvinistas (I, lxxxviii).

La tarea que se propuso Edwards en un principio fue comprender este arrebato en términos lockianos. Nadie ha sostenido con mayor autoridad que Perry Miller la influencia crucial que tuvo Locke en el desarrollo intelectual de Edwards. Según Miller, leer el *Ensayo* de Locke fue "el suceso central y decisivo".[14] Este juicio resultó ser crucial y decisivo para la interpretación de Edwards que hizo el propio Miller. Independientemente de las cuestiones intelectuales que demuestran que Edwards no fue más que un lockiano estricto, Miller insiste en que Edwards adoptó la psicología lockiana de la sensación "con la coherencia que aventaja al «behaviorista» moderno".[15] En consecuencia, Edwards fue "el primero y más radical" de los empíricos estadounidenses.[16]

Tanto si estamos de acuerdo con esta opinión como si no, y con la aseveración adicional de Miller de que Edwards leía a Locke "extasiado",[17] no cabe duda que hubo influencia. Lo que le interesaba sobre todo a Edwards era la epistemología lockiana. Podemos imaginar la seguridad inicial de Edwards cuando, a la luz de su esfuerzo por alcanzar la verdad religiosa, se encontró con la respuesta que dio Locke a la pregunta "¿De dónde proceden todos los «materiales» de la razón y del conocimiento?" "A esto respondo, con una sola palabra, que de la EXPERIENCIA"[18], es decir, de la experiencia tal como se registra en la mente, no como algo perteneciente de forma inherente a

---

14 Perry Miller, *Jonathan Edwards* (Cleveland: World Publishing Company, 1959), p. 52.
15 Miller, "Jonathan Edwards on the Sense of the Heart", *Harvard Theological Review*, XLI (abril de 1948), 124.
16 Ibíd.
17 Miller, *Jonathan Edwards*, p. 55.
18 John Locke, *An Essay Concerning Human Understanding*, 2 vols. (Londres: G. Offar et al., 1819), libro II, cap. I, sección 2.

ella. Aunque Edwards pronto manifestó determinadas reservas sobre esta teoría no minimiza su impacto inicial. Así, las ideas se entendían como inseparables de la experiencia sensorial. Eran cosas que se daban a conocer por medio de las sensaciones. Como había dicho Locke: "Esta gran fuente de la mayoría de las ideas que tenemos, que dependen plenamente de nuestros sentidos, y que se desprenden de ellos para nuestra comprensión, la llamo SENSACIÓN".[19]

Era evidente la relevancia que tiene esto para la epistemología cristiana. A menos que una persona experimente el amor de Dios como un poder externo que se plasme en su mente, no podemos decir que conozca el concepto del amor divino. Las ideas se validan solo mediante la experiencia. Por supuesto, Locke pasó a afirmar que la mente es pasiva al recibir las impresiones.[20] El rechazo que hizo Edwards de este concepto se percibe en toda su obra, al estar como está fundado en la gran paradoja de que Dios lo hace todo y el ser humano también.[21] El amor de Dios es real cuando la respuesta humana es total. Locke también presupuso que el fenómeno de la causa (la sensación) y el efecto (la idea) es conforme a la naturaleza. Pero Edwards nunca pensó que la experiencia religiosa fuera causada por la "naturaleza". Para él, Dios no era ni natural ni causa natural. Era un Ser infinito, un Dios de amor ontológicamente radical. Sin embargo, a pesar de las importantes diferencias entre sus paradigmas, Edwards encontró en el *Ensayo* de Locke los términos que necesitaba para describir la experiencia religiosa.

Decir esto no supone afirmar, como hace Miller, que Edwards era empírico. Es cierto que le interesaba especular sobre la naturaleza de la experiencia religiosa y que el sensacionalismo lockiano contribuía a explicarla, pero sugerir que leía a Locke "extasiado" confirma el énfasis desproporcionado que pone Miller sobre la influencia lockiana. Aún es más importante el hecho de que Edwards leía extasiado 1 Timoteo

---

19 Ibíd., II, i, 4.

20 Ibíd., II, xii, 1.

21 "En la gracia eficaz no somos meramente pasivos, pero tampoco es que Dios haga algo y nosotros el resto. Dios lo hace todo y nosotros también. Dios produce todo, y nosotros lo actuamos todo. Dios es el único autor y la única fuente; nosotros somos los actores indicados. Somos, en diversos aspectos, totalmente pasivos y totalmente activos", *Concerning Efficacious Grace*, en *The Works of President Edwards*, 4 vols. (Nueva York: Robert Carter and Brothers, 1869), II, 581.

1:17, predicando y escribiendo toda su vida usando un lenguaje bíblico y calvinista. Miller estira peligrosamente su argumento cuando afirma que la ciencia empírica conformó el método y el punto de vista esenciales de Edwards. Esta afirmación llevó a Joseph Haroutunian, en su crítica de *Jonathan Edwards* (1949), de Miller, a decir que: "El profesor Miller no ha hecho justicia a Edwards como pensador cristiano, como un hombre que, correctamente o no, se consideraba expositor de una vida conforme a «la excelencia de Cristo»".[22] Haroutunian afirma —con razón— que Miller pasa por alto la "pasión suprema" de Edwards, es decir, conocer la virtud y la santidad verdaderas por medio de Cristo.

La naturaleza del propio empirismo deja claro que Edwards no era un empirista exhaustivo. Surge la pregunta de si el empirismo puede tratar de forma correcta la religión. El empirismo como método científico exige cierto escepticismo, despego, neutralidad. El empirista se mantiene fuera de su tema para observarlo desapasionadamente. Tanto si el objeto de su observación es el fenómeno del viento y las mareas o el de la experiencia religiosa, su método requiere una objetividad constante. Edwards no era empírico, excepto como lo es un niño que observa las arañas voladoras y los colores del arcoíris. A pesar de que su obra monumental *Tratado sobre los afectos religiosos* pretende ser un estudio psicológico de la religión, no se le puede considerar científico (empirista) en este campo. El hecho trascendental es que sus observaciones se integraban dentro de la categoría más amplia de la conversión religiosa. Este es el hecho esencial que no logra calar en el análisis de Miller, que por lo demás es excelente. Es el mismo elemento que brilla por su ausencia en las *Varieties of Religious Experience*, de William James, escrita unos 150 años después del gran estudio de Edwards y que, ostensiblemente, aborda el mismo tema.

En esas conferencias Gifford, pronunciadas en Edimburgo en 1901-1902, James anunció que este estudio de la experiencia religiosa descansaría sobre observaciones empíricas. Lo que le llevó a ese

---

22 Joseph Haroutunian, revisión de Perry Miller, *Jonathan Edwards*, en *Theology Today*, VIII (enero de 1951), II, 581.

estudio fue la afirmación singular de que "las propensiones religiosas del hombre deben ser por lo menos tan interesantes como cualquier otro de los hechos relativos a su constitución mental".[23] James pretendía que su obra fuera una "panorámica descriptiva" basada en lo que él llamaba un punto de vista "existencial". Pero con este término no se refería ni a lo que significa este hoy ni a lo que implica acerca de Edwards. James quería decir simplemente que, cuando uno indaga en la existencia de una cosa, la respuesta se expresa en "*un juicio o una proposición existencial*", no mediante un juicio evaluativo. Para él, el fenómeno de la religión existía como hecho crudo y, por consiguiente, sus observaciones sobre este fenómeno serían existenciales solo en términos de este hecho, sin una relación necesaria con la existencia privada de la persona. James afirmaba que todo fenómeno religioso "tiene su historia y son un subproducto de antecedentes naturales".[24]

Para James, este patrón se aplicaba a todas las religiones, ya fuera el budismo, el cristianismo o el islam. James dijo que estudiaría los fenómenos religiosos "biológica y psicológicamente", aunque confesaba que su verdadero interés recaía en las características patológicas que se asocian con los "genios" religiosos. Con una determinación única comparable a cualquiera de los artistas y científicos ficticios de Nathaniel Hawthorne, James se concentró en aquellas personas, incluyendo a Edwards, que en medio de su actividad religiosa habían manifestado una "fiebre aguda", "síntomas de inestabilidad nerviosa", "visiones psíquicas anómalas", "sensibilidad emocional exacerbada" y todo tipo de "exageraciones y perversiones".[25] Declaró: "Dada nuestra voluntad de estudiar las condiciones existenciales de la religión, no podemos ignorar estos aspectos patológicos del tema. Debemos describirlos y nombrarlos tal como si se produjesen en hombres irreligiosos".[26] Entonces, anunciando su postura empírica plena, aun a riesgo de herir la sensibilidad de su público, siguió diciendo:

---

23 William James, *The Varieties of Religious Experience: A Study in Human Nature* (Londres: Longmans, Green, and Co., 1902), p. 2.
24 Ibíd., p. 4.
25 Ibíd., pp. 6, 22.
26 Ibíd., p. 9.

Es cierto que, instintivamente, nos repele ver cómo el intelecto trata a un objeto al que se encuentran vinculadas nuestras emociones y nuestros afectos como trata a cualquier otra cosa. Lo primero que hace el intelecto con un objeto es clasificarlo junto a algo más. Pero cualquier objeto que tenga un valor incalculable para nosotros, que despierte nuestra devoción, nos hace creer que es *sui generis* e único. Seguramente a un cangrejo le ofendería mucho oírnos clasificarlo sin disculpa alguna como un crustáceo, olvidándonos así de él. «No soy tal cosa», diría. «Soy YO MISMO, YO MISMO y nadie más».[27]

Este es exactamente el clamor expresado con la voz de Edwards, como lo expresaron las voces de los profetas hebreos, Pablo, Agustín, Pascal y Kierkegaard. John E. Smith, editor del *Tratado sobre los afectos religiosos* de Edwards, afirma que Edwards no era existencialista "ni siquiera forzando la imaginación", presumiblemente en el sentido en que lo fueron esas otras grandes voces. Sin embargo, Smith admite que Edwards reconocía que un concepto de la religión que excluya la experiencia en primera persona "está condenado a perderse en las abstracciones y a perder su relevancia para la religión".[28]

No tenemos que detenernos en las definiciones del existencialismo. Este término es tan difuso que apenas se lo puede abordar. Sin embargo, si usamos el término no como una filosofía sino como una manera de filosofar, vemos su aplicabilidad a Edwards, cuya forma de conocer, distinguida en función de su modo hebraico en vez de griego, refuerza la opinión de que el hombre no es una mera parte de una unidad cósmica serena ni, como declara la ciencia moderna, parte de la naturaleza, sino un ser único cuya manifestación más característica es, sin duda, "YO MISMO, YO MISMO y nadie más". El clamor del ser humano que está solo ante Dios reverbera por todos los escritos de Edwards. Se vuelve explícito cuando, como pasaje base para uno de sus sermones, citó Ezequiel 22:14: "¿Estará firme tu corazón? ¿Serán fuertes tus manos en los días en que yo proceda contra ti?"[29]

---

27 Ibíd.
28 John Smith, ed., *Jonathan Edwards, A Treatise Concerning Religious Affections* (New Haven: Yale University Press, 1959), p.46.
29 "The Future Punishment of the Wicked Unavoidable and Intolerable", en *Works*, ed. Hickman, II, 78.

Es decir, que en contraste a William James, que fijó su punto de vista fuera de la actividad que observaba, Edwards se mantuvo bien firme dentro de ella, dentro del círculo teológico de la fe. Desde el principio, James siguió los métodos de Spinoza, al que citaba respetuosamente: "Analizaré los actos y los apetitos de los hombres como si se trataran de una cuestión de líneas, planos y sólidos".[30] Por otro lado, Edwards comenzó su *Tratado sobre los afectos religiosos* citando no a Locke, sino 1 Pedro 1:8: "a quien amáis sin haberle visto, en quien creyendo, aunque ahora no lo veáis, os alegráis con gozo inefable y glorioso". Los verbos describen la propia actitud de Edwards. Él era un pensador cristiano, y el adjetivo supone toda la diferencia. Escribió desde dentro del sentido pleno del corazón. Su fe era como una gran catedral. Desde fuera uno no percibe ninguna gloria, ni siquiera puede imaginarla; dentro, cada rayo de luz revela una armonía de esplendores inefables. Esta metáfora, que pertenece a Hawthorne, quien la usa en *El fauno de mármol* (cap. 33), capta la esencia de la epistemología de Edwards. El lugar donde se hallaba determinó lo que veía y lo que conocía.

---

30 James, p. 9.

CAPÍTULO DOS

Edwards y el Gran Despertar

1. Vislumbres

Aunque empezó con Locke, Edwards no siguió la ancha calzada que conducía a David Hume, los utilitarios y Herbert Spencer. El motivo, como dijo Perry Miller, fue que era "demasiado profundo o demasiado sencillo".[1] Quizá por este mismo curioso motivo no siguió la ruta de los deístas ingleses, a pesar de que su maestro intelectual, Locke, había señalado claramente el camino en *Racionabilidad del cristianismo* en 1695, y John Toland lo había ampliado el año siguiente con su obra *Christianity Not Mysterious* ("El cristianismo no es misterioso"). Edwards se vio atraído más bien por los primeros platónicos de Cambridge, incluyendo a hombres como John Smith, John Owen y Richard Sibbes, quienes, mientras predicaban la racionabilidad de la religión, también conferían importancia al misterio que subyace en el corazón de la fe cristiana. Su idealismo se vio influenciado por su deuda con el misticismo racional de Plotino, que postulaba la existencia de un universo "palpitante de espíritu".[2]

---

1 Perry Miller, "Jonathan Edwards on the Sense of the Heart", *Harvard Theological Review*, XLI (abril de 1948), 124.
2 C. A. Patrides, ed., *The Cambridge Platonists* (Londres: Edward Arnold, Ltd., 1969), p. 28.

El motivo por el que Edwards no cayó en la estela de los episte-
mólogos británicos que vinieron después de Locke es un misterio que
escapa a la razonabilidad de la fe cristiana. Así, Haroutunian afirma
que el interés que sintió Edwards por la especulación filosófica "des-
apareció a la par que su juventud", sustituido por una visión cada vez
más profunda de la santidad ("un sentido de la gloria del Ser divino",
como escribió Edwards en su *Narración personal*), que se convertiría
en *el* tema de sus obras de madurez.[3] Miller, por otro lado, especula
menos plausiblemente que fue el aislamiento del valle del Connecticut
el que "protegió" a Edwards de Hume y de pensadores afines,[4] aunque
Miller añade que Edwards había recibido de antemano "determinados conceptos procedentes de su naturaleza religiosa".[5] Estos conceptos pertenecían nada menos que al misterio de la Escritura y al
sentido de la gloria divina inspirado en el interior de Edwards.

Si Edwards hubiera estado menos curiosamente alterado, disponía
de muchísimas oportunidades de haber adoptado un rumbo teológico distinto incluso dentro del protegido valle del Connecticut. Por
toda Nueva Inglaterra se extendía un vigoroso liberalismo que surgía de lo que Herbet W. Schneider llama "una pérdida del sentido
del pecado".[6] El gobierno teocrático se había visto minado por todo
tipo de influencia social, política y económica, entre las que destacaba
el fenómeno pernicioso llamado "prosperidad yanqui". El lujo y la
seguridad que proporcionaban las ciudades más grandes libraron a
las generaciones posteriores de los rigores que habían fortalecido la
vida comunitaria anterior. En el ámbito eclesial, el estricto Pacto de
la gracia que constituía el fundamento incuestionado y profeso de la
membresía visible en la Iglesia se había visto gravemente perjudicado,
primero debido a la Plataforma de Cambridge de 1948, que permitía
bautizar a los hijos de los miembros regenerados (niños que no habían
hecho profesión de fe), y luego por el Pacto del Camino Intermedio
de 1662, que permitía bautizar incluso a los hijos de los miembros que

---

3 Joseph Haroutunian, "Jonathan Edwards: A Study in Godliness", *Journal of Religion*, XI (julio de 1931), 400, 403.
4 Miller, "Jonathan Edwards on the Sense of the Heart", 124.
5 Ibíd.
6 Herbert Wallace Schneider, *The Puritan Mind* (Londres: Constable and Company, 1931, cap. 3).

no habían profesado su fe. Aunque la normativa de 1662 no permitió que estos miembros participasen de la Santa Cena, el propio Solomon Stoddard, del valle del Connecticut, se deshizo de esta restricción mediante la publicación de *La doctrina de las iglesias instituidas* (1700), con el propósito de demostrar que ese sacramento no era un privilegio reservado para los regenerados, sino más bien un *medio* de salvación abierto a los no regenerados. Después del golpe de gracia de Stoddard no hacía falta nada más para obtener el triunfo completo del liberalismo que los argumentos revolucionarios relativos al gobierno democrático de la Iglesia, que propuso John Wise en su influyente obra *Justificación del gobierno de las iglesias de Nueva Inglaterra* (1717). Wise afirmaba que la sociedad civil ya no debía adoptar como modelo los principios teocráticos de la Iglesia. Había que dar un vuelco a todo ese asunto, invertir la filosofía puritana de la Holy Commonwealth*, de modo que la Iglesia se viera obligada a seguir el modelo democrático de la sociedad civil. La consecuencia que tuvo esta victoria para el laicado y para la democracia secular, dice Schneider, fue nada menos que "el destronamiento de Dios".[7] En unos términos que aplaudía el próspero bostoniano y que aborrecía Edwards el calvinista, la sociedad rechazaba el sentido del corazón sustituyéndolo por el del dinero.

A pesar del aislamiento que le proporcionaba su naturaleza fronteriza, Northampton no ofreció a Edwards ninguna protección frente a estas condiciones. La comunidad no solo era una de las más grandes y prósperas de la colonia —orgullosa además de su moral, su reputación y su cultura— sino que desde el mismo púlpito que ocupaba ahora el "jovenzuelo enfermizo y estudioso"[8] llegaba el mensaje de liberalismo de Stoddard, que durante veinte años se propagó por todo el campo. El camino más evidente que podía seguir Edwards era el que había trazado Stoddard. Aun el igualmente venerable Cotton Mather, que murió el año antes que Stoddard, proporcionó alternativas sutiles

---

* (N. del T.) Sistema aplicado por los puritanos de la Colonia de la Bahía (Bay Colony) que dotaba a los jueces del poder de intervenir en asuntos eclesiales, y al que se opuso firmemente Roger Williams (c. 1603-1683), fundador del estado de Rhode Island y defensor de la separación entre Iglesia y Estado.

7 Ibíd., p. 97.
8 Ibíd., p. 102.

al tortuoso calvinismo que propugnaba Edwards. Ya antes Mather se había opuesto al concepto comprometido de la Cena del Señor como "medio eficiente" de salvación, pero en años posteriores expuso su propio liberalismo evidente en obras como *La religión razonable* (1700), *Bonifacio, o ensayos para hacer el bien* (1710), *La razón satisfecha y la fe establecida* (1712), y *El filósofo cristiano* (1721). De una u otra manera todas estas obras iluminaron la avenida cada vez más amplia del pensamiento estadounidense del siglo XVIII. Por lo tanto, no existía "seguridad" para el calvinista dieciochesco, ni siquiera para quien conocía la obra de Locke y de Newton. Tampoco hay explicación pragmática para la compulsión que sentía Edwards a viajar por el otro camino, que se vería marcado por experiencias desconocidas aun para las personas que le eran más cercanas.

La seguridad de Edwards provenía de un calvinismo que su propia hambre espiritual, su ansiedad y su gozo habían autentificado y que, a su vez, había proporcionado el fundamento doctrinal para su teología del corazón. Entre sus dogmas principales se contaba el de la soberanía absoluta de Dios. Edwards no sentía simpatía alguna por la opinión popular de que Dios y el ser humano estaban, por así decirlo, montados en un subibaja: cuando Dios sube con su sentido común y su inventiva, Dios debe bajar en consecuencia. Pero lo cierto es que era al revés. Sin embargo, la auténtica verdad no radicaba en semejante imagen, en absoluto. Dios es infinito, el hombre es finito, y por lo tanto la diferencia entre ambos es infinita. La única mediación se encuentra en Cristo. El hombre depende por entero del Hijo de Dios para recibir toda su sabiduría, justicia y redención. Que todos los hombres que parecen "eminentes en santidad y abundantes en buenas obras" escuchen la verdad: existe "una dependencia absoluta y universal de Dios por parte de los redimidos para obtener todos los beneficios de que disfrutan" y, por consiguiente, Dios "se exalta y se glorifica en la obra de la redención" (II, 7, 2-3).

Edwards predicó estas palabras en Boston el 8 de julio de 1731, exactamente diez años antes del día en que pronunció su famoso sermón en Enfield sobre pecadores en manos de un Dios airado. En este sermón de Boston, "Dios glorificado en la dependencia humana", Edwards no pudo ser más explícito para identificar a su público. Eligió un pasaje de la carta del apóstol Pablo a los corintios, quienes, reflexionó Edwards, vivían a poca distancia de Atenas, "que durante muchos años fue la sede más famosa de la filosofía y el conocimiento de todo el mundo". Aquellas personas que estaban sentadas frente a Edwards, ¿no pensaban que Harvard era más o menos así? Edwards no tuvo que formular la pregunta. ¿Acaso las doctrinas de la soberanía absoluta de Dios y la dependencia completa del hombre no parecían absurdas al clero liberal de Harvard? Una vez más, Edwards no tenía que hacer esta pregunta. A pesar de todo lo que no dijo, el sermón fue claramente "una incitación a la batalla, un reto para combatir"; trajo consigo un "nuevo fervor en la predicación"; fue "muy significativo para la vida de Edwards y para la historia de la teología de Nueva Inglaterra, como cuando Schleiermacher predicó su sermón sobre el mismo tema, que señala la fecha de la reacción eclesiástica del siglo XIX".[9] Lo que Edwards dijo en realidad fue: "Que no quepa duda sobre la postura que adoptaré en lo sucesivo. Las doctrinas que predicaré son vivas y embriagadoras porque surgen del conocimiento experiencial. Entre estas doctrinas la más importante es la que afirma una Deidad inescrutable e inmutable a la que hemos de adorar, no solo especular sobre ella. Nunca olvidemos que nuestra relación con la Deidad, que no tiene ninguna obligación para con nosotros, es, como mucho, una relación de dependencia, independientemente de lo que digan nuestras obras y nuestra razón para contradecirlo".

Durante todo un siglo Estados Unidos no volvería a tener un portavoz dotado de la visión de Edwards o, dicho con más exactitud, un vidente que plasmara las consecuencias plenas y terribles que llegan cuando el ser humano olvida la naturaleza de esa relación. Tampoco habría nadie más indicado para describir la austera responsabilidad que tiene el ministro calvinista de predicar esta verdad que la persona de Herman Melville, cuyo Padre Mapple, un personaje ficticio,

---

9 Perry Miller, *Jonathan Edwards* (Cleveland: World Publishing Company, 1959), p. 29; Ola Elizabeth Winslow, *Jonathan Edwards*, 1703-1758 (Nueva York: The Macmillan Company, 1940), p. 152; Alexander V. G. Allen, *Jonathan Edwards* (Boston: Houghton, Mifflin and Company, 1889), p. 57.

concebía su deber clerical en unos términos tan resueltos como los de Edwards cuando se puso delante de su público bostoniano:

> ¡Ay de aquel [dijo el Padre Mapple] a quien este mundo aparta del deber del evangelio! ¡Ay de aquel que quiere verter aceite sobre las aguas cuando Dios las ha sacudido y convertido en tempestad! ¡Ay de quien pretende complacer en lugar de conmover! ¡Ay de quien valora más su buen nombre que la bondad! ¡Ay de aquel que, en este mundo, no invita a que otros le deshonren! ¡Ay de quien no quiere ser veraz aun cuando mentir suponga la salvación! Sí, ¡ay de aquel que, como dijo el gran piloto Pablo, aun predicando a otros acaba siendo rechazado! (*Moby Dick*, cap. 8)

Al cabo de un mes, el sermón de Edwards —que fue su primera obra publicada— se imprimió para que lo leyese toda Nueva Inglaterra. Como prefacio incluyó una "Advertencia para el lector", escrita por el reverendo William Cooper y Thomas Prince, Jr., quienes, con motivos comprensibles, expresaban su entusiasmo por haber visto cómo un predicador tan joven "abordase un tema tan noble"; aquí, dijeron, "apreciamos el alma misma de la piedad" (II, 2). Ciertamente fue así. Pero poco imaginaban que aquel sermón era el preludio de una gran batalla, que a pesar de todos los sufrimientos que acarrearía a Edwards nunca lanzaría sobre su persona el dolor que destroza el alma y al que se refería el Padre Mapple de Melville. Las creencias de Edwards, cada vez más profundas, eran demasiado firmes como para eso.

Antes de que se desencadenara la tormenta, Edwards pronunció otros dos sermones que, doctrinalmente, fueron tan importantes para su religión del corazón como el sermón que dio en Boston sobre la soberanía de Dios. Uno se llamaba "Una luz divina y sobrenatural", predicado en el verano de 1733 y publicado al año siguiente. El otro, una serie de dos sermones predicados en 1734, se titulaba "Justificación solo por la fe", ampliado y publicado cuatro años después como uno de los tratados que componen *Cinco discursos sobre temas importantes*. Ningún otro sermón contiene doctrinas tan esenciales para

Edwards como "Una luz divina y sobrenatural". Perry Miller no exagera cuando dice que en este sermón "se encuentra en miniatura todo el sistema de Edwards".[10] El otro discurso, sobre la justificación por la fe, reforzó todavía más su postura doctrinal.

En el sermón de 1733, Edwards exponía dos ideas esenciales. Una tenía que ver con la diferencia entre el hombre natural y el regenerado; la otra se refería a la luz divina y sobrenatural, una metáfora de la gracia y de la realidad divina. Estas ideas se combinaron en el célebre postulado de Edwards sobre el tema del conocimiento religioso. Edwards, claramente distinto a Locke, afirmó que el conocimiento religioso pertenecía a un orden distinto al conocimiento consistente en datos sensoriales que se plasman en la mente del hombre natural. Edwards no descartaba la posibilidad de que tales "impresiones" sensoriales incitasen curiosamente la imaginación. De hecho, al igual que Calvino, aceptaba la importancia de otras capacidades naturales, entre ellas la consciencia y la razón.[11] Pero contrariamente a lo que decía Locke, Edwards presupuso que en todo conocimiento —incluyendo el religioso— las facultades naturales "no son meramente pasivas, sino activas" (II, 15). Dentro del conocimiento religioso el hombre lo hace todo, responde totalmente; sin embargo, lo que hace no es nada comparado con la iniciativa de Dios, que es indispensable y absoluta.

Hay una diferencia radical y cualitativa que separa al hombre natural del regenerado. Esta diferencia no consiste en la ampliación cuantitativa del conocimiento del hombre natural, sino en el abismo que separa ese conocimiento de lo que Edwards llamaba "un sentido y una aprehensión reales de la excelencia divina… la convicción espiritual y salvífica de la verdad y de la realidad de tales cosas" (II, 14). Dado que el hombre natural conoce a Dios solo como objeto, no tiene aprehensión, no tiene sentido de la gloria divina. Por medio de la razón puede erigir pruebas de la existencia de Dios y llamarlas teología natural.

---

10 Miller, *Jonathan Edwards*, p. 44. Frank Hugh Foster, en *A Genetic History of New England Theology* (Nueva York: Russell & Russell, 1963), p. 52, combina este sermón con "Dios glorificado en la dependencia humana", para decir que estos dos sermones fueron como "la primera andanada de un cañón solitario al principio de una gran batalla".

11 Juan Calvino, *Commentaries*, ed. Joseph Haroutunian, en *The Library of Christian Classics* (Londres: SCM Press, Ltd., 1958), pp. 132-133.

Como ha sugerido más recientemente Emil Brunner, el hombre puede postular la excelencia divina como una realidad objetiva dentro de la posibilidad humana de conocer (excepto por los límites que impone el pecado); y entonces, si se produce semejante conocimiento, llamarlo revelación general.[12] Pero, a diferencia de Brunner y más en consonancia con Karl Barth, Edwards insistía no solo en que esta luz de la gracia y de la realidad divina es especial, en tanto en cuanto viene mediada solo por Jesucristo, sino también que es una luz personal y salvadora. Para Edwards Dios es un Dios vivo y personal; el hombre es una personalidad única, y por medio de la gracia el hombre regenerado sabe que esta relación divino-humana es "salvífica".

Surge la pregunta de si esta diferencia radical entre el hombre natural, que mantiene una relación distante e impersonal con un Dios objetivo, y el hombre regenerado, que tiene un sentido de Dios en su corazón, significa que esta luz divina lo es todo, que el antiguo Pablo dejó de existir cuando nació el nuevo en el camino a Damasco, que el hombre natural no solo es débil sino que está muerto. La pregunta es tan radical como la diferencia entre la vida y la muerte. Edwards no mitigaba la importancia del nuevo nacimiento. Al contrario, llevaba la paradoja hasta su extremo ofensivo al insistir en el concepto de inmediatez: que una luz espiritual y divina "impartida *de inmediato* al alma por Dios" es distinta a cualquier otra obtenida por medios naturales (II, 13, las cursivas son mías). Al principio, los términos "de inmediato" pueden sugerir solo un punto del tiempo, un instante. Así, durante los grandes avivamientos que pronto invadirían el valle del Connecticut, las personas dieron testimonio de experiencias inmediatas de salvación, como si en un abrir y cerrar de ojos hubieran nacido de nuevo, de alguna manera. Edwards se esforzó mucho para minimizar la experiencia de los entusiastas, que propugnaban esa regeneración instantánea. En "Una luz divina y sobrenatural" advirtió que el sentimiento o la emoción por sí solos no son evidencia de la luz

---

12 Heinrich Emil Brunner, *Revelation and Reason*, trad. O. Wyon (Londres: Westminster, 1946), p. 79. El debate clásico entre Brunner y Barth sobre este tema se encuentra en Brunner y Karl Barth, *Natural Theology*, trad. Peter Fraenkel, con una introducción de John Baillie (Londres: G. Bles, 1956). El ensayo de Brunner se titula "*Nature and Grace*"; el de Barth, "*No*".

verdadera. Dijo que el hecho de que muchas personas se vieran "grandemente afectadas" por las cosas de la religión no era un indicador fiable de que siguieron siendo otra cosa que seres "sin gracia ninguna". Sin embargo, Edwards defendía el poderoso drama de la conversión, y luchó con fuerza para distinguirlo de su contrapartida fraudulenta.

Cuando Edwards dijo que la luz divina se impartía "de inmediato", se refería primero a la naturaleza cualitativa de esta luz, y segundo a la manifestación del suceso dentro del tiempo. En resumen: a Edwards le interesaba más la epistemología que la cronología. Es decir, que el significado primario de la inmediatez se plasma en la distinción radical entre (1) el conocimiento natural y el espiritual, y (2) entre los medios especulativos e intuitivos que conducen a él. El conocimiento natural carece de revelación especial. Que este conocimiento natural pueda representar una consciencia primordial o un nivel de razón inmensamente superior no implica un proceso evolutivo ulterior que conduzca por último a la verdad religiosa. A pesar de una facultad especulativa muy bien aguzada, el hombre natural no puede "alcanzar" el conocimiento espiritual, por la razón profundamente sencilla de que este conocimiento, en lugar de ser algo que alcanza el ser humano, es dado, impartido, revelado por Dios. El hombre natural no lo comprende en última instancia, como si fuera la recompensa que aguarda al final de una reflexión agotadora o de una vida moralmente recta. En lugar de alcanzarlo, el hombre regenerado se ve alcanzado por él. Además, si podemos decir que en ese momento el alma recibe un impacto, no es el de la verdad natural, como el que experimentamos cuando descubrimos la ley de la gravedad o $E=MC^2$. No, es el impacto de una verdad divina revelada que inunda el corazón y fomenta el compromiso.

A pesar de que la lucha espiritual acompañó las conclusiones de Edwards, que tanto le costó obtener, nunca retrató el drama de la conversión de ningún otro modo que para que subrayase el papel de Dios como iniciador divino de la revelación y de la gracia. Solo después de que Edwards enunciase la soberanía del papel de Dios pasó a tratar la condición humana. Como veremos en un capítulo posterior, describió la condición del hombre en términos muy dramáticos, ninguno de los cuales es más eficaz que el sustantivo "inmediatez". Hemos dicho que el término significaba la yuxtaposición inmediata de la naturaleza y de la gracia, la oscuridad y la luz. Las instituciones intermediarias, como las iglesias y las universidades, no podían difuminar esta distinción inequívoca. Ningún maestro ni sacerdote, ni la razón ni los sistemas filosóficos, los principados y las potestades, podrían interponerse para modificar estas condiciones existenciales separadas. Pero el término también significaba el *ahora* inmediato, ese momento existencial para cada hombre en el que se encuentra en un estado de "oscuridad y engaño" o de "santidad y gracia" (II, 14). Con una agudeza sorprendente, Edwards dramatizó el cielo o el infierno como una condición de *este* momento, y ni la distancia ni el tiempo separaban al hombre de su urgencia coercitiva. A pesar de todo el estudio preparatorio, la reflexión, la filantropía y la oración a las que se dedica el ser humano, "esa obra de la gracia sobre el alma mediante la cual la persona es tomada de un estado de corrupción y depravación totales para interesarse en Cristo y convertirse en un hijo de Dios, se produce en un momento".[13] De la misma manera que la verdad del temor y temblor de Abraham se convirtieron en algo real para Kierkegaard solo en el momento inmediato en que los experimentó en su corazón, Edwards solo asimiló la verdad de la iluminación divina cuando se convirtió en un suceso inmediato en s*u* corazón. No esperaba menos de sus parroquianos de Northampton.

En un instante así, la razón también se santifica. Las objeciones a las ofensas que el sentido común encuentra implícitas en los misterios cristianos quedan superadas. La luz divina "ayuda positivamente a la razón" para que acepte la razonabilidad de la luz y su inmediatez soberana, salvadora (II, 14). La razón no santificada, o natural, que solo tiene la capacidad de inferir partiendo del argumento y de la proposición, no puede percibir esta luz. Esta percepción solo puede darse dentro de los confines del corazón. Cuando la razón se lleva a estos confines totalmente integradores, permite al individuo captar la

---

13 Jonathan Edwards, Treatise of Grace, de *Selections from the Unpublished Writings of Jonathan Edwards of America*, ed. Alexander B. Grosart (Edimburgo, 1865). p. 25.

excelencia de aquellas doctrinas que constituyen la materia de esta luz o este conocimiento. La razón santificada penetra llegando a la congruencia divina frente a la cual el hombre natural se encuentra ciego.

La actitud rebelde frente a un absurdo aparente se convierte en confianza, en lo que ahora la razón santificada interpreta como una orden de Dios. Esta confianza es una apertura completa a la voluntad razonable de Dios en la que, dijo Edwards, hallamos nuestra paz. Antes que él, Dante y luego T. S. Eliot dijeron lo mismo. Sus parroquianos de Nueva Inglaterra, no. Semejante idea contradecía vagamente lo que alboreaba en la consciencia estadounidense como una independencia y una identidad cultural atrayentes. Ya entonces los albores del liberalismo conformaban una personalidad estadounidense emergente, que no encontraría su expresión en la teología de Edwards ni en la sombría capacidad artística de Melville, sino en Emerson y Whitman, cuyas visiones de las posibilidades ilimitadas del ser humano propugnaban la confianza en uno mismo por encima de todo lo demás.

2. La justificación solo por fe

Los primeros indicios del problema se presentaron con los sermones de Edwards sobre la justificación. Después de todo, su sermón previo en Boston solo había sido la actuación única de un ministro joven, y el otro sobre "Una luz divina y sobrenatural", por medio de su elocuencia, había vuelto agradable una doctrina que revestía cierto peligro. Pero no cupo duda alguna de que mediante la incesante severidad de esta doctrina de la justificación Edwards se metía en faena. Era evidente que empezaba a marcar un ritmo que resultaría ser demasiado exigente para su congregación, y a predicar sobre una autoridad divina que encajaba cada vez menos con el concepto estadounidense de la independencia.

Edwards era consciente de la dificultad de este texto, Romanos 4:5: "mas al que no obra, sino cree en aquel que justifica al impío, su fe le es contada por justicia". Traducida a sus propias palabras, la doctrina se cernía imponente sobre el oyente: "Que somos justificados por la fe en Cristo, y no por ninguna virtud o bondad que poseamos" (I, 622). Reconocía que muchos de su congregación pensarían que esa afirmación era "absurda", hallando en ella "un elevado grado de ignorancia" y mucha "incoherencia" (I, 622). Al pedir "la paciencia de todos" para escuchar su argumento, sabía con total certeza —como escribiría más adelante en el Prefacio— que con ella ponía en peligro las enseñanzas que muchos habían recibido desde que eran pequeños, a saber, que las buenas obras, la obediencia y la virtud les cualificaban para recibir una recompensa. La doctrina opuesta de Edwards provocó "una inquietud inusual", y él admitió honestamente que le habían "reprochado intensamente" haberla predicado, y que había padecido "ofensas flagrantes". Pero ni la complejidad de la doctrina ni sus arduas consecuencias iban a hacerle cambiar de postura. Además, *esta* doctrina era "el mismísimo cimiento" de su argumento contra el liberalismo (I, 646). Que los arminianos se contentasen con las simplificaciones y convirtiesen las verdades crudas en dogmas inocuos y cómodos. Es cierto que las doctrinas cristianas pueden contener "algo fácil"; sin embargo, decía Edwards, "también contienen grandes misterios", dignos de la más aguda diligencia intelectual, de precisión y de distinciones, así como de la confrontación más sincera a la par que dolorosa. Una vez más, Edwards echaba sobre los miembros de su iglesia las mismas exigencias que cargaba sobre sus espaldas. Estaba convencido de que si la religión significaba algo, debía significarlo todo.

La propia doctrina de la justificación no planteaba dificultades. Su significado era, simplemente, que mediante la justificación (1) somos aprobados por Dios como libres de la culpa del pecado y de su castigo, y (2) que somos bendecidos con esa justicia que nos hace entrar en comunión con todos los creyentes. La justificación supone la remisión del pecado (la liberación del infierno), y la herencia de la vida eterna (la entrada al cielo). La dificultad estriba en la preposición "por": la justificación solo *por* fe. ¿Es la fe el requisito previo de esa justificación que presuntamente viene después? ¿Es la fe un instrumento que usa Dios para realizar el acto de la justificación? ¿Es Cristo la condición única para nuestra justificación y nuestra salvación? ¿Hay otras

condiciones o cualificaciones para ella, como amar a nuestros hermanos y perdonarles sus ofensas? ¿Cuál es la diferencia entre la justificación por la fe y por la ley? Admitiendo estos problemas, Edwards
dejó claro algo ya desde el principio: para nosotros, Cristo "compró la
justificación mediante su sangre" (I, 624). La centralidad que confería
Edwards a Cristo nunca es tan enfática como en este punto, y constituye el fundamento para el concepto que tenía Edwards de la fe.

Edwards afirmó que la fe cristiana consiste en la respuesta total a
Cristo por parte del ser humano. "Tener" fe es estar en Cristo, como
los miembros están vinculados con la cabeza y las ramas al tronco. La
fe es unión. Edwards sostenía que solo cuando nos unamos primero
con Cristo seremos justificados por Dios. La secuencia es trascendental: "Que estemos en él es el fundamento para ser aceptados [justifica-
dos]" (I, 625). La justificación por la fe es lo mismo que la justificación
porque estamos en Cristo. La unión en Cristo no es la recompensa de
la fe; la unión *es* la fe. Además, el ser humano se entrega activamente
a esta unión. Edwards sostenía que la fe "es la unión *activa* del alma
con Cristo"; Cristo, que antes se hizo hombre, trata ahora al hombre
como un ser "capaz de actuar y de decidir", esperando que venga a él.
Calvino dijo: "Esta fe no se limita a creer cosas sobre Cristo; le abraza
con toda el alma".[14]

El meollo de la doctrina especifica que la unión con Cristo no es
la recompensa por la fe, sino la fe misma, y que somos justificados *solo*
por fe. Suponer, por ejemplo, que Dios proporciona esta relación con
Cristo como recompensa por las buenas obras es incoherente con el
hecho de que estamos bajo la condenación hasta que él entra en esa
relación. Es la misma incoherencia que se produce cuando una persona espera ser justificada antes de unirse a Cristo. En ambos casos,
Edwards atacó enfáticamente cualquier idea que elevase el mérito
humano como condición previa a la actuación de Dios. Conforme al

---

14 Calvino, *Commentaries*, p. 232. Para el análisis complete de Calvino de la justificación por la
fe en Cristo, ver Institutes of the Christian Religion, 2 vols., ed. John T. McNeil, en *The Library
of Christian Classics* (Londres: SCM Press, Ltd., 1960), III, xiv, 1-21. Un examen útil de la
interpretación de Calvino de esta doctrina se encuentra en Wilhelm Niesel, *The Theology of Calvin*,
trad. Harold Knight (Londres: Lutterworth Press, 1956), pp. 130-137.

tenor del Pacto de las Obras, una persona debía ser aceptada y recompensada solo en función de sus obras; pero en el Pacto de la Gracia, la obra se acepta y se recompensa solo por amor a la persona. Al insuflar nueva vida a este Pacto de la Gracia no legalista, Edwards afectó los fundamentos de la teología del pacto de Nueva Inglaterra, que durante generaciones había favorecido la lógica de las obras, hasta el punto de que en la época de Edwards esa lógica prácticamente exigía que Dios recompensara solo las obras.[15]

Perry Miller intenta demostrar que la interpretación que hizo Edwards de la justificación por la fe debía mucho a su "lectura inspirada de Newton".[16] Miller, que está decidido a considerar a Edwards un empirista (lockiano o newtoniano), arguye que la raíz de la doctrina de la justificación es el concepto newtoniano "de un antecedente a un subsiguiente, en el que el subsiguiente, cuando sucede, demuestra ser lo que sea por sí mismo y en sí mismo, sin la determinación del precedente". Miller sigue diciendo: "Por consiguiente, todos los efectos deben tener sus causas, pero ningún efecto es un «resultado» de lo que ha pasado antes".[17] El argumento teológico de Edwards, que decía que el merecimiento de una recompensa a cambio de las buenas obras no antecede a la justificación sino que se debe a ella es, supuestamente, análogo a la idea de Newton. Sin que importe lo que Edwards debiese a Newton, su deuda era aún mayor con Pablo, al que citó prolíficamente a lo largo de su tratado, en ningún caso con un efecto más revelador que cuando citó Gálatas 2:20: "Con Cristo estoy juntamente crucificado, y ya no vivo yo, mas vive Cristo en mí; y lo que ahora vivo en la carne, lo vivo en la fe del Hijo de Dios, el cual me amó y se entregó a sí mismo por mí" (I, 642).

Miller considera que la doctrina de la justificación provoca esencialmente un temor reverente, estableciendo un vínculo interno de causa y efecto que es "misterioso y aterrador", un poder oculto

---

15 La definición clásica de la teología del pacto en América figura en Perry Miller, "The Marrow of Puritan Divinity", *Publications of the Colonial Society of Massachusetts*, XXXII (1937), 247-300, reimpreso en Miller, *Errand into the Wilderness* (Nueva York: Harper & Row, 1964), pp. 48-98.
16 Miller, *Jonathan Edwards*, p. 79.
17 Ibíd.

parecido al que, en la naturaleza, sostiene a los átomos cohesionados y opera en la fuerza de la gravedad. Pero Miller lleva su analogía newtoniana más allá de sus límites metafóricos, permitiendo que, por así decirlo, Newton borre a Edwards del mapa. A diferencia de Edwards, Miller no tiene en cuenta el amor esencial. Para Miller, las "fuerzas tenebrosas de la naturaleza" ocultas a gran profundidad tras la fachada de racionalismo de Newton son más misteriosas que cualquier cosa que proporcione la teología cristiana. Su analogía entre esas "fuerzas tenebrosas" y el Dios que viola la lógica humana mediante el acto de la justificación se viene abajo cuando Miller afirma que esas fuerzas naturales eclipsan "el fulgor deslumbrante" de la predestinación calvinista. En resumen: el máximo poder pertenece a la naturaleza, no a Dios, una conclusión que ignora la esencia misma del pensamiento de Edwards. Porque este siempre sostuvo que era Dios, como "ser sabio" supremo, quien "se deleita en el orden" y cuya justificación del hombre en Cristo fue "un testimonio de su amor por ese orden", quien era el "primer fundamento" de toda realidad (I, 627). Además, fue Dios como amor quien, bajo el punto de vista ortodoxo de Edwards, trajo al ser humano a la coherencia divina, por medio de la fe. Las obras del hombre no sirven como pacto legalista que promete recompensas por la obediencia, sino más bien "son obras de esa fe que obra por amor; y cada uno de esos actos de obediencia, siempre que sea interno y un acto del alma, es solo un acto nuevo y eficaz de recepción de Cristo y de adhesión al glorioso Salvador" (I, 642).

La importancia que tenía esta doctrina para lo que se cernía sobre el panorama de Nueva Inglaterra no recibió mejor testimonio que el propio Prefacio de Edwards, escrito en 1738. A pesar de los ataques que recibió por predicar los sermones sobre la justificación, declaró su exculpación, porque poco después, en otoño de 1734, escribió: "La obra de Dios se manifestó de forma maravillosa entre nosotros, y las almas comenzaron a acudir a Cristo como el Salvador en cuya justicia única esperaban ser justificadas" (I, 620). Había comenzado el Gran Despertar, y el pensamiento y la práctica religiosos de Estados Unidos ya no volverían a ser los mismos. Según la opinión de Frank Hugh Foster, el movimiento teológico que empezó Edwards cuando predicó esos sermones concretos "adquirió una importancia para toda la civilización cristiana cuando se convirtió en la fuerza que moldeó buena parte de la obra religiosa constructiva que se hizo en los Estados Unidos de América".[18] Si este juicio parece exagerado, hallamos una sólida validez en la propia declaración de Edwards de que "esta fue la doctrina sobre la que se fundamentó al principio esta obra [el Gran Despertar], siendo también el cimiento sobre el que se afirmó todo el proceso posterior" (I, 620).

3. El brillante valle del Connecticut

La doctrina de la justificación *sola fide* señala hacia la gran doctrina de la predestinación. Lo que enseña la primera sobre la relación entre Dios y la persona de Cristo se aplica también a lo que enseña la segunda sobre la relación entre Dios y su pueblo. La primera tiene que ver con el individuo, la segunda con la historia. Ambas tienen que ver con la obra redentora de Dios. Ambas presuponen a un Dios soberano, un Dios de poder, gracia y amor, y conocerle es recibir los frutos espirituales del gozo y de la paz. Sin embargo, ambas doctrinas también enseñan que los actos de Dios, aunque se pueden aprehender, nunca se pueden comprender del todo. No existe una explicación globalizadora de los actos divinos en la justificación, porque las obras anteriores del hombre no sirven de nada. Tampoco existe una lógica determinista, una causa y un efecto, que explique la actuación de Dios en la historia. A pesar de todo, en la esencia de ambas doctrinas hallamos la certidumbre de que nada de lo que hace Dios es fortuito; misterioso sí, pero nunca escapa a la intención divina. A esta certidumbre llegamos cuando fijamos nuestro corazón y nuestra mente en la Escritura, en Cristo y en la historia del pueblo de Dios. Edwards predicó estas cosas con su habitual fijación inmutable.

La experiencia religiosa se hizo con individuos y con comunidades por igual. Hacia 1735 todo Northampton estaba inmerso en lo que Edwards consideraba la obra redentora de Dios. Al año siguiente el

---

18 Foster, p. 3.

avivamiento se había extendido a South Hadley, Suffield, Sunderland, Deerfield, Hatfield, West Springfield, Long Meadow, Enfield, Westfield, Northfield, East Windsor, Coventry, Stratford, Ripton, Tolland, Hebron, Bolton, Woodbury. Sin duda, Dios se movía de maneras extrañas, misteriosas y veloces. Por lo que respecta a Northampton, donde durante varios años tras la muerte de Stoddard se había asentado cierto "embotamiento religioso" —incluyendo más de un caso de "paseos nocturnos, frecuentación de las tabernas y prácticas lujuriosas" (*NF*, 146)[19]— en un solo año acudieron a Cristo aproximadamente trescientas almas.

Estos fueron los hechos que Edwards plasmó en *Fiel narración de la obra sorprendente de Dios en la conversión de muchos cientos de almas en Northampton y las ciudades y pueblos vecinos* (1737). Pero este relato, una ampliación de la "Narración sobre conversiones sorprendentes" que Edwards había enviado un año antes al reverendo Benjamin Colman en Boston, es mucho más que una mera relación de hechos. Escrita dentro del contexto de su propia conversión personal y anticipando en muchos sentidos su *Narración personal*, este documento de 1737 señala la primera vez que Edwards se enfrentó al fenómeno de la experiencia religiosa a gran escala. Si ya era deudor a la psicología lockiana, ahora se consideraba un testigo clínico de la obra de Dios en la conversión de otros. Además, fue testigo de una corroboración dramática de la justificación doctrinal, así como de algunos indicios de que el propio avivamiento no era más que un episodio en una esfera suprahistórica que los elegidos conocerían como "la historia de la salvación". La crítica llama la atención frecuentemente sobre las características extravagantes de lo que sucedió en Northampton. En escritos posteriores, Edwards intentó corregir esta impresión sin repudiar la *Narración fiel*. Estaba convencido de que aquellas conversiones (repentinas, espectaculares, inexplicables) estaban relacionadas con "la obra peculiar e inmediata" de Dios en esta ciudad elegida (*NF*,

---

19 Jonathan Edwards, *The Great Awakening*, ed. C. C. Goen (New Haven: Yale University Press, 1972}. El título se lo puso Goen. Este volumen contiene *Una narración fiel* (1737), de Edwards, *Los rasgos distintivos* (1741), Pensamientos sobre el avivamiento (1743), cartas y prefacios. Las referencias posteriores a las tres obras principales de Edwards en este libro serán a la edición de Goen y aparecerán entre paréntesis en el texto.

210). Por el momento se contentó con describirlas. Más tarde intentó volverlas comprensibles teológicamente. Esta labor exigió su máxima capacidad. Resulta irónico que también echase los cimientos para su tragedia personal, porque la vindicación intelectual que estructuró desmentía el sentido del corazón, que singularmente se justificaba a sí mismo. El intento de hacer visible, sea en tratados o en instituciones, lo que es invisible está condenado al fracaso, sobre todo cuando lo visible adopta formas con perfiles duros y rígidos.

Como descripción del avivamiento de Northampton, la *Narración fiel* posee una forma dramática impresionante, que ayuda a explicar el hecho de que durante la vida de Edwards se imprimiese en su totalidad por lo menos sesenta veces, diez de ellas en cinco países y en tres idiomas.[20] En la sección introductoria Edwards proporciona el escenario, observando que los habitantes de Northampton eran tan "sobrios, metódicos y buenos" como cualquier otra persona de Nueva Inglaterra, y añadiendo que "son tan racionales y comprensivos como como pocos de los que he conocido" (*NF*, 144-145). Sin embargo, lo que a Edwards le desconcertaba era la suficiencia que sentían respecto a su religión. Lo que les hizo recuperar súbitamente la sobriedad fueron dos muertes que se produjeron en un lugar cercano, Pascommuck, en abril de 1734; una de las víctimas fue un joven que murió de pleuresía tras dos días de delirio y, la otra, una joven que antes de morir "estaba muy inquieta" por el estado de su alma. Incitados por estos sucesos solemnes, unidos a un amenazante arminianismo que algunos interpretaron como la señal de que Dios se estaba alejando de aquella tierra, los ciudadanos se sintieron aún más conmocionados en diciembre cuando se convirtieron diversas personas, sobre todo una joven considerada una "de las más descocadas de toda la ciudad" (*NF*, 149). Dios le había dado "un nuevo corazón, realmente quebrantado y santificado" (*NF*, 149). Pronto hubo otros que se vieron igual de afectados, hasta que en primavera y verano de 1735 "la ciudad parecía estar llena de la presencia de Dios: nunca estuvo tan llena de amor ni de gozo y, sin embargo y al mismo tiempo, tan llena de inquietud, como lo estuvo entonces" (*NF*,

---

20 Goen, ed., p. 90.

151). Los padres se regocijaban cuando sus hijos nacían de nuevo, los maridos por sus esposas y estas por sus cónyuges. Cuando los aldeanos de pueblos vecinos se acercaron para ver qué estaba sucediendo, también se vieron afectados. El valle había adquirido una gran vida espiritual, y solo dentro de Northampton, una población de unas doscientas familias, se salvaron en torno a trescientas almas.

Tras describir estos casos iniciales y más generales, Edwards se concentra en las manifestaciones específicas de las experiencias de conversión. Lo que se ve incitado a comprender es la relación entre el acto invisible del espíritu de Dios y los efectos visibles. Su certeza de que existía una relación intensificaba todo el dramatismo de la salvación.

Al observar a sus feligreses recién despertados, Edwards detectó, primero, la gran tristeza que sentían por lo que consideraban su condición de pecado. Escribió: "sus conciencias han sido afectadas como si una flecha hubiera atravesado sus corazones" (*NF*, 160). Convencidos de su pecado, a veces experimentaban "terribles aprensiones" sobre el verdadero grado de corrupción en el que vivían, temiendo en ocasiones que sus pecados fueran imperdonables, y teniendo siempre "una sensación aterradora" de su condición total. La segunda fase vino acompañada de la convicción de que Dios era justo al condenarles. Frente a esto solo podían exclamar "¡Es justo, es justo!" (*NF*, 170). La tercera fase fue de calma, posterior a su aceptación de la gracia que es suficiente. Ahora fijaban sus pensamientos en Dios y en sus "dulces y gloriosos atributos" (*NF*, 171). Anhelaban tener comunión con Cristo. En ellos se había producido "un santo reposo del alma", les había invadido un sentido del corazón nuevo y vivificante (*NF*, 173). Las personas más confundidas eran los intelectuales de la ciudad, que se convirtieron en "meros bebés" que no sabían nada. Para todos la experiencia fue "nueva y extraña", acompañada a veces de la risa, las lágrimas o los sollozos. Para todos ellos la obra de Dios sobre el alma fue como la luz del amanecer:

> Para algunos, la luz de la conversión es como una brillantez gloriosa que reluce súbitamente sobre la persona y a su alrededor: de un modo notable

la saca de las tinieblas llevándola a la luz maravillosa. En muchos otros casos ha sido como el alba, cuando al principio aparece solo una escasa luz, y puede ser que esté envuelta en nubes; y entonces reaparece y brilla con un poco más de fuerza, que aumenta gradualmente, intercalándose con la oscuridad, hasta que al final, quizá, destella con mayor claridad desde detrás de las nubes (*NF*, 177-178).

Con gran fervor, Edwards llevó su relato a un punto álgido describiendo casi día por día la conversión de Abigail Hutchinson, seguido de la conversión espectacular de la pequeña Phebe Bartlet, de cuatro años. El primer esbozo es el más conmovedor, e incluso posee tintes de sentimentalismo. En este esbozo, Edwards relata los siete últimos meses de la vida de Abigail, empezando cuando determinado el lunes, en diciembre de 1734, la hermana de esta mujer le comunicó que la joven "cortesana" se había convertido a Dios. Edwards sigue la vida de Abigail, soltera y enfermiza, a lo largo de los tres estadios mencionados antes, acabando con la convergencia entre visión religiosa y muerte. Por otro lado, la pequeña Phebe vivió hasta una edad muy avanzada. El relato que hace Edwards de su conversión durante la infancia se volvió famosa en toda Nueva Inglaterra,[21] sobre todo la parte que describe las largas horas que pasó en el armario, donde oraba a Dios pidiendo salvación y donde, supuestamente, tuvo todo tipo de visiones impactantes. Sin que le afectasen los esfuerzos de su madre para tranquilizarla y sujeta a tremendos episodios de llanto, la pequeña Phebe confesó llorosa: "¡Sí, tengo miedo de ir al infierno!" (*NF*, 200). Cuando salió del mismo armario un tiempo después, exclamó: "Ahora puedo encontrar a Dios… Amo a Dios… Ahora no iré [al infierno]" (*NF*, 200-201).

Por fácil que resulte no tomar en consideración la historia de Phebe, ofrece, como el relato de Abigail, una pista para detectar la dimensión trascendental con la que Edwards interpretó estos episodios. Si, como él creía, el avivamiento de Northampton formaba parte de la obra redentora de Dios en la historia, más amplia, el drama de estas dos almas adquiere una importancia muy superior a la de los

---

21 Winslow, p. 167.

estudios de casos individuales. Estos dos episodios revelan también la sensibilidad de Edwards por las consecuencias psicológicas de la experiencia religiosa, incluso entre los niños. La pequeña Phebe se convirtió en prototipo para determinados niños de la ficción estadounidense del siglo XIX, cuya inteligencia roza el ámbito amedrentador y prohibido de lo sobrenatural, para bien o para mal. Según F. O. Matthiessen, el retrato que hace Nathaniel Hawthorne de Pearl en *La letra escarlata* refleja en parte la "terrible precocidad" que reveló la dialéctica de Edwards en niños sometidos a la presión emocional del Gran Despertar.[22] Algunos de los niños ficticios de Henry James llevan también la huella de una herencia parecida.

La intensidad religiosa en Northampton no se podía mantener indefinidamente. Lo que la sumió en un sombrío apaciguamiento fue el caso del tío de Edwards, Joseph Hawley, cuya lucha espiritual le había llevado a una desesperada melancolía. Según Edwards, el diablo pronto aprovechó esta situación para conducir a Hawley a "pensamientos cada vez más desoladores", que le llevaron al insomnio, al delirio y por último al suicidio el 1 de junio de 1735. Por amor al bienestar de otros ciudadanos, afortunadamente prevaleció ese apaciguamiento, aunque inmediatamente después de que Hawley se hubiera cortado el cuello otros habitantes del pueblo se sintieron lo bastante afectados como para afirmar que oyeron voces que les incitaban: "¡Córtate el cuello! ¡Ahora es una buena oportunidad! *Ahora*, ¡AHO*RA*!" (*NF*, 207) Sin embargo, semejante histeria no disuadió en modo alguno a Edwards de su creencia de que Dios había visitado de verdad a aquella comunidad. Escribió que, como consecuencia de ello, Dios había convertido a los habitantes de Northampton en un "pueblo nuevo" por medio de "la gran y maravillosa obra de la conversión y la santificación" (NF, 209). Haciéndose eco de las palabras que dijera cien años antes el bostoniano John Winthrop, ahora Edwards consideraba Northampton *la* ciudad "situada sobre una colina" (FN, 210).

Por muy débiles que ardiesen los fuegos del avivamiento tras el incidente de Hawley, la *Narración fiel* de Edwards sirvió como manual

---

22 F. O. Matthiessen, *American Renaissance* (Nueva York: Oxford University Press, 1941), p. 279.

popular para mantenerlos vivos en otros lugares. Por lo que respecta a la parroquia de Edwards, no podríamos decir ni mucho menos que retomó su "embotamiento" anterior. En 1736 se empezó a construir una nueva iglesia que Edwards dedicó el día de Navidad del año siguiente. En 1730 predicó una serie de sermones importantes sobre la teología de la historia, publicados póstumamente en Edimburgo y titulados *Historia de la obra de la redención* (1774). En 1740 el avivamentador británico George Whitefield visitó Northampton y otras ciudades y pueblos y, una vez más, se avivó el fervor, esta vez acompañado de manifestaciones incluso más extravagantes que las anteriores. Entre los muros austeros de las iglesias de Nueva Inglaterra las congregaciones lamentaban en voz alta sus pecados y gemían de temor y de arrepentimiento. La marcha de Whitefield después de realizar un itinerario de un solo mes dejó mucho sitio a "nuevas luces" como James Davenport, Samuel Hopkins, Samuel Buell, Gilbert Tennent y el alumno de Edwards, Joseph Bellamy, que mantuvieron a la vista de los creyentes los fuegos infernales. El propio sermón que pronunció Edwards en Enfield en 1741, el más famoso que predicó y el más celebrado en toda la historia de Estados Unidos, perteneció a este breve clímax del Gran Despertar.

En medio de esa furia religiosa, Edwards no solo escribió su autobiografía, profundamente espiritual, la *Narración personal*, sino que procuró mantener la objetividad respecto al tumulto que le rodeaba. Tan alarmado por las denuncias como por los excesos públicos, escribió dos tratados con la esperanza de que ambos pudieran responder a las "antiguas luces" (los racionalistas y los liberales que denunciaban el avivamiento), y también para templar a los entusiastas que distorsionaban sus señales visibles. El primer tratado apareció en 1741 con el título *Las marcas distintivas de una obra del Espíritu de Dios, aplicadas a la infrecuente operación que se ha manifestado últimamente en las mentes de muchos de los habitantes de estas tierras*. Con anterioridad ese mismo año esta obra había aparecido en una versión más breve como sermón dirigido a los profesores y a los alumnos del Yale College. El segundo tratado, digno de ser considerado una obra notable, se publicó en marzo de 1743. Llevaba por título *Reflexiones sobre el avivamiento actual de la religión en Nueva Inglaterra, y el modo en que debería reconocerse y fomentarse.*

Leer estas dos obras nos ayuda a comprender la dificultad a la que se enfrentó Edwards durante el Despertar. Por un lado, sabía mejor que nadie que la experiencia religiosa nunca es totalmente pura, completamente espiritual, y que nunca se ve exenta de "lo natural y lo carnal". Lanzó sus propias denuncias contra aquellas personas que creían que los desmayos, los temblores corporales y todo tipo de pasión natural eran elementos indispensables en la conversión religiosa. Era consciente de las ventajas que proporcionaba ese comportamiento a los anti-avivamientalistas como Charles Chauncy y Solomon Williams en su caso contra lo que Edwards consideraba las verdaderas (aunque extraordinarias) circunstancias de la obra de Dios. En resumen: sabía que las marcas del Espíritu pueden ser visibles pero también engañosas. Por otro lado, aborrecía la tibieza religiosa. Pensaba que era mucho mejor convertir la religión en el centro de la vida que no que la existencia en Northampton girase en torno a los negocios. La religión que es vital impele al hombre total, aun cuando su respuesta subsiguiente conduzca a imprudencias y a irregularidades. Dijo: "Hemos de tener en cuenta que el fin con el que Dios derrama su Espíritu es para santificar a las personas, no para convertirlas en políticos" (*Marcas distintivas*, 241). Ni mil imprudencias podrían negar que una acción proviene del Espíritu de Dios. Edwards sabía que la iglesia neotestamentaria de Corinto, bendecida con una gran porción del Espíritu de Dios, también manifestó "numerosas imprudencias" durante la Cena del Señor y al gestionar los asuntos de la iglesia.[23] De igual manera, los habitantes de Nueva Inglaterra que se vieron realmente tocados por Dios manifestaron a veces el peor tipo de vehemencia posible. Frente a estos extremos coexistentes, Edwards defendía el avivamiento en su plena visibilidad.

Edwards no cedió terreno cuando el ataque provino de Charles Chauncy, pastor adjunto de la First Church de Boston. Es cierto

---

23 C. S. Lewis, *Christian Reflections*, ed. Walter Hooper (Grand Rapids, Michigan: William B. Eerdmans Publishing Company, 1967), p. 116.

que Edwards se mostraba crítico de algunas de las mismas cosas que Chauncy desaprobaba. Ambos hombres condenaban el tipo de reavivamiento que conducía al orgullo espiritual, a la indiferencia frente al orden externo de la adoración y la oración, a la censura de otras personas y al tipo de inspiración inmediata que, supuestamente, justificaba las exhortaciones laicas. Chauncy consolidó estas críticas y las expresó en sus *Reflexiones necesarias sobre el estado de la religión en Nueva Inglaterra* (1743), una obra que según esperaba él desacreditaría la teología del corazón de Edwards de una vez por todas. Y es que, además de atacar la conducta irregular como algo incoherente con la conducta cristiana, Chauncy también aseveraba que el emocionalismo tenía poca o ninguna relación con la doctrina cristiana. El verdadero meollo tras el ataque de Chauncy es que él defendía la razón y el sentido común. Pero Edwards sabía que había algo más importante en juego, a saber, el intento de Chauncy de salvar el abismo entre distinciones como regenerado/no regenerado, sagrado/secular, espiritual/natural, amor santo/legalismo moral. Como Edwards reconocía que este era el problema teológico más importante para Nueva Inglaterra, defendió a ultranza el reavivamiento con todas sus excrecencias.

Edwards no se hacía ilusiones sobre la condición del ser humano. Con una nota casi suplicante, exclamó: "¡Qué criatura tan pobre, ciega, débil y miserable es el hombre, incluso en su máxima expresión!" (*Reflexiones*, 495). Pero Edwards tampoco albergaba dudas sobre la obra salvadora de Dios. Como dejó claro en los dos tratados que escribió durante aquel tormentoso avivamiento, la obra extraordinaria de Dios tiene relación con los sucesos extraordinarios. A pesar de que no siempre se puede juzgar una obra del Espíritu partiendo de sus efectos visibles, tales efectos pueden estar relacionados con la obra del Espíritu. Edwards apoyaba esta lógica en numerosos pasajes bíblicos. También argumentaba que determinados indicios físicos funcionan como un idioma, quizá más eficaz para transmitir un sentido del poder de Dios que el lenguaje basado en palabras. Lo que parece una imprudencia puede ser un método de expresión legítimo.

Sin embargo, Edwards rechazaba prudentemente verse atrapado por lo que consideraba aspectos menores, como las lágrimas, los gemidos y los clamores de angustia. Como él decía, si Cristo hubiera creído necesario hacerlo en beneficio de la Iglesia, habría dado instrucciones a los ministros de culto para tratar esos aspectos; les "habría dicho cuál debía ser el ritmo del pulso durante este y aquel ejercicio religioso intelectual; cuándo una persona debía palidecer y cuándo debía derramar lágrimas" (*Reflexiones*, 300). Estos efectos no deben sorprendernos. La naturaleza humana "que es como la hierba, como una hoja temblorosa, como una flor débil que se marchita", puede tambalearse frente a una gloria como la de Dios (*Reflexiones*, 302). No podemos olvidar el clamor de Jeremías (4:19): "¡Mis entrañas, mis entrañas! Me duelen las fibras de mi corazón; mi corazón se agita dentro de mí; no callaré; porque sonido de trompeta has oído, oh alma mía, pregón de guerra". Ni tampoco la de Habacuc: "Oí, y se conmovieron mis entrañas; A la voz temblaron mis labios" (3:16). Lo cierto es que la copa de Nueva Inglaterra había rebosado. Sin embargo, Edwards no permitió que le desviasen de su rumbo esencial: que lo que enseña la Biblia es teología, no anatomía. No permitió que los habitantes de Nueva Inglaterra olvidaran que Dios obra en las vidas de las personas. La influencia salvadora de Dios se manifiesta cuando las personas confiesan a Cristo como el Hijo de Dios, cuando aprecian más la Escritura, cuando captan la luz divina y sobrenatural de la verdad y responden al espíritu del amor. En resumen: cuando Edwards declaró que estas características están relacionadas con los afectos santos que tienen su sede sobre todo en el corazón, lo que hacía era reiterar lo que había descubierto veinte años antes, y anticipar el gran tratado que se publicaría en 1746.

En estos tratados previos, Edwards no proporcionaba una señal más positiva de la obra gloriosa de Dios que la experiencia religiosa de su esposa Sarah. Aquí no tenemos a otra Abigail o Phebe, sino a alguien cercano a su propia vida y a su experiencia religiosa. Sarah no era una conversa reciente, porque su conversión original se había producido "veintisiete años" antes, mucho antes de que comenzase el gran entusiasmo y, añadió Edwards, antes de que los señores Whitefield y Tennent iniciaran su trabajo. También podríamos decir esto sobre el inicio de la experiencia más reciente que tuvo aquella mujer, que se produjo antes del avivamiento de 1735 en Northampton. El notable relato de Edwards incluye descripciones del estado físico de Sarah cuando su alma estaba con Dios: estaba privada "de toda capacidad de permanecer en pie o de hablar; a veces tenía los puños apretados y su carne estaba fría, pero conservaba sus sentidos" (*Reflexiones*, 332). Sus emociones oscilaban entre el miedo a un infierno eterno y la dulce paz de la serenidad espiritual. La narración es un himno de alegría, una apologética poderosa, que concluye con un estallido inolvidable: "Si tales cosas son entusiasmo y fruto de un cerebro destemplado, ¡que el mío se vea dominado para siempre por esa feliz destemplanza! Si es una distracción, ruego a Dios que el mundo de los hombres se vea poseído por esta distracción benigna, mansa, benéfica y gloriosa" (*Reflexiones*, 341). Aquí tenemos una elocuencia que supera los razonamientos seguros y prudentes de los arminianos. Para unos oídos embotados frente a estas expresiones, sus palabras fueron como las notas penetrantes de una trompeta solitaria.

Es imposible exagerar la importancia que tuvo para Edwards el Gran Despertar. Para él, los avivamientos que recorrían el valle del Connecticut representaban el hito más importante de toda la historia de Nueva Inglaterra. Le conmocionaron hasta tal punto, corroboraron en tal medida su propio sentido del destino, que pensó que su resultado determinaría si la nación de Estados Unidos se perdería o sería bendecida eternamente. Por consiguiente, dijo: "debemos vencer o ser vencidos". La obra que había comenzado, si se continuaba y prevalecía, "convertirá a Nueva Inglaterra en una especie de cielo en la Tierra" (*Reflexiones*, 384, 385). Por lo tanto, también sentía que esos momentos exigían que convocara a otros ministerios para la batalla. Es evidente que este tema tenía poco que ver con si la conversión religiosa era tan tangible como los dolores abdominales de Jeremías o no. Alan Heimert dice que los críticos pecaban (y pecan aún) de exagerar y distorsionar la conducta de aquellas personas que tuvieron un despertar religioso, y "no consiguieron asimilar las cualidades internas, o espirituales, del Nuevo Nacimiento".[24] La cuestión tenía que ver con la aterradora realidad de Dios en la revelación. Por eso en ambos

---

24 Alan Heimert, *Religion and the American Mind: From the Great Awakening to the Revolution* (Cambridge, Mass; Harvard University Press, 1966), p. 40.

tratados Edwards amonestó a los ministros de culto a que nunca difuminasen la línea entre regenerado y no regenerado, entre la gracia santa y la persuasión moral, y que nunca indujesen a las personas a creer que podrían encontrar la paz fuera de Dios. Cada ministro tenía el deber de destruir tales ideas, aunque el precio a pagar fuera aterrorizar a su congregación diciendo la verdad.

Como algunos cristianos existencialistas modernos, Edwards creía que la inquietud es un requisito para el conocimiento de Dios, igual que la complacencia lo impide. Edwards decía que acusar a un pastor de insuflar ansiedad a su congregación en lugar de consolarla es como acusar a un cirujano que, a pesar de la ansiedad del paciente, sigue penetrando con su bisturí hasta llegar a lo más hondo de la herida. En oposición tenemos al médico "compasivo" que detiene su mano en cuanto el paciente se queja, aplica una venda, deja intacto lo peor de la herida y, como aquellos habitantes de Nueva Inglaterra (cuyo número era cada vez mayor) cuyo sentido del pecado se había extinguido casi del todo, grita "¡paz, paz!" y no hay paz. Edwards llamaba a sus pastores a que fueran como Cristo, el perturbador o, como dijo T. S. Eliot en *Cuatro cuartetos*, como el "cirujano herido" que "hunde el acero". Debían esforzarse todo lo posible para arrebatar a las personas el consuelo fraudulento, aunque esa predicación los "aterrorice aún más" (*Reflexiones*, 390). Ahora que había comenzado el Gran Despertar, tenían que abrir los ojos de su consciencia y aprovechar la ocasión. Debían rechazar a los críticos que les condenaban por asustar a los niños con sus visiones de los fuegos infernales. Todos son "herederos del infierno", tanto grandes como pequeños, y "un niño que tiene una herida grave necesitará el instrumento doloroso tanto como los adultos" (*Reflexiones*, 394).

Son palabras fuertes. Pero es que Edwards predicaba un calvinismo potente que pretendía despojar al ser humano de un contentamiento ilusorio. Aparte de todo lo demás que decía el calvinismo sobre el pecado, una cosa en la que insistía Edwards era que la depravación del hombre tenía algo que ver con su apatía espiritual, con el hecho de que ya no le preocupaban las cuestiones últimas sobre la existencia ni sentía ansiedad frente a la alienación de su verdadero yo (existente solo en relación con Dios), y por consiguiente a la alienación de Dios. En este sentido, Edwards se hizo eco de Calvino, quien, comentando el pasaje de Jeremías que hace referencia a la falsa seguridad de las personas en la glorificación de ellas mismas (9:23-24), declaró que "conocemos a Dios al conocernos a nosotros mismos, pues ambas cosas están vinculadas". Y, añadió Calvino, "si alguien se analiza a sí mismo, ¿qué hallará sino motivos para el desespero?".[25]

A pesar de que estaba firmemente convencido de que las iglesias de Nueva Inglaterra debían retornar a la piedad vital, Edwards no pretendía de ninguna manera que el precio a pagar fuera la destrucción de su organización eclesiástica. En su grito de batalla se percibía también una nota potente de sensatez y de compromiso estratégico. Era consciente de la potencia del vino nuevo, pero también admitía que no era nada práctico pedir nuevas botellas de vino. Los críticos de Edwards que solo pretenden verle como un calvinista duro como el pedernal deberían tener en cuenta el consejo que dio a sus compañeros de avivamiento. Les advirtió que se abstuvieran de todo lo que pareciera excesivamente innovador, todo lo que "tiende a impactar y a sorprender la mente de las personas, e inducirlas a hablar y a disputar... y apartarlas de su gran empresa, pasando a ser címbalos que retiñen" (*Marcas distintivas*, 288). Pedía precaución y modestia. Sabía que ya existía suficiente oposición contra doctrinas como la de la soberanía absoluta de Dios, la justificación solo por fe y la depravación innata como para remover más el problema debido a un celo indiscreto. Quienes consideran que el evangelicalismo* de Edwards era sinónimo de la licencia eclesiástica no consiguen reconocer las prioridades que tenía. No fomentaba los altercados por amor a la piedad. Entendía que un pescador de hombres no remueve innecesariamente las aguas si quiere atraer convertidos a su red. Sabía que el compromiso estratégico del que hablaba Pablo en 1 Corintios 9:20-23, cuya culminación son las palabras "a todos me he hecho de todo,

---

* (N. del. T.) Este término se usa en referencia al marco teológico de Edwards: la supremacía de la Biblia sobre el papa y la tradición eclesial; la doctrina de la justificación por la fe; el énfasis del avivamiento en la conversión personal, la santidad de vida y la necesidad de predicar el evangelio.

25 Calvino, *Commentaries*, p. 126.

para que de todos modos salve a algunos", exige alegría y presteza. A pesar de otros errores que pudiera cometer Edwards, nunca confundió los medios con los fines. Esta franqueza le enseñó la trágica lección de que, al proclamar la soberanía de Dios, los medios humanos, por bien diseñados que estén, nunca son suficientes.

El mensaje estimulante de Edwards a sus compañeros revivalistas deja clarísima la única seguridad fundamental que podía proporcionar vitalidad a su predicación. Esta seguridad llega cuando el Espíritu de Dios ha penetrado en los corazones. Por mucho que Edwards enfatizase la necesidad del estudio diligente, la comprensión y la reflexión intelectuales, nunca se apartó de la insistencia de Calvino en que el Espíritu no se recibe "si revolotea por encima del cerebro", sino solo cuando "arraiga en lo profundo del corazón". Y añadió Calvino: "Hablo de nada menos que lo que todo creyente experimenta en su interior".[26] Llegando hasta los cimientos del revivalismo, Edwards invitaba a los miembros del clero a que escudriñasen sus propios corazones, no fuese que descubrieran, como le pasó al Arthur Dimmesdale de Hawthorne, que aun predicando a otros acabasen siendo réprobos ellos mismos. El retrato que hizo Hawthorne de esta desolación espiritual en *La letra escarlata* adopta su sombrío color de la exhortación que hizo Edwards: "¡Oh, cuán miserable debe sentirse semejante persona! ¡Qué atadura más terrible, qué esclavitud! ¡Qué sufrimientos, y cuánto arte debe usar semejante ministro para ocultarse!" (*Reflexiones*, 506).

Cuando Edwards, como Calvino, hizo un llamado al escrutinio total, no hubo secretos del corazón y de la mente que quedasen ocultos. Esto suponía la necesidad implacable de distinguir entre los afectos verdaderos y los falsos, entre aquellos que tenían que ver con el corazón redimido y aquellos otros que seguían oscurecidos por la naturaleza. Al escribir *Las señales distintivas* y *Algunas reflexiones* su propósito era clarificar estas distinciones. El mismo motivo dio forma e iluminó su obra maestra, *Tratado sobre los afectos religiosos*, publicado en 1746. Aquí las polaridades hallan una definición brillante, haciendo de este libro una lectura indispensable para comprender el

---

26 Calvino, *Institutes of the Christian Religion*, III, ii, 36; 1, vii, 5.

pensamiento de Edwards, incluyendo esos profundos senderos zigzagueantes de su vida interior, tan llenos de energía surgente y de sentimiento. De hecho, quien toque ese libro toca al hombre que lo escribió. *Los afectos religiosos* llevan a su clímax unos veinticinco años de reflexiones sobre la naturaleza de la experiencia religiosa. Perry Miller lo ha llamado "la exploración más poderosa de la psicología religiosa en toda la literatura estadounidense".[27] También es meritorio por la manera en que nos permite atisbar el corazón del propio Edwards.

A pesar de lo irónico que nos resulte el hecho de que el Despertar había concluido en la época en la que Edwards publicó esta interpretación, o que la dirección intelectual estadounidense demostrase que Edwards había perdido frente a las fuerzas representadas por Charles Chauncy, o incluso que la obra de Edwards reapareciese junto al *Almanaque del Pobre Richard*, de Benjamin Franklin, popular cada año, la gran obra de Edwards sigue siendo indispensable para comprender no solo la América del siglo XVIII, sino también la consciencia religiosa de nuestros tiempos. El escolasticismo racional estaba tan en bancarrota ante los ojos de Edwards como lo estuvo ante los de Karl Barth en nuestro siglo. Además, el rechazo radical de Edwards de una teología natural que cree que el ser humano es capaz de demostrar por medio de la razón la existencia de Dios no fue menos potente que el moderno. Lo que hallamos en *Los afectos religiosos* es inconfundiblemente polémico, y hay que leerlo dentro del contexto de los últimos días del Gran Despertar estadounidense. Sin embargo, es una obra privada, un rico testimonio del sentido del corazón que promulgaba Edwards.

4. Triunfo y tragedia

Para Edwards, la verdadera importancia de los avivamientos en Nueva Inglaterra estribó en lo que consiguieron en los corazones de los hombres. Su inquietud inalterable fue el drama que tenía lugar en lo profundo de la consciencia de cada individuo. Esto no significa que Edwards minimizase el efecto público que tenían los avivamientos, ni

---

27 Miller, *Jonathan Edwards*, p. 177.

supone pasar por alto la interpretación que hizo Edwards de ellos como ladrillos que usaba Dios en la arquitectura universal de la historia. Pero Edwards siempre dirigió su interés más intenso hacia dentro y hacia abajo, incluso desde sus tiempos de estudiante en Yale, cuando su estudio de Locke le planteó unos problemas epistemológicos básicos que Edwards relacionó constantemente con la naturaleza de la mente. Como hemos visto, no se quedó en el nivel del empirismo científico de Locke, sino que optó por sondear el corazón de la vida religiosa después de que él mismo descubriese sus profundidades. En *Los afectos religiosos* hallamos datos autobiográficos implícitos, y la obra se compone en gran medida de sermones predicados en 1742 y 1743. La elocuencia general y la fuerza del libro contribuyen a intensificar las preguntas ya de por sí urgentes que se formulaba a sí mismo.

Estas preguntas encajan en dos categorías fundamentales: la naturaleza de la religión y las señales distintivas derivadas de la experiencia religiosa. Ambos temas presuponen la primacía del corazón. Las respuestas y las verificaciones provienen del profundo interior de la consciencia humana. Edwards siempre recordó a sus lectores que la religión es una experiencia humana, una respuesta humana a un poder ajeno al propio. El cristiano cree que por medio de Cristo este encuentro con el poder divino se basa en la gracia, y que el efecto (la "gracia eficaz") sobre el ser humano es "salvífico". El énfasis que aportó Edwards a su interpretación de la experiencia religiosa nació de su insistencia en que la esencia de la religión es la experiencia religiosa humana. Todas las abstracciones religiosas (teología) y las verdades religiosas (doctrinas) deben, por el hecho de ser religiosas, hacer partícipe a la persona. Para Edwards esto significaba el corazón de los hombres, el centro de su ser, el centro integrador de su ente. Para Edwards, este centro era la voluntad. Más descriptivamente, lo concebía como los afectos o inclinaciones del ser humano. En resumen, la naturaleza de la religión conlleva la fuente de la existencia humana como tal, o lo que Edwards definía como "los afectos del alma" (*AR*, 113).[28] La Primera parte de *Los afectos religiosos* establece esta idea

---

28 Jonathan Edwards, *A Treatise Concerning Religious affections*, ed. John R. Smith (New Haven:

fundamental: la religión es, por naturaleza, una religión del corazón. La consecuencia es que el corazón redimido se sentirá inclinado hacia Dios, y el no regenerado hacia la prisión de uno mismo.

Entonces, ¿cuáles son los afectos distintivos que revelan la orientación del alma? Esta pregunta nos lleva a otra: ¿cómo se identifican los afectos religiosos cuando Dios los redirige por medio de Cristo? En pocas palabras: ¿cómo se prueban? Aquí es donde apreciamos la precariedad de la empresa en la que se volcó Edwards. Él creía no solo que la verdadera religión consistía en afectos "vigorosos" y "vívidos", sino también que tales afectos se pueden identificar mediante sus frutos, las señales "salvadoras", la principal de las cuales era la práctica cristiana.

En este sentido se acercaba peligrosamente a la doctrina empírica de las obras, que sostenían sus adversarios como algo que proporcionaba un fundamento autorizado a su concepto de la moral cristiana, más tarde llamada "ética protestante". Edwards corrió el riesgo al abordar el asunto sin tapujos. Como sosteniendo sus ideas principales para las últimas de las Doce Señales (en la Parte III) de los afectos realmente llenos de gracia y santos, afirmó que la señal de la práctica cristiana era "la principal de todas las señales de la gracia salvadora" (*AR*, 450). Todas las señales confluyen en la acción cristiana que nace de un corazón inclinado a Dios. Las buenas obras que provengan de cualquier otra inclinación no son más que engaños que ocultan un corazón de piedra. Así, el clímax de la exposición de Edwards es la unidad de la experiencia y de la práctica cristianas, lo interno y lo externo. La mejor definición de la personalidad cristiana integrada es la que hallamos en palabras de Edwards:

> La práctica cristiana o santa es una práctica espiritual; no es el movimiento de un cuerpo, que no sabe cómo, cuándo ni hacia dónde avanza. La práctica espiritual en el hombre es la práctica de un espíritu, que da vida a un cuerpo, lo controla y actúa en él, estando unido a él, y sobre el cual tiene el poder que le ha conferido el Creador. Por consiguiente, lo

---

Yale University Press, 1959). Las referencias posteriores a esta edición aparecerán entre paréntesis en el texto.

más importante de esta práctica sagrada son los actos santos de la mente, dirigidos hacia el movimiento del cuerpo y gobernándolos. (*AR*, 450)

Esta integración reúne los afectos y los actos: en términos paulinos, la unión de lo que uno *querría hacer* y lo que *realmente hace*. También une la mente y el corazón, la voluntad y el entendimiento. El corazón redimido abarca todo el ser, incluyendo la razón, la imaginación, el lenguaje y todo tipo de sentimientos. Así, las señales negativas de los afectos religiosos (Parte III) consisten en aquellas manifestaciones que no surgen de un suceso religioso anterior, un encuentro hombre-Dios antecedente. Una tras otra, Edwards rechaza esas señales falsas, como pueden ser clamar en voz alta ("Hosanna, hosanna"), la conducta corporal (la teología visceral, como la danza o el festín), la fluidez verbal (incluyendo la capacidad de citar sin dificultad la Escritura), los afectos autogenerados ("viajes"), las muestras fingidas de amor, la salvación fácil (obras éticas, idealismo filosófico, cultismo), y todas las demás señales que no dan testimonio de la fe de los hijos de la luz, sino "de la presunción de los hijos de las tinieblas" (*AR*, 176).[29] Bajo el punto de vista de Edwards, estas señales son negativas porque no están relacionadas con la obra interior del Espíritu Santo. No tienen su esencia en la experiencia religiosa, ni evidencian integración alguna con el corazón redirigido.

Entonces, ¿cuáles son las verdaderas señales distintivas? Edwards ofrece doce, y para cada una de ellas proporciona una exposición larga y penetrante. No tenemos por qué revisarlas a fondo aquí, excepto para concluir que, mientras que culminan en la práctica cristiana, en la integración del corazón y los actos visibles, todas se originan en la conversión religiosa. Partiendo de este suceso radical que constituye la raíz de la vida cristiana surgen todos los frutos posteriores del Espíritu. En tiempos de Edwards se produjo el tipo de herejía que se proclamaba por todas partes en obras como las de Daniel Whitby, *Discourse* (1710), y la de John Taylor, *The Scripture Doctrine of Original Sin Proposed to a Free and Candid Examination* (1738); eran tratados que afirmaban

---

29 Ver Sam Keen, *To a Dancing God* (Nueva York: Harper & Row, 1970); Harvey Cox, *Feast of Fools: A Theological Essay on Festivity & Fantasy* (Cambridge, Mass: Harvard University Press, 1969).

emancipar la voluntad humana de cualquier influencia de la gracia sobre ella. En consecuencia, cualquier cosa considerada un fruto se originaba estrictamente en el hombre natural, porque su voluntad era libre e independiente por naturaleza. Frente a estas obras se alzaban *Los afectos religiosos* de Edwards, junto con sus tratados posteriores *El libre albedrío* (1754) y *El pecado original* (1758). En el tratado de 1746 no declaró abiertamente que esas señales naturales eran las del pecado, pero esto es lo que quería decir, dado que surgen de unos afectos naturales que, necesariamente, están sujetos a la condenación y al pecado. Toda la obra *Los afectos religiosos* está dedicada a identificar las señales distinguibles de la verdadera gracia. Así, Edwards pudo dar otro paso e identificar como santas y llenas de gracia señales genuinas como el amor a Dios y al prójimo, la percepción de la excelencia moral, la mente iluminada o el sentido del corazón, la humildad, la apacibilidad y la misericordia, el corazón ablandado y el espíritu tierno, la simetría del espíritu y el anhelo espiritual por el progreso del alma.

Cabe reiterar que Edwards creía que los efectos de la gracia eran determinables y visibles. La experiencia cristiana presuponía una meta a alcanzar, una meta que poseía unas características distintivas. Por otro lado, Edwards creía que el hombre nunca podría verificar absolutamente las raíces de esta práctica o acto cristiano. Ninguna persona podría validar el renacimiento de otra; ninguna persona podía estar segura definitivamente de su propia regeneración. Solo Dios posee ese conocimiento indubitable. Por esto incluso Edwards insistió en que las evidencias determinables y visibles de la gracia nunca pueden ser, al final, evidencias infalibles. Es por esto también que *Los afectos religiosos*, libro que habla ostensiblemente sobre las evidencias empíricas de la gracia, es más precisamente un testamento sobre la realidad de la gracia. Su intención primaria no era tanto la de certificar los afectos religiosos, sino la de afirmar el Espíritu de Dios misterioso y eficaz que fue su motivador primero.

Así, el verdadero tema del tratado es el renacimiento, abordado explícitamente como las señales de la uno a la siete, pero que aparece también por todo el resto del libro. El tema se centra en el abismo que separa al hombre natural del espiritual, y la certidumbre de que solo este último recibirá los frutos del Espíritu. El hombre regenerado posee un "nuevo sentido espiritual", no una nueva facultad de entendimiento o de voluntad, sino "un nuevo cimiento echado en la naturaleza del alma, para una nueva clase de ejercicios de la misma facultad volitiva" (*AR*, 206). El énfasis recae en la palabra *nuevo*: un nuevo tipo de percepción, un nuevo sentido espiritual, una nueva criatura, el rechazo del viejo hombre y el acto de revestirse del nuevo (*AR*, 205-6, 340-1). Edwards concebía que "alma" y "dirección" eran términos inseparables, por no decir sinónimos. La regeneración tiene que ver con un alma redirigida.

Lo que vuelve a cernirse sobre este panorama es la pregunta anterior, si la conversión de natural a espiritual puede ser tan decisiva y arbitraria. ¿No existe continuidad entre un Saulo natural y un Pablo convertido, entre los afectos naturales y los religiosos? ¿La conversión da como resultado la pureza de corazón, o seguirá presente algún residuo? El lenguaje de Pablo no puede ser más decisivo que cuando, en 1 Corintios 15, distingue entre el "cuerpo natural" y el "cuerpo espiritual", la "corrupción" de uno y la "incorrupción" del otro. Calvino establece las mismas distinciones, aunque en ocasiones las aproxima tentadoramente; por ejemplo: cuando escribe que ningún hombre —es decir, ningún hombre natural— "carece de cierta intuición de la luz eterna". Sin embargo, de inmediato previene al lector de que "esta afirmación tiene que ver con la luz común de la naturaleza, que es muy inferior a la fe". Mediante esta luz común ningún hombre, a pesar de lo grandes que sean su agudeza y su perspicacia, podrá jamás "penetrar hasta el Reino de Dios". Incluso en su mejor expresión esa luz permanece "opacada" por el pecado. Sin lugar a dudas, Calvino afirma que "el Espíritu de Dios y solo él es quien abre la puerta del cielo a los elegidos".[30] La distinción entre la luz natural y la especial puede que sea muy sutil, pero sigue siendo una distinción absoluta y, por consiguiente, la de un amplio abismo.

Edwards concede la misma proximidad. La conversión no erradica cierto "temperamento natural" en la persona. Incluso aquellos

---

30 Calvino, *Commentaries*, p. 133.

pecados a los que se sentía inclinado un hombre por su constitución natural antes de su conversión pueden hacerle tropezar después de ella. Puede caer una y otra vez en el pantano de su "temperamento" y el del mundo. Sin embargo, su naturaleza ha cambiado, y este cambio es permanente. "Un cerdo que es sucio por naturaleza se puede lavar, pero conserva su naturaleza de cerdo. Y una paloma que es limpia por naturaleza puede ensuciarse, pero su naturaleza limpia permanece" (*AR*, 341). Los afectos religiosos, por mucho que los ensucie el mundo, siguen inclinándose hacia el Espíritu que fue quien los transformó. La distinción en el pensamiento de Edwards no es menos absoluta que en el caso de Pablo o Calvino.

Hemos dicho que el propósito declarado de Edwards en *Los afectos religiosos* era identificar las verdaderas señales de la conversión. Dedicó la Tercera parte a esta tarea. Sin embargo, el propósito fundamental siguió siendo el de afirmar la realidad de la propia conversión, diferenciar entre lo natural y lo espiritual, y testificar del Espíritu de Dios como Creador de toda existencia. Edwards sondeó niveles más profundos de investigación que los que sugería el criterio empírico de "por sus frutos los conoceréis". El dictamen de Edwards era: por sus raíces los conoceréis. A menos que las raíces existieran en Dios por medio de Cristo, los presuntos frutos del amor, la humildad, el anhelo espiritual y la nueva percepción no eran más que engaños y mentiras.

Hasta qué punto puede inducirnos a error interpretar a Edwards como empírico se aprecia en la afirmación de William James de que *Los afectos religiosos* no es más que un desarrollo elaborado del criterio empírico antes mencionado. Con mayor precisión, James acusa a Edwards de no proporcionar señales de conversión que sean realmente discernibles. Para James, los frutos que Edwards atribuía a un corazón redimido están igual de presentes en el hombre natural. James argumenta que si fuera cierto que un hombre que se ha convertido repentinamente es totalmente distinto a un hombre natural, "sin duda debería haber algunos rasgos de clase exquisitos, cierto resplandor distintivo" que le identificase como un ser radicalmente diferente. Dado que, según James, Edwards no logra proporcionar señales distintivas convincentes de la conversión y de la práctica cristianas, desecha a Edwards como un empírico sin éxito cuyos datos carecen de la suficiente verificabilidad. Por lo que respecta a la propia experiencia de la conversión, James considera tales "raíces... inaccesibles" a la investigación empírica.[31] Y en cuanto al corazón despierto que describía Edwards, James asegura que "no existe un solo rasgo distintivo que lo separe inconfundiblemente de lo que posiblemente pueda ser un grado excepcionalmente elevado de benignidad natural". "De hecho", sigue diciendo James, "apenas es posible encontrar un argumento más claro que el que, sin saberlo, ofrece esta obra [*Los afectos religiosos*] a favor de la tesis de que no existe ninguna separación entre el orden de la excelencia humana, sino que en él, como en cualquier otro ámbito, la naturaleza manifiesta una diferencia continua, y la generación y la regeneración son cuestiones de grado".[32]

Pero cuando James reconoció que las raíces de los afectos religiosos eran "inaccesibles" para su investigación, sin darse cuenta derribó su propio argumento contra Edwards. Destruyó la relación significada en el criterio de Edwards que presuponía las raíces antes que los frutos. Al no poder seguir a Edwards hasta el nivel de la conversión religiosa, donde según la ortodoxia cristiana reciben nueva vida las raíces de la existencia, James, como es comprensible, rechazó la distinción esencial que hizo Edwards entre naturaleza y gracia. Lo que queda igual de claro es que James, limitado por sus métodos que le coartaban, no logró entender que *Los afectos religiosos* de Edwards fue escrito dentro del círculo de la fe religiosa. Las observaciones que hizo James fuera de este contexto se torcieron inevitablemente cuando afirmó que tenían autoridad para tratar asuntos propios del mismo. En lugar de mirar junto a Edwards, James le miró a él. La comparación entre las dos posturas se parece a la que describió Kierkegaard entre el hombre natural y el cristiano; era como "la relación entre un niño y un hombre... El niño no sabe qué es lo temible; el hombre lo sabe y le hace

---

31 William James, *The Varieties of Religious Experience: A Study in Human Nature* (Londres: Longmans, Green, and Co., 1902), p. 20.
32 Ibíd., pp. 238, 239.

estremecer".[33] La percepción de uno no es la del otro, y la del hombre natural no es la del cristiano. Las raíces causales en la percepción son las que marcan la diferencia. La esencia del triunfo de Edwards fue haber experimentado esta diferencia en calidad de participante y no de espectador, haber reconocido que se trataba de un cambio radical y salvador, no de un mero conocimiento incremental.

Decir esto nos retrotrae de inmediato al concepto que tenía Edwards del sentido del corazón y de su privacidad esencial. A lo largo de su tratado, un matiz conmovedor nos recuerda que al final no existen evidencias visibles e infalibles de los afectos religiosos. Nadie puede ver en el corazón de otro para determinar sus inclinaciones; "buena parte de ellas son secretas, ocultas a la mirada del mundo" (*AR*, 420). El hecho de que buena parte esté oculta de uno mismo explica en parte ese estremecimiento que el cristiano de Kierkegaard conoce tan bien. La idea es crucial en nuestro debate de Edwards, porque en tanto en cuanto su "triunfo" se producía en el corazón privado, su tragedia tuvo lugar en el púlpito público. Fue allí donde Edwards insistió en que esa privacidad debía hacerse pública por medio del testimonio. Si hubiera dicho que los verdaderos frutos del Espíritu (el amor, la paz, el gozo, la humildad, la visión, la práctica) desafían a las señales distintivas, habría revelado su verdadero misterio. También se habría contentado (si podemos usar este término) con permitir que el Gran Despertar obrase su propia labor misteriosa en los corazones privados de su congregación.

Pero, tal como señala James Carse en su estudio sobre la búsqueda de Edwards de una fe visible, Edwards esperaba algo más radicalmente revolucionario que la conversión privada. Esperaba que los redimidos profesasen su fe. En 1742 redactó un pacto para que lo firmasen los miembros de su congregación, que comprometía a los firmantes a vivir su fe visiblemente: que amasen a su prójimo, que no hicieran nada (ni verbalmente ni mediante la obtención de beneficios comerciales) para perjudicarles, que dieran evidencias cotidianas de su experiencia espiritual. Dos años más tarde exigió la profesión oral de fe como

33 Søren Kierkegaard, *The Sickness Unto Death*, en *Fear and Trembling/The Sickness…* (Nueva York: Doubleday & Co., 1954}, p. 145.

cualificación necesaria para participar de la Cena del Señor. Según Carse, lo que esperaba Edwards en última instancia era que la Iglesia fuese una comunidad de santos que profesaran su fe visiblemente, que aceptasen su responsabilidad como líderes "en el largo viaje hacia la sociedad definitiva".[34] Cuando, a su vez, los miembros descubrieron que Edwards se tomaba en serio esta visión, cuando sospecharon que estaba reestructurando la iglesia para que abandonase su rol anterior, el servicio, para conformarla al gobierno de Edwards, cuando detectaron que la visión que tenían ellos de la sinceridad moral (corta de miras) chocaba con la que él tenía sobre la santidad salvadora a largo plazo, le hicieron lo que habían hecho los ginebrinos con Calvino: por un voto de 230 contra 23 la congregación de Northampton ratificó las recomendaciones del Consejo para despedirle.

Este episodio tiene sus antecedentes no teológicos, la mayoría de los cuales son desagradables. En 1744 se produjo el llamado incidente "del mal libro", que involucró a unos niños que, comprensiblemente curiosos, se habían hecho con un manual para parteras. Pensando que esa lectura no era adecuada para unas mentes jóvenes, Edwards retuvo a su congregación una mañana para que se enterasen de los nombres de los culpables. Pero al leer su lista no hizo distinciones entre los presuntos ofensores y los meros acompañantes. Los padres se enfurecieron por la falta de tacto de Edwards. Otros incidentes tuvieron que ver con lo que algunas personas de la ciudad consideraron la extravagancia material de la familia Edwards. El presupuesto de esta familia se sometió al escrutinio público regular, y Edwards tuvo que esperar hasta 1747 para que le concedieran la petición de recibir un sueldo fijo. A los murmuradores de la ciudad nunca les faltaba material.

En su relato de la última media docena de años de Edwards en Northampton, Perry Miller combina los detalles del fiasco del "mal libro" con las medidas impopulares que ideó Edwards para fomentar la visibilidad entre sus santos. El tapiz de Miller usa un lenguaje impresionante. Edwards "obligó" a su congregación a redactar el juramento de 1742. Era un hombre "altivo", "dominante", "temerario"; practicó la

---

34 James Carse, *Jonathan Edwards and the Visibility of God* (Nueva York: Charles Scribner's Sons, 1967), p. 149.

"ocultación" hasta que se volvió parte de su conducta; su "arrogancia" era sintomática de una "dislocación más profunda". Cuando Miller relata el episodio en que Edwards leyó los nombres de los niños, se pregunta: "¿Era idiota? ¿Era arrogante?" Miller no tiene dudas de que Edwards manifestó una "tremenda insensibilidad". Tampoco pone en duda su "implacable diplomacia", característica de "un torturador diabólico de indefensas arañas", cuya pasión constante y destructiva —siempre de acuerdo con el resbaladizo uso que hace Miller de Freud— no iba dirigida contra el padre de Edwards, Timothy, sino contra el temible fantasma de su abuelo, Solomon Stoddard. Miller sigue diciendo que no es de extrañar que "en ningún otro lugar la ciudadanía de una urbe haya aborrecido a un hombre como odiaron a Edwards los ciudadanos de Northampton". La insistencia de Edwards en que los miembros profesaran su fe antes de tomar la Santa Cena era, según Miller, "una revelación muy demorada de su alejamiento de Stoddard", "una tergiversación criminal, una obra maestra de la traición a una comunidad". Es lógico que a Edwards "lo maldijesen de un extremo a otro del valle".[35]

Estos detalles no componen el mosaico de una tragedia. Si fueran tal como los describe Miller, la controversia de Northampton no hubiera sido mucho más que el melodrama de unos ciudadanos furiosos que quemaron a su ministro en el fuego urbano de la represión. Lo que surge de la controversia es la tragedia de un hombre cuya visión singular fue destruida por aquellas personas que se negaron a tomar parte en ella. Su tragedia fue imaginar con demasiada temeridad y esperar demasiado. Llegó al punto desesperado de creer que la realidad y la profesión de la misma eran sinónimos. Fue un paso que contenía posibilidades majestuosas. Después de su "dilatado estudio, reflexión, contemplación y análisis", se plantó con firmeza. Dijo que lo que estaba en juego era "mi propia reputación, mi utilidad futura y mi propia subsistencia" (*Humble Inquiry*, I, 432). Ese fue el precio que exigió Northamtpon. Edwards lo pagó. Pero,

---

35 Miller, *Jonathan Edwards*, pp. 209-223.

a diferencia de Calvino, nunca disfrutó de la justificación de que le pidieran regresar.

Sospechando el resultado, pero con la esperanza de anticiparse, Edwards se puso resueltamente a trabajar en el verano de 1749 para defender su postura en un tratado sustancioso titulado *Humilde estudio de las normas de la Palabra de Dios relativas a la cualificación necesaria para formar parte de la Iglesia cristiana visible y tener una comunión completa en ella.* Tenía la esperanza de que sus adversarios leyesen este tratado tan cuidadosamente redactado, de modo que, incluso si lo rechazaban, al menos primero pudieran enfrentarse a él en un terreno intelectual común.

Humilde estudio es un brillante *tour de force* que expone las doctrinas de la conversión, la profesión y la comunión. En esta misma categoría encaja el ritual de la visibilidad cristiana. Una vez más, Edwards insistió en que la conversión nace del corazón, punto en el que la persona ama a Dios o le odia. No planteaba ninguna opción más. Dado que la conversión se debe a la gracia, el deber del cristiano es "reconocer" públicamente el pacto de la gracia, profesando que consiente a él con su corazón. No basta con que entienda el pacto o ni siquiera que comprenda su obligación de acatarlo; para reconocerlo de verdad tiene que profesar su consentimiento y aceptarlo en su corazón. Primero lleva su corazón al pacto ("Aquel que retiene su corazón en realidad retiene todas las cosas", I, 444), y luego expresa en palabras la experiencia espiritual. La palabra se convierte en un sacramento; está, como diría Pablo, "cerca de ti, en tu boca y en tu corazón" (Ro. 10:8). Edwards se esforzó por combinar el corazón y la palabra. Sostuvo que aquí radicaba "la suma y la sustancia de la verdadera piedad" (I, 443). Sin el corazón, la palabra está vacía. Y al contrario, sin la palabra, el corazón es invisible.

La comunión es otra señal externa ("una forma visible de la gracia invisible", como había dicho Agustín) que sella el pacto. Como el matrimonio, el pacto exige dos partes que lo acepten: la parte de Cristo es la salvación, la parte del cristiano es la fe. Por lo tanto, la comunión es "la profesión mutua y solemne de las dos partes contratantes del pacto de la gracia, que se unen visiblemente por medio de él" (I, 458). Por medio del pan y el vino sacramentales

> Cristo se presenta ante los comulgantes... y ellos, al recibir lo que les ofrece, y al comer y beber los símbolos del cuerpo y de la sangre de Cristo, también profesan su participación en el pacto de la gracia... Ciertamente, lo que profesan ambas partes es el *corazón*: pues Cristo, al ofrecerse a sí mismo, profesa la disposición de su corazón a entregarse a aquellos que le reciben con sinceridad; y por su parte, los participantes profesan la disposición de sus corazones a recibirle, declarando esta intención mediante *actos significativos* [es decir, la profesión oral de fe]. (I, 459, cursivas mías).

Edwards pretendía que los "actos significativos" fueran palabras, la profesión oral de fe. Las consideraba tan importantes para la comunión como el pan y el vino que representaban la presencia visible de Cristo. Las palabras del corazón representaban el corazón visible del comulgante sentado a la Mesa. Los "signos establecidos" del pan y el vino "son plenamente equivalentes a las palabras" (I, 459).

Era una postura tremendamente osada. ¿Es que pedía algo imposible? Había seguido cuidadosamente la doctrina de Calvino sobre los sacramentos, sobre todo la idea crucial relativa a la fe como requisito previo para todo participante. Como Calvino, había dicho también que la conversión no depende de los sacramentos. Para ambos pensadores la idea de que los sacramentos justifican al hombre e imparten gracia era absurda, digna de los escolásticos medievales y —podría haber añadido Edwards— de los arminianos del siglo XVIII.[36] La justificación solo es por fe, y la gracia solo es por Cristo. Pero Edwards también pedía la fe *profesada*, la fe verbalizada por medio de la única ofrenda sacramental que puede traer el ser humano, a saber, las palabras. Las consecuencias de lo que exigía Edwards eran aterradoras.

Antes de tomar del pan y el vino, cada persona debe examinarse a sí misma; o profesa su dignidad o confiesa su indignidad, y entonces, si toma de los símbolos, debe vivir con la duda atormentadora de haber participado de ellos indignamente y, por consiguiente, como advirtió Pablo, haber comido y bebido maldición para sí mismo (1Co. 11:29).

---

36 Calvin, *Institutes*, IV, xv, 14.

Dado que la profesión oral añadía otra dimensión a la comunión, el comulgante se volvía mucho más vulnerable a la falsedad y al engaño.

Dentro del razonamiento de Edwards existía una leve fisura que se abría ominosamente entre el estadio dos (profesión) y el estadio tres (comunión). Esto es lo que fraguó su tragedia, inevitable para todo aquel que intenta emitir un juicio sobre la integridad de otros. El Padre Mapple, de Melville, habría dicho: ¡ay del predicador que impone su conciencia a la de otros, quien osa escudriñar el espíritu tras las palabras del prójimo, que procura justificar lo que solo puede justificar uno mismo! En estas amonestaciones hay algo que sugiere difusamente lo que Hawthorne llamaba "la santidad" del corazón de otros. ¡Ay del predicador que la mancilla!

Edwards conocía el peligro, pero pensaba que, siendo ministro nombrado y ordenado, oficial público de la Iglesia, su deber era ser el "ojo visible del juicio cristiano de la Iglesia" (I, 435). El aspirante se encuentra *in foro ecclesiae*, ante la Iglesia, ante el juicio cristiano; el ministro representa el ojo "de la razón santificada, regulada e iluminada por el principio del amor cristiano" (I, 437). La expectativa que tenía Edwards de otros y de sí mismo no deja lugar a dudas: era la pureza de corazón hecha visible en la pureza de su juicio sobre otros. A pesar de que nadie se atrevería a escribir "orgullo desmedido" sobre el retrato de Edwards, parece que, curiosamente, Némesis estuviera obrando en su vida. A quienes Edwards juzgaba se convirtieron en sus jueces. Para su "Sermón de despedida" eligió el tema del juicio, el de ellos sobre él, el de él sobre ellos y, por último, en una dimensión que está más allá de toda tragedia, el juicio de Dios sobre todos.

CAPÍTULO TRES

La imaginación y la visión

1. La imaginación y la epistemología

La teología de Edwards descansa sobre un fundamento epistemológico: lo que sabemos depende de cómo lo sabemos. Hemos examinado los reparos de Edwards sobre el conocimiento que se deriva de la mera cognición. Este conocimiento, que Edwards llamaba teórico y especulativo, nunca respondía satisfactoriamente a las grandes preguntas religiosas sobre el pecado, la alienación, la fe, la gracia y la santidad. Este conocimiento puede fomentar el entendimiento, pero el entendimiento derivado de la especulación intelectual nunca dio acceso a los niveles más profundos de consciencia en los que Edwards realizó su obra teológica. Una alternativa era la del conocimiento afectable o emocional, el conocimiento que nace de los sentimientos y que, de alguna manera, involucra una porción más grande de la personalidad humana. Este conocimiento crea en la mente un sentido de las cosas, una convicción intuitiva, una visión que convierte la verdad abstracta en "ideas reales" inseparables de los sentimientos.[1] Sin ese conocimiento emocional, una persona carece de la dimensión

---

1 Jonathan Edwards, "Miscellanies," en *The Philosophy of Jonathan Edwards from His Private Notebooks*, ed. Harvey G. Townsend (Eugene: University of Oregon, 1955}, p. 115.

más completa de la verdad; se queda fuera, alejada, separada. Edwards creía que en cuestiones de religión no podemos permitirnos ignorar el conocimiento emocional.

Esta división entre pensamiento y sentimiento (que no es ni mucho menos tan arbitraria como he sugerido, pero sí fundamental para la epistemología de Edwards[2]) se descompone en otras dos partes: naturaleza y espíritu. El pensamiento es tanto natural como santificado; de igual modo, los sentimientos son aquellos que experimentan todos los hombres naturales y aquellos que solo conocen los regenerados. Al seguir el camino del pensamiento o la senda del sentimiento, uno llega inevitablemente a esta otra distinción que separa los pensamientos y los sentimientos del hombre natural de los del hombre regenerado. Esta distinción es arbitraria; la ordena Dios por medio de Cristo y es el fundamento del conocimiento cristiano. Independientemente de lo lejos que lleguemos con el conocimiento especulativo, o de lo mucho más lejos que vayamos con el conocimiento emocional, el camino se detiene en ese punto en que se vuelve real la distinción entre la naturaleza y el espíritu.

Por ejemplo: el conocimiento emocional común al hombre natural incluye la estética y la imaginación. De este conocimiento surge determinado despertar que el mero pensamiento no logra producir. La mente que ha despertado es sensible a la belleza natural, a los sonidos y las vistas, a los apetitos, incluso a algo que Edwards consideraba el bien y el mal naturales. El conocimiento sensorial, que sobrepasa "un mero concepto", puede incluso transmitir al hombre natural una percepción de "la grandeza de Dios, de su poder y de su temible majestad", así como un sentido de la finitud y la culpa humanas.[3] Gracias a sus capacidades naturales activas, la persona puede aprehender

---

2 "La distribución [escribió Edwards] del conocimiento humano en especulativo y sensible... puede extenderse ciertamente a todo conocimiento que tengamos de todos los objetos. No existe ningún tipo de objeto que conozcamos que no pueda considerarse como relacionado en uno u otro sentido con las voluntades o los corazones de los seres espirituales. Y sin duda no nos interesa saber nada de ningún otro aspecto. De modo que, quizá, esta distinción de los tipos de nuestro conocimiento es especulativo y sensible, si se sopesa bien, resulte ser la más importante de todas" (Ibíd., p. 120).

3 Edwards, en Perry Miller, "Jonathan Edwards on the Sense of the Heart", *Harvard Theological Review*, XLI (abril de 1948), 142. El meollo de este artículo (pp. 129-145) consiste en un extracto (Ítem 782) de las "Miscellanies" de Edwards; Edwards lo tituló "IDEAS, SENTIDO DEL CORAZÓN, CONOCIMIENTO O CONVICCION ESPIRITUAL, FE".

muchas cosas sobre sí misma y sobre Dios. Pero una vez admitimos todo esto, aún queda un tropezadero: el hombre natural adolece de "una estupidez natural del alma", y sin la ayuda divina nunca puede tener un conocimiento sensible de aquellas realidades religiosas más profundas y gloriosas. A pesar de sus convicciones sobre la belleza natural, la visión humana y la ira de Dios y su bendición, esa persona sigue careciendo de la aprehensión emocional de la excelencia *espiritual* de las cosas divinas. Sin esto no tiene una "CONVICCIÓN ESPIRITUAL de la verdad de las cosas divinas"; no tiene "FE SALVADORA [*sic*]".[4] Aquí es donde radica la esencia distintiva. El sentido de la excelencia divina de los asuntos religiosos solo se vuelve real por medio del espíritu como algo distinto a la naturaleza.

Este espíritu salvador es un don de Dios. Tal como lo expresa Douglas J. Elwood: "Dios inicia la vida del Espíritu en el ser humano al comunicarse a sí mismo en términos de una «luz inmediata»".[5] Solo después de que Dios inicie esta luz de la gracia puede el ser humano intuir los atributos supremos de Dios, a saber, la excelencia y la belleza. La iluminación no es común ni natural, sino espiritual; es la obra especial, salvadora, incidente en el ánimo y reveladora de Dios. Según Edwards, lo que sabemos de la verdad cristiana depende de cómo lo sabemos. Esto supone decir que tal conocimiento se obtiene solamente en estado de gracia. Por lo tanto, subyacente en este tipo de conocimiento, hallamos el suceso, el episodio salvador del hombre-Dios por medio de Cristo. Este suceso tiene lugar en el corazón, en el corazón cautivado y transformado, en la misma esencia de la naturaleza humana, incluyendo la razón y la mente consentidora de la persona. Así, el corazón redimido es al mismo tiempo el "qué" y el "cómo" del conocimiento cristiano. Este conocimiento constituye el nuevo fundamento existencial para el cristiano. Todo conocimiento ulterior depende de la experiencia de la conversión. En resumen: en última instancia lo que sabemos depende de lo que somos. El cristiano

---

4 Ibíd., 143.
5 Douglas J. Elwood, *The Philosophical Theology of Jonathan Edwards* (Nueva York: Columbia University Press, 1960), p. 136.

sabe porque la luz en la que vive es la luz que la naturaleza (las tinieblas) no abarca ni extingue.

El misterio del suceso epistemológico desafía todo análisis. Por esto Edwards, a pesar de que intentó establecer distinciones cuidadosas, también apreció cómo estas, misteriosamente, se fusionaban. Por ejemplo: el sentido del corazón también es instructivo. Lo sentido afecta a la cognición. Como dijo Edwards repetidamente, el que percibe el dulce sabor de la miel sabe más sobre ella, cognitivamente, que aquel que solo la contempla (II, 14; *RA*, 272).[6] Su cognición se ve afectada por su identidad. La experiencia redentora integra la comprensión y la voluntad y, en última instancia, vuelve irrelevantes las distinciones. Además, Edwards entendía que el conocimiento sensorial que es natural se fusiona con el conocimiento sensorial que es espiritual. El primero, como hemos dicho, se queda corto frente al conocimiento espiritual de la excelencia divina de Dios que Edwards reservaba para los no regenerados. Sin embargo, el requisito previo para este conocimiento ulterior no es solo la asistencia o la gracia divina, que se encuentran claramente fuera de la naturaleza, sino también la sensación natural activa, una mente activa plenamente sensible al mundo finito con toda su belleza y su corrupción. Un sentido salvador de la excelencia de Dios depende "en cierta medida, y más indirecta y remotamente", de la aprehensión sensible de lo que es natural.[7]

Esta idea es crucial. Y es que Edwards, aun cuando distinguía entre lo natural y lo espiritual, admite de nuevo en el suceso de la conversión un misterio que se manifiesta en una paradoja: el hombre lo hace todo, Dios lo hace todo. Aunque subraya la iniciativa divina, Edwards también exige la actividad total del entendimiento y de la voluntad naturales. No hace el llamamiento del romántico a dormirse en el

---

6 "The Divine and Supernatural Light", II, 14; *Religions Affections*, p. 272. Cuando se refiera a (1) las obras de Jonathan Edwards, ed. Edward Hickman (Londres: F. Westley y A. H. Davis, 1834), 2 vols., o (2) *A Treatise Concerning Religions Affection*, ed. John E. Smith (New Haven: Yale University Press, 1959), seguiré la práctica usada en los primeros capítulos, insertando la documentación en el texto escrito.

7 Edwards, en Miller, "Jonathan Edwards on the Sense of the Heart", 144.

cuerpo y convertirse en un espíritu libre, ni tampoco el de la espiritualidad pura y elitista del gnóstico. Por el contrario, Edwards convoca todas las capacidades mezquinas del ser humano, todo lo que es finito y limitado. Solo entonces se convierte en dinámica la paradoja hombre-Dios; el camino de descenso del cristiano se convierte en su camino de ascenso, y la ruta que conduce a las cosas naturales en la separación perfecta de ellas.[8]

Todas estas cuestiones, aun siendo un prefacio, son importantes cuando pensamos en la imaginación dentro de la epistemología de Edwards. Recordemos que la imaginación pertenece al ámbito del conocimiento sensorial, no al especulativo. Como tal, se distingue de la razón y del proceder de las ciencias. En su ensayo temprano "Sobre los prejuicios de la imaginación", insertado en *Notas sobre "La mente"*, Edwards denunció a los racionalistas ("el mundo erudito") quienes, supuestamente, habían "conquistado" la imaginación. Fue lo bastante atrevido como para sugerir que el motivo por el que muchos cultos (pero anónimos) racionalistas seguían prefiriendo a Ptolomeo es que no podían tolerar lo que su imaginación concebía como un universo aún más vasto. Aquí Edwards se refiere a la imaginación natural, o a lo que el profesor Howard llama "la imaginación filosófica o no regenerada", propia del hombre natural. Lo que nos interesa es la "imaginación regenerada" (otro término de Howard) que debe su esencia al sentir del corazón, al suceso de la conversión.[9] Ambos tipos de imaginación recuerdan la dicotomía entre lo natural y lo espiritual. Nuestro intento de llegar hasta donde nos lleve esta dicotomía, de examinar las ideas de Edwards sobre la imaginación y de comprender su visión, nos lleva al centro mismo del mundo teológico de Edwards.

---

8 Ver William F. Lynch, *Christ and Apollo: The Dimensions of the Literary Imagination* (Nueva York: New American Library, 1963), p. 23.

9 "Of the Prejudices of the imagination", de Edwards, se incluye en la obra de Leon Howard, *"The Mind" of Jonathan Edwards: A Reconstructed Text* (Berkeley y Los Angeles: University of California Press, 1963), pp. 146-148. La referencia que hace Edwards a los racionalistas aparece en la p. 147; los términos der Howard aparecen en la p. 133.

2. La imaginación natural

En el compendio general de la obra de Edwards no se aprecia la importancia que le concedía al tema de la imaginación. Para la mente del siglo XVIII, este tema no era ni mucho menos el más urgente. Cualquier relevancia que tuviera para los teólogos —sobre todo para los influidos por la dialéctica puritana— era en gran medida negativa. La razón era muy sencilla: entre todas las capacidades naturales del ser humano, la imaginación era la más susceptible de caer en las trampas del diablo. Edwards se hizo eco de tales advertencias con la debida seriedad. En *Los afectos religiosos* cita a un puritano inglés, Anthony Burgess: "La imaginación es esa estancia del alma donde a menudo hace acto de presencia el diablo". Se trata de una referencia a la imaginación no regenerada desprovista de gracia, la imaginación de la que, según dice Burgess, surgen los engaños "horribles" y "diabólicos" (*RA*, 289n). Edwards no tenía que ir más lejos de su valle del Connecticut para comprobar que esto era así. Después de todo, Edwards excluía de las características legítimas y distintivas de la experiencia cristiana las horrendas imaginaciones de los entusiastas. Sin embargo, admitía que tales elucubraciones poseían un extraño poder. A pesar de lo peligrosas que eran, ¡qué bendición podían ser una vez se había redimido el corazón! Es imposible sondear las alturas a las que puede llegar la imaginación regenerada.

Incluso en un momento en que los avivamientos resonaban tonantes, y en que todo tipo de presentimientos destellaban ante los ojos de las congregaciones de Nueva Inglaterra, Edwards admitió prudentemente que la naturaleza humana era tal que "sin cierto grado de imaginación no podemos pensar en cosas invisibles". Cuanto más implicada esté la mente y más intensos sean los afectos (los objetivos estelares de Edwards), "más vívida y poderosa será normalmente la idea imaginaria" (*Rasgos distintivos*, 236). Experimentar la "idea imaginaria" como si fuera la idea real, como el miedo o el gozo, es conocer la idea como suceso. Aquí Edwards no se refiere necesariamente a la imaginación tocada por la gracia. Se centra en la imaginación *per se* que salva el abismo entre el conocimiento especulativo y el sensorial, unifica los polos de la razón y la sensación y, por consiguiente, abarca la totalidad de la existencia natural. La imaginación media entre el intelecto y el sentido. El grado en el que la imaginación del propio Edwards unificó estas dos esferas condujo a Perry Miller a llamarle "un teólogo de la mediación", el primero que en toda la historia de Estados Unidos entretejió "la pura comprensión, que era la razón y [Charles] Chauncy, y el misterio, que era el terror y la araña".[10] La imaginación intermediaria es, en cierto sentido, profética; lo es porque es creativa; es creativa porque la nueva síntesis que crea se amplía perpetuamente para abarcar una realidad hasta ese momento inabarcable: el pasado, el futuro, lo invisible. La imaginación media entre la aparición y la verdad última, afirma su parentesco con todas las cosas y dota de realidad a lo real. Decir, como hace Edwards, que necesitamos la imaginación para conocer lo invisible y lo espiritual supone decir también —en el nivel estrictamente humanista— que la necesitamos para salvarnos del escepticismo, la ignorancia y la barbarie.[11]

Hay algo embriagador en la idea de la imaginación humana que media entre los extremos de la mente, ampliando la experiencia hasta un infierno imaginativo y un cielo que también lo es. El renombrado crítico Northrop Frye sugiere que nuestro mundo es tan grande como lo hace la imaginación. Mediante este poder prometeico, el poeta nos lleva a las profundidades y a las alturas, correspondiendo a los conceptos de infierno y de cielo y a sus mitos equivalentes. Lo que escribe el poeta, dice Frye, es "un apocalipsis humano, la revelación del hombre para el hombre". Nada escapa a la imaginación, porque lo ha "engullido" todo, el tiempo y el espacio.[12] ¡Qué posibilidades tan seductoras posee entonces la imaginación natural! Si la existencia llega al punto de ser tan absurda que nos sobrevengan náuseas,

---

10 Perry Miller, *Jonathan Edwards* (Cleveland: World Publishing Company, 1959), p. 130. R. W. B. Lewis también considera a Edwards un "mediador" en su intento de usar a Locke y a Newton para restaurar el calvinismo. Fue esta empresa de doble filo la que "condujo al drama de Edwards": fue "su intento de mediar el que dio pie al drama"—*The American Adam: Innocence, Tragedy and Tradition in the Nineteenth Century* (Chicago: University of Chicago Press, 1953), p. 63.

11 Edwards, "Mysteries of Scriptures," en *The Works of President Edwards*, 4 vols. (Nueva York: Robert Carter and Brothers, 1869), III, 540.

12 Northrop Frye, *The Educated Imagination* (Bloomington: Indiana University Press, 1964), pp. 105, 80.

la "hechicera experta en sanaciones" (el término que aplica Nietzsche al arte) puede convertir "nuestras arcadas en imaginaciones con las que es posible vivir". Para Nietzsche, la energía imaginativa del artista es tan potente que el arte se vuelve redentor en la "serenidad trascendente" y "el solaz metafísico" que proporciona. Nietzsche creía que solo cuando nos despertamos al "ave dionisíaca" (la paloma, el espíritu santo, el poder redentor de la imaginación humana) podemos "taponar la herida eterna de la existencia". Este despertar tiene lugar cuando nos acercamos a la trinidad de Nietzsche: Bach, Beethoven y Wagner.[13]

Por supuesto, Edwards habría condenado semejante imaginación descontrolada y el orgullo del que brota. Aunque la llamada imaginación natural se exprese como apocalipsis humano, la dimensión humana es necesariamente limitada. Edwards nunca suavizó la verdad de este hecho. Aunque su propia capacidad artística alcanzó una intensidad motivadora, despertando la imaginación de aquellas personas que sin duda aún formaban en las filas de los no regenerados; aunque sus sermones repicaban con el llamado "Imaginad... Imaginad..." ("El castigo futuro...", II, 81); aunque sus explosiones de imaginería no dejaban a los oyentes otra opción que acatar, porque la imaginación natural había bastado para traer a la vida tanto el terror como la tranquilidad; sin embargo, Edwards nunca consideró este el camino que llevaba a los descubrimientos espirituales. Aquellas personas que lo hacían padecían desencantos espantosos. A pesar de la expansibilidad que dominaba la imaginación humana, la visión venidera era, por definición, limitada y corrompida. Suponía que el arte imaginativo ofrecía un solaz metafísico y la redención verificaba doblemente los engaños.

Lo que inquietó a Edwards durante el Gran Despertar no fue solo la hipocresía legalista que detectaba entre los arminianos, sino también la hipocresía evangélica entre personas que se dejaban llevar por impulsos y por revelaciones imaginarias (*RA*, 173-174). Así, pensaba que era necesario advertir contra la imaginación cuando la

---

13 Friedrich Nietzsche, *The Birth of Tragedy/The Genealogy of Morals*, en un volumen, trad. Francis Golffing (Garden City, N. Y.: Doubleday & Co., 1956), pp. 52, 60, 107, 140, 180.

veía imitando a la verdadera luz espiritual. Distinguiendo en todo momento entre lo que consideraba lo verdadero y lo falso en asuntos religiosos, Edwards advirtió que la imaginación natural no es más que un "don común" que poseen todos los hombres (*Reflexiones*, 436). Las imaginaciones naturales no deben confundirse con aquellas inspiradas por un agente divino. Cuando los Entusiastas oyeron "voces" y vieron "visiones", y afirmaron que tales revelaciones provenían de Dios, y luego basaron sus afectos religiosos en esas experiencias, Edwards supo que aquel tema exigía una severa clarificación.

> Así, cuando el Espíritu de Dios da visiones a un hombre natural, como le pasó a Balaam, solo afecta a un principio natural, es decir, el sentido de la vista, estimulando de inmediato ideas de ese sentido, pero no proporciona un sentido nuevo; tampoco hay en el episodio nada sobrenatural, espiritual o divino. De modo que si el Espíritu de Dios incide en la imaginación del hombre, ya sea en un sueño o cuando está despierto, dotándolo de cualquier idea exterior a cualquiera de los sentidos, ya sean voces o formas y colores, son solo ideas emocionantes de la misma clase que le proporcionan los principios y los sentidos naturales. (*RA*, 206-207)

Un hombre puede tener miles de estas revelaciones. Su imaginación puede crear cantidades de experiencias religiosas que incluyen los momentos estéticos más sublimes. Sin embargo, considerar esta experiencia como evidencia de un afecto religioso cuando el corazón carece de gracia supone ser culpable de fingimiento evangelístico.

Edwards nunca tuvo el propósito de denigrar la imaginación y la visión estética. Por el contrario, concebía las cuestiones teológicas en términos estéticos, porque la belleza era un modelo ontológico. Roland André Delattre ha argüido que Edwards, a diferencia de Calvino, concebía a Dios en términos de belleza, no de poder. Aunque para ambos teólogos la majestad divina tenía una importancia insuperable, para Calvino era una majestad "terrible e impresionante" repleta de terror y de oscuridad. En cambio, para Edwards irradiaba belleza y luz.[14] La idea es que la imaginación natural sin ayuda nunca está a

---

14 Roland André Delattre, *Beauty and Sensibility*, en *The Thought of Jonathan Edwards: An Essay in*

la altura de este concepto de la belleza. Esta es la verdadera esencia de la advertencia que hacía Edwards. La imaginación intocada por la gracia no proporciona descubrimientos espirituales, no aporta ningún sentido nuevo. Puede permitir que el hombre natural tenga conceptos provisorios sobre los afectos espirituales, pero del núcleo o la esencia no tiene más idea de la que uno que nace ciego pueda tener de los colores. Edwards, inflexible sobre estas distinciones últimas, aseveraba que en lo tocante a las verdades religiosas, la imaginación huérfana de espiritualidad hace que una persona no sea mejor que alguien "totalmente ciego, sordo y sin sentidos, muerto" (*RA*, 274).

El peligro surge cuando uno piensa de otra manera, cuando la manipulación del diablo oscurece la distinción crucial entre "las vívidas imágenes que surgen de los poderosos afectos [religiosos] y los poderosos afectos que nacen de las imaginaciones vívidas" (*RA*, 291). El primero es el camino de la bienaventuranza y la visión; el segundo, el atajo hacia los recintos satánicos del orgullo y del engaño. Al final, la advertencia de Edwards es profundamente sencilla: la imaginación natural no abarca nada a menos que el alma primero se apegue a Dios por medio de la fe. Solo entonces se santifica la imaginación; y para esto el corazón redimido es la condición *sine qua non*.

El término "apegar" es la metáfora de Edwards. Su significado es radicalmente distinto a lo que sugiere Northrop Frye cuando proclama la imaginación "educada" como aquello que "ha engullido" todo tiempo y espacio, toda profundidad y cima, y luego se ha manifestado como "un apocalipsis humano". Tal como nos recuerda H. Richard Niebuhr, este tipo de imaginación se caracteriza por el egoísmo.[15] El mundo entero gira en torno al "yo". Organizando una especie de revolución anti copernicana, la imaginación establece el universo como egocéntrico, y toda verdad como un solipsismo. Por el contrario, la imaginación santificada presupone un alma que consiente. En este sentido Edwards utilizó el término "apegar". Con él se refería al acto de que la persona crea, cuando su alma "se apega totalmente... se

---

Aesthetics and Theological Ethics (New Haven: Yale University Press, 1968), pp. 29, 119-121, 146.
15 H. Richard Niebuhr, *The Meaning of Revelation* (Nueva York: The Macmillan Company, 1941), p. 101.

adhiere y acepta por completo" la revelación cristiana.[16] Solo cuando el alma acepta o reconoce la excelencia perfecta de Dios revelada en Cristo, la imaginación descubre "la hermosura de la Deidad y la divinidad de la Divinidad... el bien de la Fuente infinita de Dios" (*RA*, 274). Una persona que no imagina esto, no imagina nada. Subyacente en esta ecuación hallamos la afirmación central de Edwards: el ser humano cree para poder imaginar de verdad. Mientras que la imaginación natural convierte al ser humano en el centro, la imaginación santificada abarca todas las cosas, permitiéndole esperar y soportar todas las cosas. Cuando el centro está en el hombre, no se sostiene; cuando está en Dios, ordena todas las cosas y, por medio de Cristo, las despliega ante nuestra mirada nueva.

3. La imaginación santificada

El hecho de especular sobre la nueva vista que recibimos por medio de la gracia plantea preguntas importantes sobre la naturaleza de la imaginación religiosa. ¿Hasta qué punto puede esa imaginación sobrepasar los límites de la razón especulativa y de la imaginación natural? Y además, ¿hasta qué punto es necesario negar el conocimiento empírico para dejar sitio a la fe religiosa?[17] ¿En qué sentido la fe permite ver con mayor claridad, aunque la lente por la que miramos nunca sea perfecta? La imaginación religiosa, por medio de la fe, ¿responde a preguntas sobre el sentido del hombre, su destino, su máxima meta, más satisfactoriamente que el pensamiento filosófico? ¿Qué impide a cualquier individuo afirmar que tiene esos poderes visionarios y actuar luego caprichosamente? ¿Cómo distinguimos entre Abraham y el Acab de Herman Melville, entre el peregrino de Dante y el Brand de Ibsen, entre el san Juan de *Apocalipsis* y el Jocelin de William Golding en *La construcción de la torre*, entre el caballero de la fe de Kierkegaard

---

16 Edwards, "Observations Concerning Faith", en *The Works of President Edwards*, II, 606.

17 Ver Immanuel Kant, Preface to Second Edition, *Critique of Pure Reason*, trad. Norman Kemp Smith (Londres: Macmillan and Co., 1929), pp. 12-37. En su Comentario a "Critique of Pure Reason", de Kant (Londres: Macmillan and Co., 1923), Smith observa que Kant no creía que el conocimiento empírico fuera "coextensivo a la visión humana" (p. lv).

y el Fausto de Goethe? Recordemos que todos ellos afirmaban que se les había concedido un poder sobrenatural, y que habían recibido lo que Edwards llamó "un nuevo sentido espiritual". En resumen, ¿qué fundamento de verdad puede reclamar la imaginación religiosa, teniendo en cuenta que esa verdad no se puede verificar y cuando nos expone a los peligros de la mismísima condenación?

Para responder a tales problemas, Edwards regresó una y otra vez a la gracia especial, diferenciada de la gracia común (y de la imaginación natural) que solo asiste a las facultades para que hagan más plenamente lo que ya hacen por su propia naturaleza. La gracia especial "hace que las facultades obren lo que no hacen por naturaleza, cosas a las que no se puede equiparar nada de lo que por naturaleza hay en el alma".[18] El don de la gracia especial es la imaginación santificada. Los regenerados no solo reciben un nuevo fundamento y una nueva inclinación de la voluntad, sino que poseen una nueva capacidad imaginativa mediante la cual aprehender lo que antes era invisible. Edwards llamaba "iluminaciones" a estas aprehensiones, y las primordiales de todas ellas eran la hermosura y la gloria. En el pensamiento de Edwards es esencial el hecho de que Dios es el "autor" de la nueva capacidad para ver. Vemos la gloria de Dios cuando el nuevo sentido del corazón nos inserta en esa gloria. La imaginación la asimila porque estamos dentro de su círculo.

Aunque el fundamento de Edwards para la imaginación religiosa es singularmente teológico, no hemos de suponer que para él la teología era solamente teórica y lógica. Cuando citaba la gracia especial como la respuesta subyacente a las preguntas sobre la imaginación, no quería decir que de repente tales preguntas perdieran su misterio. Edwards nunca pretendió que la teología simplificase las cosas, ni creía que fuera sencilla. La teología iba acompañada de los mismos riegos que la vida, porque Edwards entretejía ambas esferas de acuerdo con unas decisiones de fe que desafiaban la verificación lógica. Para Edwards, el hecho de que por medio de la gracia la imaginación posibilita iluminaciones espirituales más allá de la experiencia normal suponía una fe que exigía la entrega de todo nuestro ser. Lo que estaba

---

18 Edwards, en *The Phiiosophy of Jonathan Edwards from His Private Notebooks*, ed. Townsend, p. 111.

en juego en las decisiones de fe era esta misma totalidad. La respuesta teológica era religiosa, y afirmaba no solo el misterio sino también el sentido espiritual que lo percibe.

Richard Kroner dijo: "La imaginación puede desempeñar su labor religiosa solo cuando el hombre del cual surge la imaginación está incluido en el misterio divino o, más concretamente, cuando es este misterio el que obra en la persona".[19] Esta fuerza misteriosa a la que suele llamarse "inspiración" implica la operación de un poder dentro del hombre, pero que es superior a su propia energía creativa. Engendra una imaginación religiosa que, como dice Kroner, salva el "vacío" entre el ser humano y el misterio divino. Podemos decir que la imaginación religiosa —no menos misteriosa que su contenido o su producto— es la inspiración por parte del hombre y la revelación divina por parte de Dios. Por medio de la imaginación santificada por el Espíritu de Dios el santo lo ve todo vinculado con el misterio divino. Tal como señala Kroner, el mundo ya no existe meramente para el uso práctico del ser humano, para su contemplación teórica o su intuición estética.[20] El santo contempla el mundo sellado como parte de la Creación divina, y sujeto a la ira y el amor intervinientes de Dios. Todo lo que hay en el mundo lo ve como imágenes o sombras de cosas divinas. El mundo no es solo simbólico, sino sacramental, en el sentido de que el ojo regenerado lo ve como existente dentro de la unidad del significado divino. Es esta dimensión sacramental la que solo es visible para la imaginación santificada, porque no hay ningún objeto sacramental aparte del sentido que lo asimila desde el corazón.

Cuando Edwards escribió sobre el oído y la vista santificados, se refería al nuevo sentido espiritual que Dios otorga en su gracia, que permite al hombre percibir este elemento milagroso en todos los fenómenos (*Reflexiones*, 436-437). Vista a través de los ojos regenerados, la naturaleza está llena de emanaciones divinas. Edwards concebía estas como imágenes que encarnaban la verdad ontológica. La distinción entre imágenes retóricas y ontológicas, o entre "tropos" y

---

19 Richard Kroner, *The Religious Function of Imagination* (New Haven: Yale University Press, 1941), p. 37.
20 Ibíd., p. 39.

"tipos", la encontramos cuidadosamente explicada en la introducción que hace Perry Miller a la obra de Edwards *Imágenes o sombras de cosas divinas*, un cuaderno privado con unas 212 entradas que vio la luz de la publicación en 1948, casi doscientos años después de la muerte de Edwards.[21] Para Edwards, los ríos, los árboles, los montes, las aves, el sol, la luna, no debían considerarse meros tropos retóricos, frecuentes en la prosa tremendamente ornamentada de los escritores religiosos anglicanos del siglo XVII, sino que más bien eran "tipos" que imaginaban o presagiaban sus "anti tipos" espirituales. La naturaleza sigue siendo la naturaleza, mutable y corrupta; sin embargo, Edwards creía que su esencia no radica en la mutabilidad o en la corrupción, sino en la realidad espiritual cuyas imágenes son el sol, los ríos y los árboles.

> El sol, que de forma tan perpetua, durante tantos siglos, envía sus rayos con tan vasta profusión, sin disminución alguna de su luz y de su calor, es una imagen brillante de la suficiencia completa y la eternidad de los dones de Dios y de su bondad.

> De la misma manera lo son los ríos, que siempre fluyen, que vacían enormes cantidades de agua cada día y sin embargo nunca poseen menos. El espíritu comunicado y extendido, es decir, la bondad de Dios, se compara en la Escritura con un río y con los árboles que crecen y florecen en la ribera de aquél gracias a la bendición del agua, y que representan a los santos que viven en Cristo y florecen gracias a la influencia de su Espíritu.

> El gusano de seda es un tipo notable de Cristo. Su mayor obra consiste en producir un tejido para nuestras hermosas prendas, y muere cuando lo ha concluido; dedica a ello su vida, acaba y muere (como Cristo fue obediente hasta la muerte, su justicia se perfeccionó en su sacrificio), y luego aparece de nuevo, no cual un gusano como fue Cristo en su estado de humillación, sino como una criatura más gloriosa en su resurrección...

---

21 Jonathan Edwards, *Images and Shadows of Divine Things*, ed. Perry Miller (New Haven: Yale University Press, 1948). Véase la introducción de Miller, pp. 1-41.

Cuando el fruto está maduro se recoge fácilmente, pues no se aferra al árbol sino que está dispuesto a abandonarlo, y se lo puede tomar sin romper la rama ni producirle daño alguno. Lo mismo pasa con un santo que está maduro para el cielo: abandona este mundo sin dificultad.[22]

El verdadero sentido espiritual descubre coherencia en el ser universal, una agencia divina en el mundo de los sucesos históricos y cotidianos, una divinidad que conforma nuestros fines. Cuando lo invisible penetra en el mundo común de los árboles y las piedras, todo se vuelve milagroso; cuando lo desconocido aparece en circunstancias históricas. Edwards preguntaba: ¿qué otra cualidad humana puede descifrar la historia y asimilar la interrelación de lo divino y lo humano sino la imaginación santificada? ¿Cómo si no experimenta el creyente la revelación de Dios, "la gloria de las obras divinas, tanto de la creación como de la providencia"? (*RA*, 273) Con un genuino sentido del espíritu, el regenerado "no verá nada como lo hizo antes" (*RA*, 275). De la misma manera que existe algo llamado el "buen gusto de la belleza natural… también existe el gusto divino" para discernir las emanaciones espirituales (*RA*, 282-283).

Edwards concebía la imaginación como algo que tenía más que ver con el descubrimiento que con la creatividad. La realidad ya existe, y la descubre la imaginación agradecida, la *intuitus* inspirada.[23] Según la visión posterior de Coleridge, la imaginación conforma una realidad totalmente nueva partiendo de los elementos que primero se asimilaron en sus procesos orgánicos. Este punto de vista permite al poeta crear una nueva imagen poética. Pero Edwards habría insistido en que, dado que la imagen del poeta fue extraída del mundo visible, que él no creó, la verdadera creación pertenece a Dios, y la imagen real ya encarna la verdad divina. En otras palabras: la creación divina precede a la creatividad humana. Todas las preguntas sobre qué creen los humanos se incorporan en la creación divina, y las formas estéticas tienen importancia solamente en relación con la

---

22 Ibíd., pp. 45, 46, 101, 128.
23 El espíritu que trasciende a la materia "se alcanza mediante una facultad especial, el «intuitus» de los escolásticos"— Herbert Read, *Icon and idea: The Function of Art in the Development of Human Consciousness* (Londres: Faber and Faber, Ltd., 1955), p. 64.

realidad metafísica. Por lo tanto, cuando Edwards habla de un nuevo sentido que trasciende la imaginación natural, no se refiere a lo que Coleridge, en el siglo XIX, llamó la "imaginación secundaria", esa capacidad de crear algo nuevo partiendo de lo que la imaginación primaria ha reunido y clasificado.[24] Edwards concebía la imaginación religiosa como la capacidad de descubrir lo que ya existe y, al final, aprehender la belleza y la gloria plenas del Creador. Aunque, como veremos más adelante, Edwards subrayaba la importancia del lenguaje, creía que la fuerza imaginativa subyacente en las palabras discernía más que crear.

Es desafortunado que Edwards escribiese comparativamente poco sobre el tema de la imaginación. Sin embargo, también podemos observar la propia imaginación de Edwards en acción, cómo produjo iluminaciones deslumbrantes que parecían resultar en palabras imparables. Miller piensa que *Imágenes o sombras de cosas divinas* proporciona un ejemplo de esto, revelando "sucesivos momentos de iluminación" que concluyeron en "un grito extático, cuando las palabras se volcaron sobre el papel con una exclamación que desafía las fronteras de la prosa".[25] A pesar de todo ese poder, aún hay otro mayor que subyace en sus palabras. Podemos llamarlo adecuadamente "el poder discerniente de su imaginación". Es el tema implícito de las *Imágenes* y la fuerza impulsora detrás de sus sermones.

Para lograr discernir la plena dimensión sacramental del mundo, Edwards presupuso una imaginación arraigada en el poder del corazón. Edwards creía que todas las fuentes de la imaginación se cohesionan en la experiencia previa del corazón redimido, y que la primera obligación de cualquiera que afirma distinguir la maravilla del mundo invisible es postular esta integración original, el don de la gracia. Jacques Maritain nos ofrece una exposición destacable de este proceso. Esta integridad total que Maritain llama "reposo", es el sentido que invade el alma cuando experimenta un "contacto espiritual" consigo mismo. Según dice él, se trata de un estado de "refrigerio y paz

---

24 Samuel Taylor Coleridge, *Biographia Literaria*, 2 vols. (Londres: Rest Fenner, 1817), I, 202.
25 Miller, en Edwards, *Images and Shadows of Divine Things*, p. 2.

superior a ningún sentimiento". El alma humana muere para volver a vivir "en exaltación y entusiasmo". La mente revitalizada y vivificada

> desarrolla una actividad gozosa, tan fácil que todo lo demás parece que se le concede de inmediato, por así decirlo, desde fuera. En realidad todo estaba allí, en las sombras, oculto en el espíritu y en la sangre; todo aquello que se manifestará en la operación ya estaba allí, pero no lo sabíamos. Antes de haber obtenido nuevas fuerzas en esas apacibles profundidades, no sabíamos ni cómo descubrirlo ni cómo usarlo.[26]

Maritain deja claro que el "entusiasmo" que nace del centro tranquilo del alma no tiene nada que ver con el delirio ni el frenesí, que, según explica él, son solo indicios de la debilidad de la naturaleza, y proceden de fuentes espurias. El espíritu no opera de esta manera. La "verdadera bendición" es la intuición poética, no ningún tipo de emoción.[27] A pesar de que a estas alturas Maritain no escribe explícitamente desde el contexto de la teología cristiana, y por consiguiente no especifica que el corazón redimido es la auténtica bendición, considera que el don de la intuición es el agente más "espiritual" y "catalítico" de la inspiración, y sugiere que esta y la gracia divina que la fortifica actúan juntas.

Esta exposición nos ayuda a entender el fundamento sobre el cual Edwards acabó rechazando a los Entusiastas de los avivamientos de Nueva Inglaterra. Sus imaginaciones ni se cimentaban en la auténtica bendición de la gracia ni se integraban en el corazón redimido. Por lo tanto, sus visiones no alcanzaban a atisbar la iluminación divina.

En todos estos asuntos, Edwards es antes que nada un teólogo cristiano. Por mucho que se parezca su teoría de los "tipos" al paradigma posterior de Ralph Waldo Emerson de que todas las cosas naturales son emblemáticas de cosas espirituales;[28] por mucho que sus ideas sobre el sentido espiritual parezcan estar muy cerca de las de los antinomianistas

---

26 Jacques Maritain, *Creative Intuition in Art and Poetry* (Cleveland: World Publishing Company, 1954), pp. 177-178.
27 Ibíd., pp. 180-181.
28 Ralph Waldo Emerson, "Nature" (Sección IV), en *Selections from Ralph Waldo Emerson*, ed. Stephen E. Whicher (Boston: Houghton Mifflin Company, 1957, p. 31.

y los cuáqueros; y por muy tentados que nos sintamos a transformar sutilmente las ideas de Edwards sobre la imaginación en una teoría de la creatividad, hay una afirmación crucial que disipa rápidamente todas las similitudes coincidentes. Esta afirmación tiene que ver con el hecho de que Cristo es el mediador final y último entre la imaginación humana y la verdad divina. Solo por medio de Cristo podemos conocer la belleza de la Creación y providencia divinas. Solo de esta manera podemos ver realmente el río, el árbol y el sol como "tipos". Edwards aniquiló todo espejismo que sugiriera que la imaginación humana soslaya el hecho de Cristo. A menos que veamos primero a Cristo "no se ve nada que valga la pena ver; porque no existe otra excelencia o belleza auténticas" (*RA*, 274). Solo mediante esta condición *a priori* podemos saber algo más "que lo que saben los demonios" (*RA*, 273). Reflejando la determinación paulina y anticipando la de Karl Barth, Edwards insistía en que la visión cristiana solo se consigue mediante el impacto especial que el Creador, por medio de Cristo, consigue en nosotros. Cuestionar o rechazar esta revelación especial supone condenarse, como si nuestro cuerpo rechazase a nuestro corazón.

Edwards solo considera que la imaginación es creativa cuando opera dentro de la revelación cristiana; solo cuando primero discierne al Creador y luego responde a Él podemos decir que visualiza creativamente. Lo que Edwards quería que estuviese totalmente claro es la distinción entre Creador y criatura. Nunca negó la importancia de una imaginación activa, pero su verdadera actividad se origina en la respuesta a Dios, quien es el origen de toda actividad creativa. Por consiguiente, solo cuando la imaginación humana (el "yo") visualiza y crea dentro del contexto de la revelación cristiana (el "Tú") se puede confiar en ella. Fuera de este contexto todo tiene un origen propio, todo se crea a sí mismo y, por lo tanto —y por definición— es arrogante, orgulloso, pecaminoso. Sus visiones y sus creaciones solo son delirios de grandeza.

Debemos recordar que Edwards basaba sus ideas en un sistema calvinista que comprendía ciertas proposiciones sobre la naturaleza del hombre y de Dios. La principal es la soberanía de Dios y la dependencia del ser humano. Pecar conlleva invertir esta relación, y hacer que el hombre —incluyendo su imaginación— sea independiente de Dios. La perspectiva de Calvino nos ayuda a entender la diferencia entre, por ejemplo, un Jean-Jacques Rousseau y un Agustín, dos personas que escribieron *Confesiones* dispares que incluían la investigación de sus fuentes respectivas de poder creativo. Para Rousseau, el temperamento era una especie de absoluto. En un sentido ontológico, sus sentimientos y experiencias eran solo suyos. Para Agustín, esa contención en uno mismo era una maldición. Solo reconocía sus sentimientos como fuente de visión creativa cuando estos eran la respuesta a una realidad más grande. Aunque eran suyos, se originaban en otra fuente, y vivían solamente dentro de aquella dimensión infinitamente mayor. Como vemos, todo gira en torno a la diferencia entre la imaginación no cristiana y la cristiana, entre la persona creativa incrédula y la cristiana. Sin duda, hemos estructurado una dicotomía arriesgada. Es posible que ambas personas sean igual de innovadoras al alejarse del pasado y crear algo nuevo partiendo de elementos únicos en sus experiencias propias. Además, puede ser que el incrédulo sobrepase al cristiano por lo que respecta a los criterios estéticos que usemos. Pero, como dice C. S. Lewis, hay una diferencia:

> El incrédulo puede partir de su propio temperamento y su experiencia, tal como son, y considerar que son dignos de transmisión simplemente porque son hechos o, peor aún, porque son suyos. Para el cristiano, su propio temperamento y su experiencia, como meros hechos y como meramente suyos, no tienen ninguna importancia; solo se ocupará de ellos, si es que llega a hacerlo, porque son el medio por el cual se le apareció algo universalmente provechoso, o la posición desde la que lo hizo.[29]

Vemos más claramente la diferencia entre una imaginación que "absorbe" (término de Frye) todas las cosas y una que "abarca" (término de Edwards) todas las cosas por medio de la fe. La diferencia última está entre (1) el ser humano como repositorio independiente de la

---

29 C. S. Lewis, *Christian Reflections*, ed. Walter Hooper (Grand Rapids, Michigan: William B. Eerdmans Publishing Company, 1967), p. 8.

verdad, la más subjetiva y la más válida, y (2) el hombre cuya identidad consiste en su relación con el Creador. Llevada a su extremo, la primera postura acaba cuando la humanidad de la persona queda corroborada por su alienación. En este estado alienado (independiente), conforma sus valores, imagina su gloria y levanta su torre de Babel. La otra postura establece la humanidad de la persona en aquel momento en que reconoce el impacto que tiene Dios sobre ella. Se resigna a esa revelación, se pierde en ella para obtener mayor gloria, y su apoteosis es la visión de una nueva ciudad de Dios que no surge de la tierra sino que desciende del cielo. Al aceptar esta realidad, la imaginación santificada se expande infinitamente más que la imaginación natural, la cual, al absorber el *mysterium tremendum*, lo convierte en basura humana.

4. La visión

Uno se siente tentado a pensar en términos como "imaginación" y "visión" solo en relación con el proceso artístico, y por lo tanto como algo muy alejado de la teología. Separar de esta manera los ámbitos del arte y de la teología puede ser un grave error. Conscientes de esto, los críticos y los teólogos han intentado demostrar en los últimos años cómo, de hecho, una disciplina explica la otra.[30] Pero incluso esta síntesis admirable tiene sus peligros. Por ejemplo, ¿es correcto considerar la Biblia como literatura secular y pasar entonces a analizar la poesía de san Marcos o enfocar toda la Escritura como la encarnación del arquetipo nacimiento-muerte-renacimiento?[31] Y después de rechazar

---

30 La bibliografía sobre este tema aumenta rápidamente. El mejor análisis reciente de los estudios relevantes se encuentra en la introducción de Amos Wilder a su obra *Early Christian Rhetoric: The Language of the Gospel* (Cambridge, Mass.: Harvard University Press, 1971). Su libro anterior, *Theology and Modern Literature* (Cambridge, Mam: Harvard University Press, 1958), es instructivo. El erudito más prolífico en este campo es Nathan A. Scott, Jr.: sus numerosos libros sobre el tema incluyen *The Broken Center: Studies in the Theological Horizon of Modern Literature* (New Haven: Yale University Press, 1968); *Negative Capability: Studies in the New Literature and the Religious Situation* (New Haven: Yale University Press, 1969); *The Wild Prayer of Longing: Poetry and the Sacred* (New Haven: Yale University Press, 1971). Otro estudio reciente es el de T. R. Henn, *The Bible as Literature* (Londres: Oxford University Press, 1970).

31 Austin Farrer sostiene que el análisis del Evangelio de san Marcos "se enmarca claramente en

los conceptos de Calvino sobre el pecado y la gracia, ¿es legítimo declarar que *Institución* es "una de las obras más grandes y liberadoras de la imaginacion?"[32] Por otro lado, ¿cuán legítimo es que el teólogo llame al *Guernica* de Picasso "el mejor cuadro protestante del siglo XX", pero no decir nada de su integridad estética o, concebiblemente, su falta de ella?[33] Como T. S. Eliot reconoció cuando cuestionaba si es necesario creer la teología de Dante para creer su arte,[34] el problema tiene que ver con el contexto último en el que desempeña su labor el crítico o el teólogo. Si por una parte el contexto es estético, entonces determinados juicios sobre la Biblia pueden resultar tremendamente engañosos. El mismo peligro amenaza al teólogo que juzga el arte dentro de sus propias definiciones teológicas.

Resumiendo: ¿cómo puede existir una unión significativa entre el arte y la teología, la imagen y la idea? La pregunta nos lleva al meollo del asunto de lo que hemos llamado "la imaginación santificada" y lo que ahora llamaremos "la visión cristiana". Ambos términos son cruciales para entender la teología de Edwards.

De entrada debemos recordar que en cuestiones teológicas Edwards nunca separó la sensibilidad de la doctrina, el corazón de la mente. Si solo fuera por su intelectualización sobre la experiencia religiosa, no atraería la atención que ha recibido, ni la merecería si sus sentimientos religiosos no fueran también rigurosamente intelectuales. Invariablemente, las caricaturas siempre exageran una de las dos facetas. Dentro del sistema de Edwards existe una conexión interna siempre presente, una congruencia entre lo especulativo y lo afectivo. Esta faceta afectiva incluye la imaginación y, más allá de esta, la visión. Edwards no

---

la crítica de la poesía", que es su género — *The Glass of Vision* (Londres: Dacre Press, 1948), p. 145. Aunque Helen Gardner ataca a Farrer en diversos puntos, también piensa que "leer el Evangelio es como leer un poema" — *The Business of Criticism* (Londres: Oxford University Press, 1959), p. 102. Para un análisis de la Biblia como arquetipo, ver Northrop Frye, *The Anatomy of Criticism* (Princeton: Princeton University Press, 1957), pp. 315-326.

32 John W. Dixon, "The Matter of Theology: The Consequences of Art for Theological Method", *The Journal of Religion*, XLIX (abril de 1969), 173.

33 Paul Tillich, Theology of Culture, ed. Robert C. Kimball (Nueva York: Oxford University Press, 1959), p. 63. Ver Gabriel Vahanian, "Picasso's Iconoclasm", *The Christian Century*, LXXXVIII (29 de diciembre de 1971), 1523-1525, para un estudio posterior de este tema.

34 T. 5. Eliot, *The Sacred Wood: Essays on Poetry and Criticism* (Londres: Methuen & Co., Ltd., 1920), pp. 144-155.

solo combinaba la sensibilidad con la doctrina, sino que también conformaba la segunda en función de una visión subyacente. La interpretación de Edwards, como la de sus predecesores puritanos, surgía de determinados dictados de la inspiración, determinados destellos potentes de visión religiosa. Este tipo de teología, según dice Perry Miller, "dramatizaba las necesidades del alma como lo hace un gran poema o una obra de arte".[35] Inherente a ella era lo que Miller llama "una veta agustiniana de piedad", y una configuración más cercana a la visión estética de Agustín que a la dialéctica escolástica de Aquino.[36] De hecho, Miller establece rasgos importantes de su interpretación de Edwards afirmando que el teólogo trabajaba "como un artista".[37]

Otros estudiosos de Edwards han destacado esta cualidad característicamente estética en su obra. Por citar solo a cuatro de ellos: Samuel Perkins Hayes, a principios del siglo XX, llamó la atención sobre la combinación que hacía Edwards de "lógica penetrante e irrefutable y una vívida imaginación oriental"; Joseph Haroutunian sostuvo más tarde que el concepto del ser humano que tenía Edwards era persistentemente "intelectual y estético", y que su visión de la gloria de Dios se vio siempre estimulada y ampliada por "su amor por la belleza en la naturaleza"; Edwin H. Cady analizó la "cualidad artística" del sermón de Edwards "Pecadores en manos de un Dios airado", y Delattre ha dedicado un estudio exhaustivo a la estética de Edwards y a su ética teológica.[38]

Al estudiar a Edwards dentro de este marco limitado de la estética, es prácticamente inevitable aclamarle como gran poeta, como alguien que está separado de los otros hombres y que, según la descripción que hace E. M. W. Tillyard del poeta, habita en "cielos e infiernos insoportables para el común de los mortales".[39] Ciertamente pode-

---

35 Perry Miller, *The New England Mind: The Seventeenth Century* (Cambridge, Mass.: Harvard University Press, 1954), p. 6.
36 Ibíd., cap. 1, "The Augustinian Strain of Piety".
37 Miller, *Jonathan Edwards*, p. 328.
38 Samuel Perkins Hayes, "An Historical Study of the Edwardean Revivals", *The American Journal of Psychology*, XIII (octubre de 1902), 558; Joseph Haroutunian, "Jonathan Edwards: Theologian of the Great Commandment", *Theology Today*, I (abril de 1944), 367; Edwin H. Cady, "The Artistry of Jonathan Edwards", New England Quarterly, XXII (marzo de 1949), 61-72; Delattre, *Beauty and Sensibility in the Thought of Jonathan Edwards*.
39 E. M. W. Tillyard y C. S. Lewis, *The Personal Heresy: A Controversy* (Londres: Oxford University Press, 1965), p. 89.

mos ver a esa persona bajo la luz que proyectó Shakespeare sobre Timón de Atenas: "nunca conociste el punto medio de la humanidad, sino la extremidad de ambos polos" (*Timón de Atenas*, IV, iii). Lo que permitió a Edwards alcanzar la inusual combinación de claridad de pensamientos y profundidad fue no solo su capacidad intelectual, sino también su enorme corazón, que incluía la imaginación y la visión. Además, esta misma combinación aportó vitalidad y especificidad a sus sermones. Aunque expuestos bajo la forma de la lógica fría, estaban iluminados por unas imágenes brillantes y una visión subyacente que se pueden llamar estéticas. Por último, esta visión estética penetró en las alturas y en las profundidades del espíritu humano que solo son conocidas para los más eminentes visionarios poéticos.

Sin embargo, no basta con llamar "estética" la visión de Edwards, y decir que trabajaba como un artista. Y es que, una vez más, hay que establecer la distinción crucial entre lo estético y lo religioso, el artista y el santo. Para Edwards, ambas facetas están separadas hasta que las unifica el corazón redimido. La visión estética se vuelve cristiana, y el artista un santo, solo cuando la gracia divina por medio de Cristo ilumina el corazón. La distinción anterior entre la imaginación natural y la santificada es aplicable a la visión. Ver genuinamente supone ver a través de Cristo; la auténtica visión es la visión santificada, que aprehende los actos de Dios en este mundo. Desde la infancia, el propio Edwards se sintió muy conmovido por el mundo en que vivía; su *Narrativa personal* refleja la increíble profundidad de sentimientos que alcanzó. Se sintió especialmente conmovido por el sentido de belleza y de proporción, y la belleza natural funcionaba como "tipo" o emanación, por inadecuada que fuese, de la excelencia divina. Aun así, en este sentido puede haber algo levemente despegado e incluso impersonal, algo meramente estético, si la experiencia queda limitada solo a la de la belleza. Para Edwards, la visión religiosa total dependía no solo de las aprehensiones de la belleza divina, sino, sobre todo, de la revelación de Cristo. La pasión suprema de Edwards —dice Haroutunian— fue la gloria de Dios no solo en la belleza cósmica, sino "en el rostro de Jesucristo".[40] La belleza aislada del rostro era

---

40 Haroutunian, "Jonathan Edwards: Theologian of the Great Commandment", p. 368.

demasiado abstracta, la visión era demasiado general. Solo en y por medio del rostro (es decir, el amor de Cristo, su sabiduría, humildad y gracia salvadora) se obtiene la verdadera visión cristiana. Esto supone decir que la experiencia estética se convierte en experiencia religiosa solo cuando se manifiesta el sentido total de la vida.[41] Para Edwards, el sentido total se manifestó en la Encarnación. La cristología era la piedra angular de todo conocimiento. Edwards nunca dio por hecho que el creyente cristiano imagina a un Dios abstracto que existe en un aislamiento sublime siendo la totalidad y la esencia de la belleza. En realidad, el creyente imagina a un Dios que desciende hasta el hombre, se le revela, establece una relación con él, cara a cara.

Edwards afirmaba que en ningún otro lugar se manifiestan con mayor claridad y gloria la misericordia y el amor de Dios "como lo hacen en el rostro de Jesucristo". ("Los incrédulos condenan la gloria...", II, 61). El significado de esta afirmación depende por completo de la visión transformada por la gracia. Esta visión es el ojo de la fe por medio del cual Edwards daba forma a sus sermones, y a través del cual esperaba que su congregación los escuchara. Solo por medio del ojo de la fe, y no el de la carne y sangre, podrían captar sus oyentes el rostro divino que proclamaba Edwards. Edwards sabía que la imaginación por sí sola —o la visión estética a solas— nunca podría hacer comprensible la distinción entre el Jesús histórico y el Cristo kerigmático. W. H. Auden contribuyó a clarificar esta idea explicando que nunca es solo por medio de las imaginaciones como una persona reconcilia "la aparición profana y la afirmación sagrada" de aquel que parecía como cualquier hombre pero afirmaba ser el camino, la verdad y la vida.[42] Según Auden, también es imposible contemplar a Cristo en términos estéticos ya sea sobre el escenario o en las artes visuales. Lo máximo que puede hacer un pintor es pintar "al pequeño Jesús con la virgen o al Cristo muerto en la cruz... Pero ni un bebé ni un cadáver pueden decir *Yo soy el camino*, etc."[43] Siguiendo una línea parecida, C.

---

41 Gerardus van der Leeuw, *Sacred and Profane Beauty: The Holy in Art*, trad. David E. Green (Nueva York: Holt, Rinehart and Winston, 1963), p. 284.
42 W. H. Auden, *The Dyer's Hand and Other Essays* (Nueva York: Random House, 1962), p. 457.
43 Ibíd.

S. Lewis dijo que "la intimación a obedecer a Cristo tiene sentido; la intimación a obedecer a Shakespeare no lo tiene".[44] El tema tiene que ver con algo que escapa a la dimensión de la estética y de la imaginación. De lo que hablaba Edwards era de la capacidad de alcanzar la verdad divina, de verla como se revela por medio de Cristo en el mundo cotidiano en el que habitan todos los hombres.

En el capítulo siguiente trataremos de la teoría del lenguaje de Edwards en tanto en cuanto se relaciona con la imaginación y con la visión cristianas. Por el momento solo cabe subrayar la convicción de Edwards de que la fe precede a la visión que se acaba manifestando en la palabra. Trastocar este orden supone malentender cómo relacionaba Edwards la religión y las palabras. Al considerar esta relación, podríamos preguntar, por ejemplo, si la Escritura es literaria porque se adapta a determinados patrones genéricos, o si las energías religiosas de los escritores que fueron testigos de los hechos dieron forma a esos patrones. El clímax bíblico tal como se manifiesta en el matrimonio de la tierra y el cielo, ¿es un fenómeno artístico o religioso? La Encarnación ¿es fruto de la imaginación humana, o es más bien algo que le insufla vida? El filósofo George Santayana ejemplificó esta confusión al postular que "la imaginación tuvo que construir la idea del propio Cristo como respuesta a las exigencias morales [del ser humano]".[45] En consecuencia, la imaginación humana transformó al Jesús histórico en el Cristo, que solo como producto de la necesidad humana podría dar cabida a las expectativas humanas. Para Santayana, toda la doctrina cristiana es religiosa y eficaz "solo cuando se convierte en poesía, porque solo entonces es la contrapartida sentida de la experiencia personal y una expresión genuina de la vida humana".[46]

Lo que Edwards consideraría capcioso en este argumento es el poder que adscribe Santayana a la imaginación humana. Mientras que Santayana le atribuye la potestad de transformar lo secular en sagrado,

---

44 Lewis, *Christian Reflections*, p. 67.
45 George Santayana, *Interpretations of Poetry and Religion* (Nueva York: Harper & Brothers, 1957), p. 92.
46 Ibíd., p. 94.

Edwards creía que lo sagrado existe por sí mismo y no necesita la instrumentación humana para ser lo que es. El poder redentor pertenece a Dios, no al hombre y a sus narrativas, la poesía y el mito. Lo cierto es que, según Edwards, el ser humano no transforma nada excepto cuando él mismo es transformado por el poder de Dios. A menos que la visión religiosa ilumine la visión estética del poeta, su arte no alcanzará los extremos plenos de la realidad, incluyendo los de la belleza y la excelencia divinas. El arte seguirá siendo solo arte, los sermones solo sermones, las palabras meras palabras, a menos que vayan precedidas de una visión que Edwards describía como "la apertura espiritual de los ojos durante la conversión" (*RA*, 275). Edwards mantuvo que solo de esta manera podemos apreciar la luz divina y sobrenatural de Cristo y, bajo esta luz, nuestra propia oscuridad.

Aparte de esto, solo bajo esa luz es posible ver la redención como una "épica" cristiana (Santayana), la Encarnación como "una colosal metáfora" (Knight) y toda la historia bíblica como "mitológica" (Kroner).[47] A pesar de las cualidades artísticas que sugieran estos términos, el conocimiento —en el sentido cristiano— no se adquiere por medio del arte sino de Cristo. Edwards consideraba que los sermones eran un medio para alcanzar ese conocimiento, pero nunca *el* medio. Y es que solo cuando conoce primero a Cristo en el corazón podrá el suceso cristiano transformarse en la épica, la metáfora y el mito. Edwards habría considerado absurdo, e incluso blasfemo, suponer que la voluntad unilateral del hombre, por medio de la imaginación, pudiera producir el suceso cristiano hombre-Dios en Cristo.

En la *Narración personal* Edwards describe la nueva visión que obtuvo tras su conversión. Veía a Dios en y por medio de todas las cosas (algo que define exhaustivamente en *Imágenes o sombras de cosas divinas*); veía todas las cosas en su origen divino. Como él decía, "se alteró la apariencia de todas las cosas".

> La excelencia de Dios, su sabiduría, su pureza y su amor, parecen manifestarse en todas las cosas; en el sol, la luna y las estrellas; en las nubes y

---

47 Santayana, p. 89: G. Wilson Knight, *The Christian Renaissance* (Nueva York: W. W. Norton & Co., 1962), p. 33: Kroner, p. 47.

el cielo azul; en la hierba, las flores, los árboles; en el agua y en toda la naturaleza; cosas que cautivaban mi mente. A menudo me sentaba a contemplar la luna durante largo tiempo; y durante el día, dedicaba mucho tiempo a observar las nubes y el cielo, para contemplar en tales cosas la dulce gloria de Dios; entre tanto cantaba, en voz baja, mis contemplaciones del Creador y Redentor. Y no había ningún fenómeno, entre todas las obras de la naturaleza, que fuese tan dulce para mí como el trueno y el relámpago; antes, nada había habido tan espantoso para mí como esas cosas. Antes, el trueno solía aterrarme lo indecible, y me quedaba paralizado de temor cuando veía cómo se congregaban las nubes de tormenta; pero ahora, por el contrario, me producía gozo. En cuanto atisbaba una señal de tormenta, por así decirlo, sentía a Dios, y en tales momentos solía aprovechar la ocasión para quedarme quieto y contemplar las nubes, ver el juego de los relámpagos, escuchando la voz majestuosa y temible de los truenos de Dios, que a menudo resultaba de lo más entretenido, llevándome a dulces contemplaciones de mi Dios grande y glorioso. (*Narración personal*, I, lv)

Acerca de la visión de Esteban (Hch. 7:55-56), Calvino escribió: "Por lo que a mí respecta, juzgué que nada había cambiado en la naturaleza de los cielos, sino que Esteban recibió una nueva agudeza visual que, superando todos los obstáculos, penetró hasta el invisible reino de los cielos". Los no regenerados no poseían esta visión; estaba reservada para Esteban. "De esto se desprende" —prosigue Calvino— "que el milagro no se produjo en los cielos, sino en sus ojos".[48]

Tanto para Edwards como para Calvino, el milagro de la visión pertenece a los regenerados. Todos los demás viven en las tinieblas de la naturaleza, donde las paradojas no medidas dejan el alma fracturada y distorsionan la visión. Edwards sostenía que el corazón es la facultad que lleva a la síntesis, y el corazón redimido aporta la visión beatífica

---

48 Calvino, *Commentaries*, ed. Joseph Haroutunian, en Library of Christian Classics (Londres: SCM Press, Ltd., 1958), pp. 125-176. Tanto Edwards como Calvino afirman que solo por medio de la fe se manifiesta la divinidad invisible, y que "no tenemos ojos para ver esto a menos que sean iluminados por la revelación interna de Dios por medio de la fe"— ver Calvino, *Institutes*, I, v, 14. Para un estudio monumental de la vision religiosa, consultar Rudolf Otto, *The Idea of the Holy*, 2ª ed., trad. John W. Harvey (Londres: Oxford University Press, 1950).

de la verdadera plenitud. Por ingenioso que sea el argumento de Perry Miller (que la gravedad inherente en los átomos [según Newton] proporcionó a Edwards un "tipo" del amor divino que sostiene a todos los seres en el mundo espiritual[49]), la visión que pertenece al corazón redimido no es newtoniana, sino cristiana. Con los ojos de la fe, el cristiano ve las profundidades y las alturas; ve el origen divino de todas las cosas, un pacto entre el hombre y Dios, y la redención en la historia. Esta fue la visión que dotó al Gran Despertar de su impulso evangélico. Cuando acabaron los avivamientos y la visión se difuminó, Edwards siguió predicando, aun cuando sospechaba que lo que querían sus compatriotas, más que visiones, era bienestar material.

---

49 Miller, *Jonathan Edwards*, cap. 3, "The Objective Good".

CAPÍTULO CUATRO

El lenguaje religioso

1. Problemas introductorios

Cuando el joven Edwards escribió su breve pero notable ensayo "Sobre la existencia" a los doce años de edad, antes de entrar en el Yale College, no se sintió humillado tanto por los asuntos trascendentales del ser y la nada, sino más bien por darse cuenta de que el lenguaje no está a la altura de lo que le pedimos. Él se preguntaba: ¿cómo demuestra uno mediante palabras la contradicción inherente al concepto de la nada? No podemos ni siquiera hablar de la contradicción "sin pronunciar absurdos espantosos y contradecirnos a cada palabra".[1] Admitía la profunda disparidad entre la idea de la nada y el propio hecho de expresarla en palabras. Sin embargo, la disparidad no era exclusiva de este tema. Como descubriría más tarde, surge con cualquier intento de hacer que encajen las ideas y las palabras. Presuntamente fue este problema el que tenía en mente cuando anotó en su *Diario* (en 1723) la gran ventaja que suponía, al leer, tener "en mente la imagen y el retrato de la cosa", como si por medio de la imaginación se pudiera superar, de alguna manera, la disparidad (I, lxxx). De hecho, esta fue

---

1 Jonathan Edwards, en Leon Howard, *"The Mind" of Jonathan Edwards: A Reconstructed Text* (Berkeley y Los Angeles: University of California Press, 1963), p. 139.

la hazaña que logró realizar, de una forma impresionante aunque inconsciente, cuando de niño reflexionaba sobre la idea de la nada. A pesar de que su agilidad intelectual era impresionante para su edad, también detectamos algo de su capacidad imaginativa cuando afirma que para no pensar en nada "debemos pensar en lo mismo en lo que sueñan las rocas durmientes".[2] Edwards ya estaba poniendo en práctica lo que más tarde resultó ser una visión básica de la naturaleza tanto del conocimiento como del lenguaje: "por lo tanto, para tener una idea de cualquier afecto de la mente, debe estar presente cierto grado de ese afecto".[3] En un momento posterior de su vida, la gran tarea de Edwards consistió en usar las palabras para estimular los afectos de sus lectores y de sus oyentes.

Cuanto más se acercaba a especular sobre cuestiones religiosas, más formidable se le presentaba el problema del lenguaje. Como él dijo, la dificultad era que "las cosas del cristianismo son tan espirituales, tan refinadas... están tan por encima de las cosas de las que hablamos ordinariamente y de esas actividades comunes a las que adaptamos nuestras palabras", que nos vemos obligados a usar las palabras "analógicamente".[4] Edwards estaba seguro de que las palabras, en su literalidad y en "su uso ordinario", no manifiestan "lo que pretendemos que digan cuando se aplican a temas religiosos".[5] Sin embargo, a esas palabras había que obligarlas a prestar un servicio superior. De alguna manera tenían que salvar el abismo entre lo natural y lo espiritual, a pesar de que, como admitió Edwards, para el no iluminado el mundo del espíritu no parece más que un cúmulo de sombras, contradicciones y paradojas.[6] Sin embargo, Edwards sabía que si el calvinismo quería sobrevivir en Estados Unidos, había que solventar el problema del lenguaje religioso, coexistente con el

---

2 Edwards en Howard, ibíd., p. 141.

3 Jonathan Edwards, en *The Philosophy of Jonathan Edwards from His Private Notebooks*, ed. Harvey G. Townsend (Eugene: University of Oregon Press, 1955), p. 115.

4 Ibíd., p. 210.

5 Ibíd.

6 El lenguaje analógico relacionado con los "tipos" y, filosóficamente, con el concepto de Edwards del consentimiento del ser al Ser (en La naturaleza de la verdadera virtud) se puede estudiar provechosamente en Paul R. Baumgartner, *"Jonathan Edwards: The Theory Behind His Use of Figurative language"*, PMLA, LXXVIII (septiembre de 1963), pp. 321-325.

lenguaje analógico. Fue precisamente al fracaso del lenguaje a lo que él atribuía "la mayoría de altercados sobre la religión en este mundo",[7] una opinión que da cierto crédito a la afirmación de Perry Miller (aunque sea exagerada), de que "el problema de Nueva Inglaterra era principalmente lingüístico".[8] El hecho de que Edwards diera prioridad al alma por encima del lenguaje no reduce la importancia de su problema lingüístico que, dicho con términos sencillos, era expresar el sentido del corazón y, por medio de las palabras, estimular este sentido en el corazón de otros.

La dificultad era persistentemente la del lenguaje. Por ejemplo: al hablar sobre la fe, Edwards no encontraba palabras idóneas para expresar el acto de aceptación, o lo que él llamaba "la fusión del alma o el corazón con Cristo". La palabra "inclinación" solo funcionaba en parte. Lo mismo se puede decir del término "convicción". Y como seguía diciendo: "Si usamos expresiones metafóricas, como abrazar y amar, etc., son indefinidas, y no transmiten la misma idea a las distintas mentes". Para él, todas las palabras usadas para expresar actos de la voluntad tenían, como mucho, "una significación muy indeterminada". "Es difícil", como él sabía, "encontrar palabras para expresar nuestras ideas propias".[9] Al enfrentarse al problema de definir los afectos religiosos (la piedra angular de su sistema epistemológico) confesó que "aquí el lenguaje es un tanto imperfecto, y el significado de las palabras es, en un grado considerable, relajado e indefinido" (*RA*, 97).[10] Y cuando se refería al objeto inefable de los afectos religiosos, citó las que se convirtieron en las palabras introductorias de su obra maestra: "a quien amáis sin haberle visto, en quien creyendo, aunque ahora no lo veáis, os alegráis con gozo *inefable* y glorioso" (1 P. 1:8, cursivas añadidas; *RA*, 93). En su calidad de escritor y predicador, Edwards buscó términos para expresar ese gozo. Tenía el mismo problema que Paul Tillich identificó en el lenguaje religioso: "hablar del

---

7 Edwards, en *The Philosophy...*, ed. Townsend, p. 210.

8 Perry Miller, *Jonathan Edwards* (Cleveland: World Publishing Company, 1959), pp. 157-158.

9 Jonathan Edwards, *Observations Concerning Faith*, en *The Works of President Edwards*, 4 vols. (Nueva York: Robert Carter and Brothers, 1869), II, 611.

10 Jonathan Edwards, *A Treatise Concerning Religious Affection*, ed. John E. Smith (New Haven: Yale University Press, 1959). Las referencias posteriores a esta obra se incorporarán el texto.

enigma de lo inexpresable";[11] o, en palabras de John A. Hutchinson, usar el lenguaje para tratar "de un objeto que está literalmente fuera del mundo".[12]

Sigue estando sin determinar qué consiguió o no consiguió Edwards en el plano lingüístico, y este es un tema al que dedicaremos nuestra atención más adelante. Por ahora solo cabe destacar que se han hecho todo tipo de evaluaciones. Sus detractores más acérrimos le acusaron de que, en cierto sentido, era *demasiado* eficaz, sobre todo al describir el infierno y la condenación; que sus descripciones sobrecogedoras aterrorizaban a sus oyentes.[13] Para otros estudiosos tiene importancia cultural el hecho de que sus imágenes verbales del cielo, el infierno y Dios "fueran tan reales como si hubiesen sido murales pintados con una brocha sobre los muros grises de la casa de reunión"[14]; para ellos se trata del tipo de elocuencia calvinista que unificó a los habitantes de Nueva Inglaterra en su visión no solo de los horrores que esperaban a quien apostatara, sino, aún más importante, de las bendiciones que disfrutaría algún día la Iglesia Triunfante de América.[15] En su obra visionaria, el predicador evangélico "era consciente e intencionadamente un artista literario";[16] Edwards constituía el ejemplo supremo, aquel cuya elocuencia fue "la llamarada más brillante e intensa" de la teología puritana.[17] Al comentar su uso del lenguaje, otros le han definido como "un cantor, un poeta del pasado", "un simbolista filosófico", un escritor que podría haberse convertido en uno "de los nombres más destacados de la literatura" de no haberse volcado en el servicio "de un dogma religioso particular".[18]

---

11 Paul Tillich, "The Word of God", en *Language: An Enquiry into Its Meaning and Function* (Nueva York: Harper & Brothers, 1957), p. 133.

12 John A. Hutchinson, *Language and Faith: Studies in Sign, Symbol, and Meaning* (Philadelphia: The Westminster Press, 1963), p. 92.

13 Clyde A. Holbrook, "Jonathan Edwards and His Detractors", *Theology Today*, X (octubre de 1953), 386.

14 Ola Elizabeth Winslow, *Jonathan Edwards, 1703-1758* (Nueva York: The Macmillan Company, 1940), p. 145.

15 Alan Heimert, Rel*igion and the American Mind: From the Great Awakening to the Revolution* (Cambridge, Mass: Harvard University Press, 1966), p. 116.

16 Ibíd.

17 Perry Miller, *The New England Mind: The Seventeenth Century* (Cambridge, Mass: Harvard University Press, 1954), p. 5.

18 James Carse, *Jonathan Edwards and the Visibility of God* (Nueva York: Charles Scribner's Sons,

En el Prefacio que escribió Edwards a *Cinco discursos* (1738), obra que contiene sermones importantes que predicó durante el avivamiento de Northampton en 1734-35, podemos ver en qué punto estaba el autor en relación con los problemas inherentes al lenguaje religioso. Todos menos "La justificación solo por la fe", que revisó y amplió, aparecen "con ese vestido sencillo y sin lustrar en que fueron redactados y pronunciados originariamente" (I, 621). En estos cinco sermones, Edwards no pretendía denigrar su maestría de la retórica. Todos ellos (sobre todo "La resolución de Rut", "La justicia de Dios en la condenación de los pecadores" y "La excelencia de Jesucristo") demuestran un gran dominio del lenguaje. La idea destacable es que en el Prefacio enunció un principio retórico que él mismo había adoptado. La urgencia espiritual del día —decía él— bastaba "para inducir a un ministro a descuidar, olvidar y despreciar ornamentos como la cortesía y la perfección estética del estilo y del método" (I, 621). Fiel a su herencia puritana, insistió en que lo que necesitaba su época no era elegancia sino elocuencia, que podía alcanzarse mediante un estilo simple y directo, libre del tipo de tropismo seductor que había convertido los sermones anglicanos de Jeremy Taylor y de Lancelot Andrewes —por no mencionar a John Donne— en refinadas obras de arte en lugar de descripciones de la realidad espiritual.[19] Edwards no dejó ninguna duda respecto a que su compromiso lingüístico estribaba en los afectos religiosos, no en las filigranas estéticas. Había una diferencia radical que separaba el lenguaje de la fe del lenguaje del arte,

---

1967), p. 12; Charles Feidelson, Jr., *Symbolism and American Literature* (Chicago: University of Chicago Press, 1953), p. 101; Paul Elmer More, "Jonathan Edwards", en *A New England Group and Others:* Shelburne Essays, Eleventh Series (Londres: Constable & Co., s.f.), p. 42.

19 Los puritanos citaban cinco puntos en contra del estilo de la predicación anglicana del siglo XVII: (1) su parcialidad por "figuras extrañas e inesperadas": [2] sus "mandatos judiciales"; (3) su pasión por las citas griegas y latinas; (4) la "importancia exagerada" dada a palabras o expresiones particulares; (5) sus "divisiones y subdivisiones ilógicas e innecesarias". Ver W. Fraser Mitchell, *English Pulpit Oratory from Andrewes to Tillotson: A Study of Its Literary Asp*ects (Londres: Society for Promoting Christian Knowledge. 1932), p. 352.
Las objeciones se condensaban en la acusación del Obispo Croft of Hereford en 1675: "... dividen y subdividen en generales y particulares... ; luego estudian cómo insertar esta o aquella frase inusual de tal filósofo o Padre, esta o aquella bonita especulación, esforzándose por enmarcar todo esto en el lenguaje más elegante posible; en suma, su objetivo principal es mostrar su acumen" (citado en Mitchell, p. 363). Otro tratamiento de estos asuntos se puede encontrar en William Samuel Howell, *Logic and Rhetoric in England 1500-1700* (Princeton: Princeton University Press, 1956).

semejante a la diferencia entre tipos y tropos; el primero solo resultaba inteligible para personas dotadas de gusto espiritual, y el otro solo para aquellas con un mero gusto natural. Para Edwards, el estilo sencillo consistía en un lenguaje de la fe que, aun no siendo menos analógico que el estilo ornamental que rechazaba, integraba sus características con un propósito que sujetaba firmemente el propio lenguaje. Este propósito consistía en incluir lo sagrado y lo profano y, por consiguiente, liberar una elocuencia espiritual con la que no se atrevían a enfrentarse los llamados estilistas estéticos. Si aquel lenguaje carecía de elegancia, poseía una capacidad carismática que compensaba con creces esa ausencia. Con una notable seguridad, Edwards declaró que Dios "se había complacido en sonreír y bendecir una forma de predicar muy sencilla y ajena a la moda". Y añadió que ¿no tenemos acaso motivos para pensar "que Dios siempre ha tenido por costumbre, y la seguirá teniendo, bendecir la necedad de la predicación para salvar a quienes creen, para que la elegancia del lenguaje y la excelencia del estilo no lleguen jamás a semejantes alturas gracias al aprendizaje y la agudeza de las eras presente y futura?" (I, 621).

Lo que Edwards calificaba de su propio estilo sencillo se hacía eco de la reacción puritana inglesa a la tradición de la elegancia en el púlpito, que se había dado antes de su época. En 1768, John Glanvill, en "Una defensa oportuna de la predicación y de su sencillez", había dicho:

> Un hombre no manifiesta su inteligencia o su cultura al revolcarse en metáforas y esparcir sus frases en griego y en latín, abundando en expresiones sublimes y hablando entre las nubes; es entendido cuando su aprendizaje ha clarificado su entendimiento, dotándolo de plenas y diáfanas aprehensiones de las cosas; cuando le permite hacer *sencillas* las cosas *difíciles*, y los conceptos antes confusos quedan *definidos* y *ordenados*; y manifiesta su aprendizaje al decir cosas sanas, firmes, sencillas y lógicas.[20]

Glanvill fue solamente una de las voces que proclamaba los principios de Petrus Ramus, el pensador francés del siglo XVI que clarificó el

---

20 Citado en Mitchell, pp. 364-365.

trívium tradicional al distinguir entre la lógica ("el arte de la materia"), la gramática ("el arte del discurso") y la retórica ("el arte del vestir"); y luego pasó a unir la retórica con las dos primeras, limitando así la elegancia de un modo que los puritanos hallaron muy de su agrado.[21] El hecho de que Edwards siguiera esta tradición retórica reformada explica en parte su propia lógica infalible y su estilo ordenado, sus alusiones tópicas a libros que no eran la Escritura, sus imágenes que nacen con frescura y poder del contenido de su discurso, y su tenaz énfasis en la verdad espiritual antes que en la elegancia estética. La teoría ramista y el "estilo sencillo" nos permiten comprender bastante el lenguaje de Edwards. Sin embargo, estas aclaraciones no explican su esfuerzo por trascender la visión poética y bregar con un lenguaje propio de la visión religiosa. Tampoco nos proporcionan el entendimiento profundo necesario para comprender su teoría del lenguaje religioso. Para todo esto, primero hemos de regresar a su lectura de Locke y luego rastrear su pensamiento y su práctica independientes, que surgían de su sentido fundamental del corazón.

2. El reto de Locke

En su análisis juvenil sobre la naturaleza de la experiencia, Edwards encontró útiles las teorías lockianas, que eran "como puñados de plata y de oro". Pero, como hemos visto, no pasó mucho tiempo antes de que también se diera cuenta de sus limitaciones, por no decir de su flagrante irrelevancia, para conciliarse con el mundo separado de la experiencia religiosa. El mero sensacionalismo apenas arrojaba luz sobre el significado dela gracia, la fe y la regeneración. La naturaleza peculiar de la influencia lockiana parece haber incidido más en las preguntas que formulaba que en las respuestas que proporcionaba.

---

21 El manifiesto de Ramus apareció como prefacio a la obra de Omer Talon (el colega de Ramus, *Rhetorica* (1567). Las ideas de Ramus se popularizaron en gran medida gracias a la obra de Thomas Blount The Academic of Eloquence Containing a Compleat English Rhetoric (1654), una obra que se seguía leyendo ampliamente en Harvard y en Yale durante los tiempos de Edwards. Para un análisis a fondo de la teoría ramista y el "estilo sencillo", véase Perry Millet, *New England Mind: The Seventeenth Century*, cap. 12. Las citas contenidas en este libro son de Millet, p. 321.

Esto es así especialmente en el terreno de sus ideas sobre el lenguaje. Y es que una vez más, para Edwards su valor estribaba más en lo que le tales ideas retaban a conseguir por sí solo que en las preguntas que contestaban.

Tras postular la relación causal entre sensación e ideas, Locke dedicó el Libro III de *Ensayo sobre el entendimiento humano* al tema del lenguaje. Su premisa básica era que las palabras eran signos "externos" de "ideas invisibles"; que las palabras no tienen un vínculo natural con estas ideas; que por consiguiente las palabras son meros signos arbitrarios o marcas impuestas a las ideas para beneficio de necesidades sociales comunes (III, ii, 1).[22] En toda sociedad, las palabras son meros instrumentos de comunicación. Su utilidad llega solo hasta el punto en que sus significados reciben una aceptación común entre los miembros de la sociedad. En ningún sentido existe una conexión inseparable entre una palabra y su significado. Dado que las palabras representan "una imposición arbitraria perfecta" (III, iii, 8), cualquier palabra servirá si las personas la usan con coherencia y, por así decirlo, contractualmente (III, lx, 2). En consecuencia, el uso de las palabras se convierte en cuestión de aprender signos y sus respectivos vínculos con ideas sencillas, sustancias y lo que Locke llamaba modos mixtos o ideas complejas. Una vez aprendidas, las palabras pueden expresar lo que el propio usuario jamás ha tenido necesidad de experimentar. Los niños y los adultos, los ignorantes y los sabios, pueden pronunciar palabras "del mismo modo que lo hacen los loros, solo porque las han aprendido y se han acostumbrado a esos sonidos" (III, ii, 7). Dentro de la secuencia irreversible de Locke, las palabras vienen después de las ideas (sensaciones) y solo mantienen con ellas relaciones arbitrarias. Las palabras solo son palabras, sin duda útiles, pero separables de sus ideas correspondientes. Cuando se separan, son como cáscaras sin semilla.

Esta separación es más probable que se dé cuando las palabras significan ideas peculiares para personas individuales. Así, Locke sostenía que las palabras funcionan mejor en el nivel de la generalización, donde retienen significados comunes que todo el mundo

22 John Locke; *An Essay Concerning Human Understanding,* 2 vols. (Londres: G. Offor, et al. 1819), Libro III, cap. ii, sección 1. Las referencias posteriores a esta obra se incorporarán al texto.

acepta y donde excluyen lo que es único de "Pedro y Santiago, María y Juana" (III, iii, 7). Al subrayar la mayor efectividad de los términos "generales", no sugería enfáticamente que tales palabras tuvieran una relación más estrecha con Pedro, etc. Su efectividad radicaba más bien en su separación de lo particular, lo específico, lo concreto. Estas palabras generales —insistía Locke— simplemente no pertenecen a la "existencia real de las cosas" (III, iii, 11). Su utilidad estriba en el hecho de que lo que significan arbitrariamente genera una aceptación más amplia que las significaciones privadas de, pongamos, las imágenes verbales.

Locke no estaba dispuesto a conceder más que una teórica "imposición arbitraria perfecta" de la palabra general sobre la idea general. Si esta conexión arbitraria se rompía, la culpa no era de la palabra sino de la idea. Lo que para Locke era una imperfección del lenguaje no tenía mucho que ver con cualquier capacidad de los sonidos para transmitir una idea. Según él, en este sentido "todas son igualmente perfectas" (III, ix, 4). El problema radicaba en las ideas, sobre todo en los modos mixtos—como él los llamaba— consistentes en ideas complejas que forma la propia mente y que no se fundamentan en la experiencia sensorial. Estos modos mixtos y abstractos, aunque se habla mucho de ellos en la sociedad, solo se originan como el resultado mecánico de la mente que vincula experiencias sensoriales previas. La unidad singular de estas ideas se produce como resultado de los términos que se les vinculan. Así, por ejemplo, "salvación" es meramente un término inventado arbitrariamente para sostener lo que la mente, por sí sola, ha amalgamado partiendo de sensaciones previas. Mientras que las sensaciones (ideas simples) tienen su fundamento en la naturaleza, la colección que reúne la mente no lo tiene. Esto no significa que Locke negase la validez de tales ideas, pero sí enfatizó que solo la mente establece la presunta colección (modo mixto), y que el término (p. e., "salvación") es "el nudo" que sujeta las diversas partes componentes (III, v, 10).

Entonces, vemos que para Locke las palabras son meras palabras, los términos solo términos, y carecen de un significado natural o inherente, de una conexión necesaria con nada más allá de sí mismos.

Al ser meros indicadores, toda imperfección que los acompañe debe entroncarse con la imprecisión de las ideas con las que se vinculan. Si las palabras son insignificantes, al final la culpa recae sobre aquellos que las utilizan sin tener una comprensión clara de lo que realmente significan. Ahora se pone a tiro el objetivo de Locke. Este dijo que si a quienes abusan de las palabras se les preguntase qué significa "sabiduría, gloria, gracia, etc.", no sabrían qué responder; esto es "una prueba clara" de que "aunque han aprendido esos sonidos, y los tienen preparados en la punta de la lengua, en sus mentes no han acumulado las ideas determinadas que tales sonidos deberían transmitir a otros" (III, x, 3). Una vez identificado su blanco con claridad, Locke pasó a denunciar a aquellas personas que pronuncian palabras que significan "conceptos inestables y confusos". Los peores de esos ofensores, cuyo lenguaje se deteriora cayendo en "el ruido ininteligible y la jerga", son quienes especulan sobre "cuestiones morales" (III, x, 4). Los cañonazos de Locke se centraban concretamente en aquellas personas que hablan de religión, los "litigantes eruditos", "los doctores sapientísimos", "los párrocos de la parroquia", cuyos "galimatías eminentes" están llenos de ruido y de furia que no remiten a nada de lo que existe realmente en la naturaleza (III, x, 8-9, 16).

La solución de Locke era tan sencilla como lógica. Las palabras deben tener sus ideas previas. Locke creía que incluso si esas ideas son tan complejas como la justicia, la gracia y la salvación, se pueden poseer y expresar con exactitud. De igual modo que "los comerciantes y los amantes, los cocineros y los sastres, tienen palabras con las que realizar sus tareas cotidianas… así, creo yo, podrían tenerlas también los filósofos y los disputadores, si se propusieran comprender y ser comprendidos claramente" (III, xi, 10). Consolándose con la lógica serena del lenguaje y la "perfecta" arbitrariedad con la que las palabras se vinculan con las ideas, Locke solo tuvo que resumir su argumento al afirmar que, dado que la moralidad es tan capaz de demostrarse como las matemáticas, y dado que "la esencia real y precisa de las cosas que representan los términos morales se pueden conocer perfectamente", también puede darse una armonía perfecta entre la palabra y la idea cuando la convención social las imbrica entre sí (III, xi, 16).

En cierto sentido, a Edwards el análisis de Locke le pareció totalmente válido. Ambos hombres reconocían el deterioro del lenguaje que se produce cuando las palabras pierden su fijación en las ideas. Ambos sabían que, en consecuencia, la gente pronuncia palabras vacías. Sin embargo, quizá incluso las palabras vacías satisfacían una cierta conveniencia social; porque, sin duda, como sugirió tangencialmente Edwards, el ritmo de lectura de una persona se volvería insoportablemente lento si se tomara la molestia de vincular palabras como "Dios", "hombre", "personas", "tristeza", "felicidad", "salvación", "santificación" a las ideas que, presuntamente, tuviera en su mente.[23] Además, ¡imaginemos qué pasaría si se le pidiera que experimentase la "idea real", incluyendo toda la carga de sentimiento y de pasión, antes de pasar a la palabra siguiente! El propio Locke había declarado que si Pedro, Santiago, María y Juana establecen una conexión demasiado privada con las ideas, tales palabras acaban perdiendo su significado. Lo que quería decir es, claramente, que si el lenguaje se mantiene público y general proporciona al menos una cuasi comunicación, y que si la convención social vincula cómodamente las palabras a las ideas, la utilidad del lenguaje se perfecciona claramente. A Locke le bastaba que el mero reconocimiento de una palabra nos retrotraiga mecánicamente hasta su idea, si es que ambas están correctamente vinculadas. No pedía la aprehensión de la propia idea.

Tal como sugerimos, a Edwards le impresionó la explicación lockiana del modo en que se deteriora el lenguaje. También observó que a veces las palabras solo son signos que sustituyen a ideas. Como dijo, es muy frecuente que hablemos de cosas "sin tener ni idea de las propias cosas, en ningún grado, sino que solo utilizamos los signos en lugar de las ideas".[24] Por ejemplo: cuando pensamos en abstracciones tales como "hombre", "naciones", "conversión", "convicción", normalmente solo tenemos conceptos difusos, y nos contentamos con usar los signos externos en lugar de buscar esas aprehensiones que representan

---

23 Edwards, en *The Philosophy*..., ed. Townsend, p. 113.
24 Ibíd., p. 115.

adecuadamente a las ideas. Edwards entendió que el reto evidente en este sentido radicaba en volver a vincular las palabras con las ideas.

Pero, sin ser consciente de ello, Locke había planteado un reto aún mayor; sin ser consciente porque, a diferencia de Edwards, no logró admitir que las palabras pierden necesariamente su ancla con la idea cuando, ya de entrada, esa fijación es artificial. En resumen, Edwards sabía que las palabras están destinadas a seguir su ruta a regañadientes a menos que se fundamenten en "ideas reales". La verdadera tarea que legó Locke a Edwards no solo fue vincular palabra e idea, sino de alguna manera cohesionar el conocimiento y la existencia, la cognición y la aprehensión, y concebir las palabras no como signos arbitrarios sino como sucesos existenciales. Este fue un nivel del lenguaje que nunca trató Locke, excepto para mantener ambos polos separados para siempre. Pero el fracaso de Locke propició el reto de Edwards, de modo que la influencia primaria de Locke no fue un modelo, sino un estímulo.

Contrariamente a Locke, Edwards basó su teoría del lenguaje sobre la existencia humana real, siempre personal, concreta y subjetiva. Locke había dicho que las palabras no pertenecen a la existencia real de las cosas. Edwards sostenía que ese es precisamente el lugar al que pertenecen. A menos que hundan ahí sus raíces, las palabras seguirán siendo eternamente los meros indicadores externos que dijo Locke. La idea crucial estriba en qué quería decir Edwards al afirmar que las ideas reales son inseparables de la existencia humana.

> Tener una idea real de un pensamiento supone tener en nuestra mente ese pensamiento, eso de lo que tenemos una idea. Tener una idea real que produzca placer o encanto, debe estimular cierto grado de ese deleite; de modo que para tener una idea real de algún tipo de problema o de sufrimiento, debe estimularse cierto grado de ese dolor o ese problema; y para tener una idea de cualquier afecto de la mente, entonces debe estar presente cierto grado de ese afecto.[25]

La idea clave demuestra que Edwards estaba en un entorno de especulación totalmente distinto al del sensacionalismo lockiano.

---

25 Ibíd.

Concebía el lenguaje como algo que involucra más que el vínculo con modos mixtos formados mecánicamente a partir de ideas sensoriales sencillas, y ciertamente como algo más que el conocimiento cognitivo representado por tales modos. Para Edwards, el lenguaje está relacionado con ideas reales. Tener una idea real supone ya de por sí una experiencia; es una aprehensión, "un ideal directo o una contemplación de la cosa en la que se piensa".[26] La aprehensión puede encuadrarse en la facultad del entendimiento o a lo que Edwards llamaba figurativamente la mente, pero la aprehensión también pertenece a la voluntad, a la que figuradamente llamaba el corazón, y fue en referencia a este ámbito que usaba la expresión "tener un sentido". Con ella quería decir "algún sentimiento del corazón".[27] Este es un conocimiento sensorial, no cognitivo; pero es un conocimiento sensorial según el uso de Edwards, no el de Locke. El hecho de que Edwards identificase la distinción entre el conocimiento especulativo y sensorial como la distinción "más importante de todas"[28] (que podríamos considerar que representa "el éxito más destacado de Edwards"[29]) no hace plena justicia a la visión de Edwards a menos que lleguemos a reconocer, en última instancia, que el conocimiento sensorial no significa, como significaba para Locke, una mera experiencia sensorial que la mente, ajena a las emociones, entreteje para formar modos mixtos y luego sella con un término lingüístico. Para Edwards, el conocimiento sensible o sensorial consistía en un conocimiento del corazón, una aprehensión que hace partícipes a las emociones y, por último a la totalidad del ser. Por consiguiente, debemos subrayar que fueran cuales fueran los problemas lingüísticos que planteó Locke a Edwards, su solución exigía que el segundo trascendiera los propios principios de Locke. Edwards estaba convencido de que el fundamento del lenguaje debe ser existencial, una vinculación entre palabras y experiencias y una infusión de materia viva en ellas. Como un racimo y la viña, las palabras solo tienen vida cuando forman una unidad última con el corazón.

---

26 Ibíd, p. 119.
27 Ibíd.
28 Ibíd.
29 Miller, *Errand*, p. 179.

3. Las limitaciones del lenguaje

A pesar de todas sus complejas especulaciones, Edwards diseñó inevitablemente su marco conceptual de manera que sus componentes se originasen o tuviesen como destino el corazón humano y su sentido de las cosas. Esta idea queda especialmente clara en su concepción de que el lenguaje es inseparable de la esencia de la existencia. Por consiguiente, tanto si pensaba que el lenguaje emanaba del corazón como si lo tenía como su meta, creía en la existencia de una unidad subyacente entre palabra y corazón.

Esta relación se vuelve doblemente significativa cuando recordamos que a lo que Edwards se refería como "corazón" era, en última instancia, a la capacidad de percibir la excelencia divina, de aprehender las cosas espirituales. Esta capacidad no tenía nada que ver con el sensacionalismo limitador de Locke, para quien la experiencia sensorial involucraba los cinco sentidos naturales. Lo que quería decir Edwards era algo totalmente distinto, "una nueva percepción o sensación interna... un nuevo sentido espiritual que tenía la mente, o un principio de un nuevo tipo de percepción o sensación espiritual, que por su naturaleza es distinta a cualquier otro tipo de sensación anterior" (*RA*, 205-206). En este caso, Edwards se refiere a una *manera* distinta de percibir, pero, ¿qué hay de las propias percepciones, la *sustancia*? También ellas son nuevas: "De modo que las percepciones espirituales que tiene una persona santificada y espiritual no solo son distintas de todo lo que poseen los hombres naturales —según el modo en que las ideas o percepciones del mismo sentido pueden diferir unas de otras— sino también como difieren entre sí las ideas y las sensaciones de un sentido distinto" (*RA*, 206). Las percepciones son aquellas de una nueva realidad. Por consiguiente, en su sentido más pleno, el sentido del corazón combina manera y sustancia. Con unos ojos nuevos percibimos una nueva realidad, y esta plenitud es la obra del Espíritu de Dios.

A pesar de que Edwards podía hablar de la persona "santificada", no aplicaba el mismo término al lenguaje por la sencilla razón de que el lenguaje, aunque es inseparable del corazón, no es (1) el medio de regeneración ni (2) el testimonio idóneo del mismo. Podía hablar más justificadamente de la imaginación y de la visión santificadas, en tanto en cuanto estas capacidades se subsumen en la condición de la que derivan su significado. A pesar de todo, como hemos dicho, Edwards comprendía la importancia de unir el lenguaje con la emoción. Atribuía buena parte de la apatía religiosa de Nueva Inglaterra a la división entre ambas cosas. Si, tal como razonaba, la palabra como mero signo está muerta, si carece de vínculo con la idea, entonces "nos enfrentamos al problema de estimular la idea real, haciéndola tan vívida y clara como podamos".[30] Este concepto representa un alejamiento notable del paradigma lockiano que sostiene que la experiencia precede al lenguaje. Por el contrario, Edwards concebía el lenguaje como una manera de estimular la experiencia, y sugirió que la capacidad de un orador para incitar las ideas reales da una idea de su "fuerza y firmeza".[31]

En este punto hemos de introducir una salvedad, a saber, que las palabras no pueden provocar la idea real de, pongamos, la salvación. Por lo tanto, aquí vemos la primera limitación que Edwards aceptaba como inherente al lenguaje teológico. Las palabras no originan la luz; tampoco insuflan afectos religiosos en el corazón. Aunque sostenía que las palabras transmiten doctrina o "el tema central" de la luz, nunca dio el paso siguiente de sugerir que causan ni la manera ni la sustancia de la percepción santificada.[32] Por lo tanto, vemos que incluso aunque el lenguaje provoca la experiencia y transmite doctrina, debe existir alguna fuerza más allá del lenguaje y fuera de él que induzca la experiencia religiosa. El proceso de asimilar palabras y todo su potencial teórico no hace que el lector vea la verdad. El concepto de las palabras como causa *ocasional* y no como causa *eficiente* es la base

---

30 Edwards, en *The Philosophy...*, ed. Townsend, p. 118.
31 Ibíd.
32 "Ciertamente, una persona no puede gozar de luz espiritual sin la palabra. Pero esto no demuestra que la palabra es el origen de esa luz. La mente no logra percibir la excelencia de ninguna doctrina, a menos que esta ya figure en la mente... Por lo tanto, los conceptos que constituyen el objeto de esta luz, se transmiten a la mente por medio de la palabra de Dios; pero este debido sentido del corazón, en el que consiste formalmente esta luz, viene mediado inmediatamente por el Espíritu de Dios" ("La luz divina y sobrenatural", II, 15).

de la observación precisa de Perry Miller de que "después de que el artista [o predicador] haya facilitado el entorno verbal [la causa ocasional], en este punto debe intervenir otro poder [la causa eficiente] si el espectador debe extraer de él el concepto".[33] Ese otro poder es el Espíritu de Dios por medio de la gracia. Lo que admitió Edwards con gran convicción fue que los términos teológicos tales como "salvación", "fe", "pecado", "juicio", "pacto", más todo adorno retórico que pueda añadir un predicador, no llevan al lector hasta la verdad final contenida en esos conceptos, a menos que la gracia divina haya capacitado primero su corazón para percibir lo que significa el lenguaje. El lenguaje teológico se convierte en lenguaje religioso solo después de este suceso, y solo entonces Edwards consideraba que ese lenguaje y el corazón redimido forman una unidad.

Una segunda limitación que identificaba Edwards con el lenguaje teológico es su incapacidad de expresar el sentir del corazón, incluso cuando se origina en él como lenguaje religioso. El problema en este caso es que el lenguaje no puede contener y expresar un verdadero sentido de la experiencia antecedente del hablante. Aunque este problema da pie al tipo de frustraciones lingüísticas que Edwards confesaba repetidamente, no contiene ningún riesgo a menos que la persona crea que el lenguaje está realmente a la altura. En este caso, puede suponer que cualquier limitación del lenguaje se puede trascender por medio de algún recurso, quizá la pura exhortación o la creatividad estética. Edwards sostenía que en realidad el problema no radica en la limitación del lenguaje, sino en la incapacidad de las personas para admitir la paradoja de que la limitación es, en sí misma, una cualidad positiva que contribuye a establecer la primacía de ese poder mayor que limita el lenguaje. Si, por el contrario, consideramos la limitación como algo que hay que superar usando una mayor dosis de lenguaje, esto conduce según Edwards al engaño de la exhortación y sus "ostentosos" practicantes (*RA*, 135). Ir un paso más lejos y suponer que el lenguaje está inspirado por la misma gracia que toca el corazón supone hacer lo mismo que los "hipócritas", quienes afirman

---

33 Miller, *Errand*, p. 182.

que el poder de su retórica es equiparable al de la gracia o identificable con él. Edwards se daba cuenta de que "tener fluidez, ser ferviente y abundante al hablar de las cosas de la religión" puede ser, de hecho, una "mera religión de la boca y de la lengua", no del corazón (*RA*, 135. 136). Sospechaba —movido por una perspicacia sutil pero reveladora— que "los falsos afectos, si son igualmente fuertes, pueden declararse con mucha más fuerza que los genuinos" (*RA*, 137).

Podríamos preguntarnos: ¿no resulta contradictorio que el más destacado predicador estadounidense, que llevó el lenguaje religioso a alturas impresionantes, declarase que los verdaderos afectos religiosos son *menos* propensos a declararse que los falsos? Creo que no lo es. Lo que descubrió Edwards sobre la naturaleza de este lenguaje es que sus propias limitaciones dan testimonio del poder —lleno de gracia, pero separado— que primero toca el corazón de aquel que habla de él y escribe sobre él. En este sentido se aprecia una chocante similitud entre Edwards y Kierkegaard y, al mismo tiempo, una refutación igualmente decisiva de aquellos que insisten en calificar a Edwards de gran artista. Tanto para Kierkegaard como para Edwards, el verdadero sentido del corazón se manifiesta en la vida del individuo, no en sus palabras. Había un buen motivo para que entre sus "Señales distintivas de los afectos verdaderamente santos y fruto de la gracia", centrase su atención sobre todo (en *Los afectos religiosos*) en la última, "La práctica cristiana", que abarca un tercio del debate total. Pero, lo que es más importante, ambos hombres sabían que si la persona aspira al conocimiento religioso, tendrá que descubrir que el requisito previo es un corazón transformado y una renuncia a todo por amor a él. Kierkegaard creía que para el poeta esto supone renunciar a su arte y, en lo que sería análogo para el predicador, desechar su sermón "artístico". Una vez un poeta experimenta la visión religiosa, una vez existe religiosamente, o bien deja de escribir o considera las palabras como algo circunstancial, incluso accidental. Kierkegaard, que era un escritor prolífico, rechazaba la vida creativa. Edwards, orador elocuente, despreciaba el arte cohibido. Para ambos hombres el punto de referencia era Dios, no la belleza estética. Según Kierkegaard, si un poeta intenta crear un vínculo con lo religioso por medio de su imaginación natural, "solo consigue crear un vínculo estético con algo estético". Por otro lado, si el poeta, por medio de la gracia, vive en una relación con lo religioso, si realmente lo religioso es lo religioso, descubrirá que la verdadera existencia "no consiste en cantar, escribir himnos y componer versos". Entonces Kierkegaard destacaba que si la productividad del poeta "no se interrumpe por completo, o si fluye con la misma abundancia que antes, el propio individuo debe considerarla como algo *accidental*".[34]

Una vez más, el énfasis de Kierkegaard se centra en el punto de referencia: si es la belleza, lo esencial será la productividad poética, no el modo existencial; por otra parte, si es Dios, la existencia, dentro de esta relación, es esencial, y las palabras solo son "accidentales". Otra forma de enfocar esta distinción que hace Kierkegaard es decir que, mientras que el arte intenta preservar, estabilizar e infundir sentido a la experiencia humana, la religión revela la inadecuación de lo humano como explicación de cómo son las cosas, imponiendo en su lugar una visión ajena sobre el hombre, socavándole, y por último revelando un sentido en tanto en cuanto este se vincula con la revelación.[35] La consecuencia es que el arte presupone la estabilidad de la palabra humana, y la religión presupone lo contrario. El arte conlleva la unidad, la coherencia y el brillo de las palabras, por incompletas que sean. Pero precisamente porque las palabras son incompletas, la religión supone una Palabra más plena en otra esfera.

Perry Miller aborda la misma conclusión cuando afirma que "si la capacidad artística de Edwards era un efecto accidental o una consecuencia de una pasión real [la gracia], sería genuina"; es decir, un lenguaje religioso genuino que surge de verdaderos afectos religiosos, no de un lenguaje artístico o teológico.[36] Miller no dio el paso de eliminar ese "si" condicional. Quizá no haga falta que nadie dé ese paso. Lo esencial para comprender la teoría del lenguaje de Edwards, así como su retórica, es darse cuenta de que, cuando se relaciona con el corazón de gracia, el lenguaje está por necesidad subordinado. Si

---

34 Søren Kierkegaard, *Concluding Unscientific Postscript*, trad. David F. Swanson (Princeton: Princeton University Press, 1941), pp. 347-348. Las cursivas son mías.
35 R. F. Gill, "Theology and Literary Criticism", *Theology*, LXXIV (octubre de 1971), 460.
36 Miller, *Errand*, p. 183.

interpretamos a Edwards como un artista cohibido y un orador "artístico" en el púlpito[37], podemos pasar por alto la idea fundamental de que, para él, el lenguaje es accidental a los afectos realmente santos y fruto de la gracia. Según la teoría de Edwards, si una persona quiere expresar el verdadero sentido de estos afectos, debe permitir que la semilla rompa la cáscara; debe permitir que el "santo ardor" del corazón transforme las palabras para volverlas invisibles bajo la luz más poderosa;[38] debe dejar que el lenguaje se vuelva como el de Agustín, quien según Richard Kroner siempre escribía "como orando". Kroner afirmó: "Si ha habido algún escritor que haya sido un hombre de gracia, fue Agustín".[39] Quizá sea válido un juicio similar sobre Kierkegaard y Edwards, si con ese juicio nos referimos a la experiencia de la religión y no a la estrategia retórica manifiesta en el ardor de su lenguaje, un ardor que volvía accidentales sus palabras.[40]

Como ya hemos visto, las dos limitaciones que Edwards consideraba inherentes al lenguaje —incluso al lenguaje religioso del corazón— eran (1) que las palabras por sí solas nunca pueden ser el medio de la gracia, y (2) que las palabras nunca consiguen expresar sentimientos de gracia. Contrariamente a lo que sostiene el mito generado por incontables críticos y detractores que han considerado a Edwards como un Sansón de la retórica cuyo poder radicaba en sus palabras, Edwards aplicaba esos límites a su propia práctica y, además, los convertía en advertencias para otros.

En primer lugar sostenía que las palabras no debían convertirse en el fundamento de la creencia y el afecto cristianos. Las palabras, incluidas las de la Escritura, son instrumentos "ocasionales"; son indispensables para preparar al receptor para la idea salvadora y globalizadora del amor cristiano. Pero nunca son el fundamento y la causa de ese

---

37 Heimert, p. 116.
38 En "La verdadera excelencia de un ministro del evangelio" (II, 957), Edwards describió al ministro como "una luz ardiente", una persona cuyo corazón está lleno del "ardor santo de un espíritu de auténtica piedad".
39 Richard Kroner, *Speculation and Revelation in the Age of Christian Philosophy* (Philadelphia: The Westminster Press, 1959), p. 107.
40 "... el carácter sistemático del pensamiento de Agustín y de Kierkegaard (y quizá de Lutero) parece casi accidental, comparado con su urgencia para comunicar la gloria que han visto"—Mary McDermott Shideler, "Art and the Art of Theology", *Theology Today*, XXVIII (julio de 1971), 147 (cursivas mías).

amor, incluso si hay algunas palabras que parecen grabarse a fuego en nuestra alma de una forma tan repentina como inexplicable. Edwards no ahorró esfuerzo alguno para acusar a las personas que afirmaban que las palabras eran revelaciones, y en consecuencia eran dadas a citarlas. Todo el sentido que tienen esos aficionados a citar la Biblia de la gloria que pueda haber en las palabras procede solo "del amor por ellos mismos, y de su propio interés imaginado en las palabras" (*RA*, 221). El hecho de que se viesen afectados por ese interés imaginado era para Edwards una evidencia clara del "triste engaño" del que eran víctimas (*RA*, 221).

Aun cuando vemos el apego de Edwards a los textos bíblicos en sus sermones, nos equivocaremos si pensamos que consideraba las palabras de la Biblia como el medio por el cual Dios "habla" a los hombres, como si fuera una especie de conversación divina. Al rechazar esta idea, arguyó que cuando las personas consideran que las palabras nacidas de su pensamiento son algo que Dios ha dicho repentinamente mediante la Escritura, son culpables de "una aplicación a ciegas" propia del "espíritu de las tinieblas, no de la luz" (*RA*, 225). Semejante aplicación podría ser la de un soldado en una trinchera que, después de leer algunas palabras de la Biblia, afirma que Dios le ha dicho que salvaría la vida en el siguiente ataque del enemigo. El engaño del soldado estriba en la particularidad de la promesa, como si las palabras bíblicas fueran las que Dios ha pronunciado para hablarle solamente a él en ese instante. Edwards sostenía que el soldado habría sustituido el pacto de las palabras bíblicas por el pacto de la gracia, que abarca todas las promesas y se fundamenta no en las palabras, sino en Cristo.

Edwards advertía que, al igual que pasa con la arena, las palabras no proporcionan un fundamento para la fe. No son el medio "eficaz". No inducen el sentido salvador de la gloria divina. Consideraba una falacia perniciosa toda estrategia diseñada para que lo hagan (por ejemplo, hacer que conformen un hechizo para que la mente se vea inmersa en un sentido de lo sobrenatural). Es cierto que las palabras preparan la mente para percibir la gloria de Dios. Son precursoras de una especie de visión estética de ella; pero está claro que no alcanzan la visión religiosa ni tampoco pueden encarnarla. El verdadero gozo es inefable. Lo que nos permite alcanzar ese nivel no son las palabras, sino la gracia, y su única encarnación en Cristo.

Esto explicita la otra advertencia de Edwards, dirigida a aquellas personas que suponen que lo que dicen emana de un corazón de gracia, cuando de hecho surge de una imaginación exuberante. Aquí se establece la distinción entre revelación e inspiración como fuente del lenguaje. Edwards advertía que mientras que la primera es la fuente de la que mana el lenguaje religioso, este lenguaje nunca es capaz de transmitir su sentido. Quienes suponen que sí lo es piensan, inconscientemente, que su origen es la inspiración. Por inadecuadas que sean, las palabras que nacen de la revelación contienen su verdad; por otro lado, las que nacen de la inspiración, independientes de cualquier revelación antecedente, sugieren "nuevas verdades y doctrinas" que, cuando se interpretan como visiones religiosas, no son más que, necesariamente, delirios humanos ("La luz divina y sobrenatural", II, 13). El primer tipo de retórica se caracteriza por la sencillez y la humildad; el segundo, por el embellecimiento y el orgullo. Así, la esencia de las advertencias de Edwards nace de su convicción de que el lenguaje religioso solo llega al corazón si primero lo ha alcanzado la gracia; y, si la gracia *lo ha* alcanzado, el corazón no necesita palabras para expresarlo plenamente.

4. El lenguaje como causa "ocasional"

Las limitaciones del lenguaje religioso no impidieron que Edwards lo llevase mucho más allá de las restricciones que le había impuesto Locke. Para Edwards, la teoría lockiana significaba que solo se utilizaba una habitación de la mente, la cognición, mientras que él basaba toda su teoría epistemológica en la primacía de la otra habitación, la aprehensión. Para que las palabras llegasen a ella, debían equipararse a la capacidad de la mente de aprehender las ideas. Este modo de conocimiento involucraba no solo al intelecto sino también a la emoción; y para que las palabras fueran capaces de esto debían estimular la idea *real*, los sentimientos, los profundos fundamentos privados del verdadero conocimiento, el "sentido" de las cosas, no la mera cognición de ellas. Para reiterarlo, Edwards nunca llevó el lenguaje hasta el punto en que sirviera para estimular la idea real de la redención. Nunca consideró que el lenguaje fuese el medio para obtener el poder de Dios mediante la gracia ni para sustituirlo. A pesar de ello, para él el lenguaje cumplía una misión importante.

En el nivel literal, el lenguaje transmite los hechos y las circunstancias de la doctrina. El hecho de que Edwards procurase aprehender el "sentido" del lenguaje en un nivel más profundo, experiencial, no anulaba su insistencia sobre el lenguaje doctrinal claro. En cada sermón presuponía este fundamento. Primero había que escuchar "el contenido" de la palabra. A menos que la doctrina estuviera firmemente asentada en la mente, no se podrían conocer la luz espiritual del mundo, su verdadera excelencia y su significado ("La luz divina y sobrenatural", II, 15). Cabe repetir que Edwards no suponía, en ningún sentido, que la palabra fuera de la gracia fuese iluminadora; conocía demasiado bien los límites del lenguaje. Pero quería obtener el "concepto de doctrinas en nuestra cabeza" así como "el sentido de la excelencia divina de ellas en nuestros corazones" (II, 15). No tenía ninguna intención de soslayar el significado denotativo y doctrinal.

Pero incluso una lectura superficial de los sermones de Edwards convence a una persona de algo más que de su contenido y de su precisión intelectuales. Sus sermones se extendían a otra dimensión: a lo que él llamaba el "doble significado",[41] el significado externo que capta el oído y que entiende la mente, y el significado interno que escucha y siente el corazón. El doble significado fue una idea que respaldó más en la práctica que en la teoría. Sin embargo, vemos que no le satisfacía, por ejemplo, la literalidad del reverendo John Taylor en su obra *Scripture-Doctrine of Original Sin* (1738), y dijo, en oposición a Taylor, que las palabras como "muerte", "desnudo", "luz", "corazón", "descubrimiento", "sentido", "significan verdadera y correctamente otras cosas

---

41 Jonathan Edwards, *Original Sin*, ed. Clyde A. Holbrook (New Haven: Yale University Press, 1970), p. 242.

que tienen una naturaleza interna más espiritual".[42] Edwards hizo una dilatada exposición de la palabra "muerte" para demostrar que su significado único (es decir, la pérdida de esta vida presente), que había aceptado Taylor, no lograba llegar a las múltiples connotaciones del significado connotativo o doble. Si, como pensaba Edwards, los no regenerados eran sordos a la palabra del corazón, al menos se les podría despertar a un nivel humano más profundo que el de la racionalización y la literalidad. Edwards estaba convencido de que el lenguaje poesía era "la fuerza o la influencia natural" para provocar sentimientos (II, 15). Incluso aunque no fueran los de los verdaderos afectos religiosos, estos sentimientos naturales podrían ser idóneos y estar en armonía con ellos. En este sentido, Edwards creía que el lenguaje creaba en el oyente y en el lector una disposición emocional necesaria para la aprehensión de la verdad religiosa.

Desde esta localización primordial vemos cómo adopta su forma final la teoría del lenguaje de Edwards. En un extremo rechazaba la visión de Locke del lenguaje como algo demasiado restrictivo, mecánico y arbitrario; en el otro, admitía las limitaciones inherentes del lenguaje religioso para manifestar la gracia divina o expresarla. Sin embargo, quedaba un área importante en la que el lenguaje podía ser útil para alcanzar fines religiosos. Hasta cierto punto, el lenguaje podía inducir experiencias adecuadas para la visión religiosa. Tal como declaró John Witherspoon en sus conferencias sobre la "Elocuencia", pronunciadas en Princeton a finales de la década de 1760, la excelencia de la elocuencia radicaba "en hacer que otro perciba lo que yo percibo, y que sienta por ello lo que siento yo".[43] El resto del poder del predicador se centraba en si podía transformar la doctrina en una experiencia preparatoria que la gracia completaría como experiencia salvadora. Esta prueba era la premisa crucial en la retórica de Edwards. Como los otros predicadores calvinistas del Gran Despertar,

---

42 Ibíd., p. 243.

43 Heimert, p. 116. Perry Miller hace referencia a Samuel Willard, quien aproximadamente cien años antes de Witherspoon, dijo más o menos lo mismo sobre la importancia de la elocuencia en el púlpito: por medio del poder de las palabras no solo es nuestro entendimiento el que necesita iluminación, sino mucho más nuestras voluntades y nuestros afectos "precisan alertarse y aplicarse a su obra" (Miller, *New England Mind: The Seventeenth Century*, p. 301).

afirmó la realidad de la visión religiosa, y creía que su descripción induciría en sus oyentes los sentimientos adecuados. Sus descripciones no pretendían ser sucedáneos estéticos de la realidad religiosa, ni material para diversión de la imaginación. No, su función era describir lo que existía de verdad, aunque solo se viera oscuramente, por espejo, aunque no tan oscuramente, porque Edwards creía que lo que veía la imaginación santificada estaba iluminado con mucho más brillo que lo que captaba el ojo natural.

Por consiguiente, el lenguaje era el medio preliminar para aplicar al corazón las verdades religiosas. Cuando se usaba con elocuencia, daba forma y contenido a las reflexiones sobre el juicio, la condenación y el infierno, la resurrección de los justos y la historia divina. El lenguaje proporcionaba al corazón los sentimientos preparatorios de la revelación.

La creencia de Edwards de que el objetivo del lenguaje, y por tanto del sermón, consistía en preparar el corazón para aceptar tanto la promesa divina como a Aquel que la formula, implicaba algo especial sobre la naturaleza del lenguaje en su penúltimo rol. Para identificar este ingrediente podríamos sugerir, como hace Justus George Lawler, que las palabras son como icebergs, que tienen la mayor parte de su masa bajo el agua, o como prismas, que contienen todos los colores a pesar de que algunos son invisibles.[44] En las palabras hay algo, aparte de su significado unidimensional, comparable a la dimensión invisible del iceberg y al prisma, un poder de doble significación que nos despierta, como dijo Wordsworth en su *Oda a la intimación*, no solo a la luz literal, sino también a la "luz celestial" y al "destello visionario". Lawler bautizó a esta otra dimensión de la palabra como "daimónica", su alma y su poder. Considerar que la palabra es un mero signo, o que el sermón es dialéctica intelectual, supone no captar la esencia interna del lenguaje. Pero experimentar la palabra como imagen, percibir su esencia vital como algo que toma forma en la metáfora y en el símbolo, supone pasar del significado no

---

44 Justus George Lawler, *The Christian Irnage: Studies in Religious Art and Poetry* (Pittsburgh: Duquesne University Press, 1966), pp. 86 y ss.

interpretado al transformado. Gerardus van Leeuw dice: "Lo único que tiene sentido para nosotros es lo que aparece ante nuestros ojos como imagen, forma, figura; solo lo que se nos plantea como un poder".[45]

Esto no nos sugiere que Edwards aceptase el tipo de formación de imágenes que practicaban los católicos romanos y que denunció Calvino. Tanto Edwards como Calvino se apartaron de las representaciones de la Deidad que fuesen de factura humana, tanto las de madera como las de piedra, oro, plata, o las producidas por las artes verbales.[46] Sin embargo, Calvino era renacentista antes que reformador. En sus manos, la prosa francesa adoptó una exactitud y una fuerza que la convirtió en un vehículo para la Escritura teológica de primer orden.[47] El estilo de Edwards se caracteriza por una energía, una coherencia constante y una grandeza arquitectónica parecidas. Otorgaba un gran valor a las palabras. Como Calvino, hacía brillar su prosa con el tipo de detalles sensoriales y de cadencias pulsantes que incitaban en los lectores algo semejante a la consciencia espiritual, ya fuera de la ira de Dios o de su misericordia.[48] Su lenguaje figurativo señalaba hacia algo más allá. La conexión tipológica requería que primero "sucediese algo". Para Edwards, la realidad tiene lugar cuando la energía interna de la palabra se manifiesta por medio de imágenes como la luz, las tinieblas, el fuego y la tempestad. Para llegar a esta dimensión invisible dentro de la palabra, para experimentarla con sentimiento y pasión, el lector debe penetrar en lo que se ha imaginado. Esta entrada puede ser la iniciación estética, por así decirlo, a lo que se parece a

---

45 Gerardus van der Leeuw, *Sacred and Profane Beauty: The Holy in Art*, trad. David E. Green (Nueva York: Holt, Rinehart and Winston, 1963), p. 306.

46 M. P. Ramsey, *Calvin and Art* (Edimburgo: The Moray Press, 1938), p. 23.

47 Ibíd., p. 15.

48 En Calvino, no son infrecuentes los pasajes de vívidas imágenes como las siguientes: "A menos que quizá desconozcamos en poder de quién está sustentar esta masa infinita de cielos y tierra por su Palabra: por su mero asentimiento a veces el cielo se conmueve con truenos, arde de relámpagos, enciende el aire con chispas; a veces lo perturba con diversos tipos de tormentas, y luego, cuando le place, las disipa en un momento; ordena al mar, que por su altura parece amenazar a la tierra en todo momento con la destrucción, que se detenga como suspendido; a veces se levanta de una manera terrible, con la fuerza tumultuosa de los vientos; a veces, cuando se aquietan sus olas, ¡lo vuelve en calma de nuevo!" — *Institutes of the Christian Religion*, ed. John T. McNeill, en The Library of Christian Classics (Londres: SCM Pressm, Ltd., 1960), I,v, 6.

la situación religiosa posterior o armoniza con ella. Tal como señala Herbert Read, la consciencia estética del espacio prepara a una persona para la consciencia religiosa de la trascendencia.[49] Sin embargo, debemos enfatizar una vez más que la experiencia estética no es *el* medio para lo religioso, ni mantiene cierto tipo de relación lógica con ello, como si el segundo fuera consecuencia del primero. En Edwards, como en Calvino, siempre se mantuvo la distinción radical entre lo humano y lo divino, entre la estética y la religión, entre "las cosas terrenales" y "las cosas celestiales".[50] Para llamar la atención sobre el estilo artístico de Edwards, y para ver su lenguaje por lo que es legítimamente, debemos establecer una especie de aforismo operativo que afirme: aunque en la religión existe una dimensión estética, la religión es algo más que estética, y la estética algo menos que la religión. Según los términos de van der Leeuw, la belleza es santidad, pero la santidad no es plenamente belleza.[51]

Por lo que respecta al área lingüística que media entre los signos arbitrarios y la inefabilidad sagrada, Edwards demostró que las palabras podían insuflar vida a las cosas, aunque no a la luz divina. No confundía las palabras con la excelencia hacia la que apuntaban, ni formulaba el lenguaje como una causa *a priori* de nuestra aprehensión de esa excelencia. Después de todo, las palabras son palabras. Pero, a diferencia de Locke, él sabía que eran inseparables de las emociones que se transmitían y se evocaban. Como Tillich, entendía las palabras como elementos que abrían niveles trascendentales de realidad y desbloqueaban profundidades en nuestro ser.[52] Lo que es más importante, creía que cuando el lenguaje logra abrirnos los ojos a esas dimensiones dentro y más allá de nosotros, ha hecho su labor: preparar el corazón para la luz de la gracia.

---

49 Read, *Icon and Idea: The Function of Art in the Development of Human Consciousness* (Londres: Faber and Faber, Ltd, 1955), p. 59.
50 Calvino, *Institutes*, II, ii, 13.
51 Van der Leeuw, p. 266.
52 Paul Tillich, *Dynamics of Faith* (Nueva York: Harper 3.: Brothers, 1958), cap. 3.

5. El sermón

Podría parecer que es imposible esperar que los sermones rígidamente estructurados caldeen el corazón. A diferencia de los sermones anglicanos, que permitían una expansión mayor y todo tipo de filigranas artísticas, los que predicaron en Nueva Inglaterra los antepasados de Edwards estaban comprendidos en un patrón que, invariablemente, comenzaba con el *pasaje* y la *doctrina*, y que luego, de forma mecánica, conducía a *razones* o *pruebas*, y acababa con las *aplicaciones*. Cada una de estas secciones tenía sus divisiones, y cada subdivisión estaba claramente identificada por un número o una letra, y cada tema estaba explícitamente definido, de modo que cuando el sermón se publicaba parecía, según opinión de Miller, "más el memorando de un abogado que una obra de arte".[53] Por supuesto, estos sermones nunca fueron concebidos como obras de arte, y leerlos como tales lo único que consigue es recuperar la confusión entre arte y religión, que ya hemos debatido. El siguiente quiebro de Miller enfoca el tema de una manera mejor:

> Al examinar los resultados de nuestro estudio [sobre el estilo de los ser-
> mones puritanos], podemos concluir que toda crítica que pretenda estu-
> diar los escritos puritanos como parte de la historia literaria, que pretenda
> enfocarlos desde un punto de vista "estético", aborda los materiales con
> un espíritu que aquellos nunca pretendieron fomentar, y corre el peligro
> de llegar a conclusiones que sean totalmente irrelevantes para los objeti-
> vos y los motivos de los escritores.[54]

Esta afirmación encuadra el sermón en una categoría distinta a la de la literatura. El objetivo del sermón no era el del arte. Si el predicador alcanzaba un nivel artístico, lo hacía no como un fin en sí mismo sino como el medio por el cual transmitir el entendimiento religioso a la mente, y la calidez religiosa al corazón. La rígida forma tripartita no tiene por qué contradecir este objetivo. Las sencillas afirmaciones

---

53 Miller, *New England Mind: The Seventeenth Century*, p. 232.
54 Ibíd., p. 362.

doctrinales basadas en los pasajes bíblicos, seguidas por el refuerzo intelectual de la doctrina, preparaban a la congregación para la aplicación, que necesariamente hacía partícipes al corazón, la voluntad y los afectos religiosos.

El sermón no era ni estrictamente un *tour de force* lógico ni algún tipo de llamado artístico y emocional para provocar en las personas una agonía o un éxtasis carente de contenido intelectual.[55] Eludiendo las trampas de ambos extremos, Edwards consideraba el sermón como "un medio adecuado" para transmitir "las cosas divinas a los corazones y a los afectos" (*RA*, 115). Transmitía a los pecadores la importancia de la religión, su propia miseria espiritual, la necesidad de un remedio y la gloria y la suficiencia del remedio. Por otro lado, conmovía los corazones de los santos y avivaba sus afectos. El propósito primordial era en todo momento transmitir el significado de la vida religiosa. Esto requería, primero, la exposición lógica de la doctrina, a la que los oyentes debían responder con *convicción* espiritual, y, segundo, un "sentido" experiencial e inmediato de teología al que debían responder con un *consentimiento* voluntario. A pesar de que el primer paso conducía al segundo, Edwards le otorgó su debida proporción, precaviendo a los otros predicadores sobre la "inspiración" destinada a cortocircuitar el estudio y el análisis doctrinal saludable.

Durante los avivamientos del Valle del Connecticut, frecuentemente amonestaba a los ministros sobre los peligros que acompañan a ambos extremos. A los pastores cuyo entusiasmo los guiaba, a ellos y a sus congregaciones, a caer en las emociones desbocadas, les advertía que al abordar los temas doctrinales religiosos nunca menospreciasen "el aprendizaje humano" y la atención cuidadosa que merece la razón (*Rasgos distintivos*, 282). Edwards sospechaba que siempre que la espontaneidad sustituía al estudio meticuloso el resultado era más calor que luz. Advertía contra "el exceso de calor" y "el celo rabioso",

---

55 Véase el estudio de Miller sobre la lamentación de Nueva Inglaterra en *The New England Mind: From Colony to Province* (Cambridge, Mass: Harvard University Press, 1953), pp. 29 y ss. En otro lugar Miller afirma que hacia 1730 el tipo de sermón destinado para "la respuesta comunitaria" es decir, el sermón de "avivamiento", "era una forma literaria casi perfecta, que solo esperaba que alguien [Edwards] la adoptase" (*Jonathan Edwards*, p. 135). A pesar de la ambivalencia, Miller hace tender la interpretación del sermón más hacia el arte que hacia la proclamación religiosa.

dos puntos que aprovechaban sus detractores arminianos para atacarle (*Rasgos distintivos*, 287). Sin embargo, a aquellos ministros que no respaldaban el Despertar, que predicaban con lo que a él le parecía un estilo moderado, apagado, indiferente, o que prestaban una excesiva atención a la abstracción intelectual, Edwards les hacía advertencias igual de importantes. "Nuestra gente", decía, "no necesita tanto que les amueblen la cabeza sino que les toquen el corazón; y tienen una gran necesidad de ese tipo de predicación que tienda más a hacer eso" (*Reflexiones*, 388). Si tocar el corazón significa describir la "condición infinitamente miserable" de las personas, si supone hablar del mismo infierno que sus congregaciones temían ver por sí solas, Edwards exhortaba a sus compatriotas "a esforzarse al máximo para sensibilizarlos a tales cosas" (*Rasgos distintivos*, 247). Él subrayaba: ¿por qué no decir a la gente la verdad, aunque esa verdad acabe con su paz? Dado que su paz es solo la que disfrutan los hombres naturales, y son una paz y una comodidad que se fundamentan en las tinieblas, a los ministros les corresponde proyectar luz, aunque bajo ella la paz desaparezca y la congregación sea presa del temor. Edwards aconsejaba al cirujano abrir el absceso a pesar del dolor que provocase.

En todos sus consejos a los demás predicadores, su metáfora preferida siguió siendo la de la luz, una metáfora importante a lo largo de todos sus escritos teológicos. Según James Carse, esa obra aportaba las dos categorías de penetración y de acción: la luz como conocimiento que penetra en las tinieblas de la mente humana, y la luz como forma de percibir la verdad.[56] En el primer caso, la luz es el conocimiento de Dios que solo Él concede; en el segundo, es el estado de iluminación espiritual en el que apreciamos el verdadero significado.[57] Edwards aplicaba dramáticamente esta metáfora a los predicadores, exhortándoles a que fueran luces ardientes y brillantes entre la luz falsa de la razón y la ciencia. En 1742 las controversias de la Ilustración habían reducido buena parte de la intensidad del avivamiento. Ese mismo año Edwards declaró: "Tenemos la necesidad de ser tan llenos de luz como lo está un vaso que alguien sostiene bajo la luz del

---

56 Carse, p. 124.
57 Calvin, *Institutes*, II, ii, 20; Edwards, *Religious Affections*, pp. 280-281.

sol" (*Reflexiones*, 507). Dos años más tarde repitió esa misma exhortación en "La verdadera excelencia de un ministro del evangelio", un sermón que pronunció durante la ordenación del reverendo Robert Abercrombie. Nada más de lo que escribió Edwards sobrepasó la descripción que hacía en ese sermón de la falsa piedad, y luego de la auténtica piedad que, esperaba él, iluminaría al ministro del evangelio. El pasaje también sirve para ilustrar en la práctica la teoría lingüística de Edwards: la palabra como experiencia.

> Siempre que en un ministro hay luz, consistente en datos humanos, un conocimiento especulativo y la sabiduría de este mundo, carente de calidez y de ardor espirituales en su corazón, y de un santo celo en sus ministraciones, esa luz es como la de un fuego fatuo, y como la de algunos tipos de cadáveres putrefactos que brillan en la oscuridad, aunque despiden un olor insoportable. Si, por otro lado, un ministro posee calidez y celo sin luz, su calor no tiene nada de excelente, sino que es más bien algo que debemos rechazar, siendo semejante al calor del abismo sin fondo, donde, aunque el fuego es intenso, no hay luz. Ser caliente en este sentido, y no ser luminoso, es como ser un ángel de las tinieblas. Pero los ministros que combinan en su persona luz y calor serán como los ángeles de luz, que, debido a su luz y a su brillo, son llamados estrellas de la mañana. (II, 958)

Manteniendo la misma metáfora, concluye diciendo:

> … Cristo nos ha puesto para ser luces o luminares en el mundo espiritual… Seremos como Cristo, y reluciremos con sus rayos; Cristo vivirá en nosotros, y nos verán en su vida y en la belleza de nuestro ministerio… De este modo, aquellos a los que Cristo ha elegido para ser luces en su Iglesia, y estrellas en el mundo espiritual, serán también luces en la Iglesia triunfante, y brillarán como estrellas para siempre en los cielos. (II, 959)

La transformación redentora del corazón aporta nueva vida a la imaginación y al lenguaje. Dentro de la luz divina y sobrenatural, el corazón libera, por así decirlo, una nueva visión y un nuevo lenguaje. Edwards afirmaba que los ministros cristianos, mediante sus sermones, pueden preparar los corazones de los oyentes y de los lectores para que la redención proporcione una visión parecida. Es de máxima importancia que tales ministros despierten a su pueblo a las grandes experiencias (y doctrinas) cristianas del pecado y de la salvación. Edwards dirigía su predicación hacia ese gran esfuerzo. Dominado por la "convicción" e inclinado por el "consentimiento", se veía como una luz visible a la que dotaba de poder la gracia invisible de Dios. Su visión y su lenguaje, fortalecidos por la luz más potente, dan testimonio de las enormes dimensiones de su propia vida religiosa.

CAPÍTULO CINCO

El pecado

1. El lenguaje del púlpito

Después de que Edwards se fuera de Northampton en 1751 para comenzar su tarea en la aldea fronteriza de Stockbridge, le invitaron a predicar ante el Sínodo de Nueva York, que en esa ocasión (el 28 de septiembre de 1752) se reunía en Newark, Nueva Jersey. Aún no se habían disipado las controversias sobre la experiencia religiosa, el Pacto del Camino Intermedio, las cualificaciones necesarias para tomar la comunión y las circunstancias de su expulsión del púlpito de Northampton, aunque su inmediatez punzante se había aplacado por el mero hecho de que él ya había desaparecido del escenario. En esa ocasión, eligió como pasaje central de su sermón Santiago 2:19: "Tú crees que Dios es uno; bien haces. También los demonios creen, y tiemblan". El sermón tipifica la meticulosidad de Edwards al avanzar por las sutilezas de su tema, en este caso las engañosas similitudes entre los pecadores y los santos. Después de hablar de tales similitudes, y con intención de inducir a sus oyentes a examinarse a sí mismos, estipuló tres "señales certeras" de la gracia salvadora del Espíritu de Dios; a saber, *fundamento*, *tendencia* y *exhortación*. El fundamento estaba relacionado con el "sentido de la belleza divina" del creyente; la tendencia, con su redirección en humildad y amor; y la exhortación, con su "manifestación a otros de una parte de la belleza y la excelencia divinas" ("La verdadera gracia se distingue...", II, 48-50). Edwards concluyó diciendo lo siguiente sobre aquellos santos en quienes convergen las tres señales:

> ... aunque ahora caminen por un desierto, o sean arrojados de un lado para otro en medio de un océano tempestuoso, sin duda llegarán por fin al cielo, donde esa brasa celestial se avivará y perfeccionará, y las almas de los santos serán transformadas en una llama brillante y pura, y relucirán como el sol en el reino de su Padre. (II, 50)

Aparte de su brillantez visionaria, las connotaciones autobiográficas de este pasaje refuerzan la importancia que Edwards atribuía al lenguaje; según él, era el tercer don, especial, que Dios concede "solo a sus favoritos especiales" (II, 50). Como hemos visto, Edwards centró en el tema del lenguaje su especulación sobre la experiencia, la imaginación y la visión religiosas. Lo que le proporcionó el fundamento para defender la existencia de un lenguaje religioso, por limitado que fuera, fue la conexión entre corazón y palabra. La importancia que atribuía al lenguaje la justificaba no en los términos lockianos de convención social, sino en los términos experienciales del corazón: las palabras como entes indistinguibles de las ideas reales que sienten los hombres; las palabras como "causa ocasional", preparación, entorno, cosas que evocan sentimientos que armonicen con los afectos religiosos. Por último, la responsabilidad del lenguaje recaía con una importancia particular en el predicador. El predicador, a quien se ha concedido el don de la exhortación después de haber recibido un nuevo fundamento en Cristo y una tendencia en amor, se convertía en una llama refulgente que disipaba las tinieblas del pecado y se fundía con la luz de la salvación. La metáfora de la luz se combina con el acto de la visión: Edwards quería que la gente viera la luz y, al verla, formara parte de ella. El ministro del evangelio era una luz así. Su lenguaje transmitía su presencia sentida, no como algo creado por una imaginación viva sino como la verdad, hechos, revelación.

Es decir, que el lenguaje del sermón consistía en algo más que en un "estilo simple". Tal como lo concebía Edwards, se podría describir mejor como un "estilo puro" en el que la idea no solo se vincula con la palabra, sino que se consolida con ella, de modo que una solo se puede expresar en términos de la otra.[1] La palabra es la percepción.

Al leer los sermones de Edwards, uno debe prestar atención a algo más que a la teología especulativa y a la técnica literaria. Hay términos como "precisión", "exactitud", "vivacidad", "complejidad", que describen ciertamente este estilo a múltiples niveles.[2] Pero, a menos que uno también sea consciente de la síntesis de argumento claro y el espíritu dinamizador de la experiencia directa, la convergencia de "información e inspiración",[3] no habrá leído sus sermones en toda su plenitud. Para hacer esto, es necesario leerlos dentro de la misma visión que les dio su impulso. El lector debe admitir sus analogías tipológicas implícitas entre las cosas físicas y las verdades espirituales, entre el ser finito y el Ser infinito.[4] Además, leerlos de este modo no solo conlleva leer la palabra como imagen (como, por ejemplo, la imagen de la luz o de la oscuridad), sino la materialización de lo que uno ha leído, en aquel momento en que la palabra es, literalmente, el suceso.

Se ha escrito mucho sobre el estilo de Edwards en el púlpito. "Tenía el poder de la apelación inspirada y de la exhortación", dijo Alexander V. G. Allen en su estudio de Edwards.[5] Utilizaba "con una honestidad perfecta las imágenes escriturales y populares", observa Haroutunian, añadiendo que Edwards era lo bastante honesto como para saber que los conceptos del cielo y del infierno sacados del mundo de los sentidos eran "irremediablemente inadecuados" para describir la plenitud infinita de las realidades sobrenaturales.[6] Perry Miller piensa

---

1 Perry Miller, ed., en Jonathan Edwards, Images and Shadows of Divine Things (New Haven: Yale University Press, 1948), p. 21.
2 John E. Smith, ed., en Edwards, Religious Affections (New Haven: Yale University Press, 1959), p. 3.
3 Ibíd., p. 9.
4 Paul R. Baumgartner, "Jonathan Edwards: The Theory Behind His Use of Figurative Language", PMLA, LXXVIII (septiembre de 1963), 324.
5 Alexander V. G. Allen, Jonathan Edwards (Boston: Houghton, Mifflin and Company, 1889), p. 104.
6 Joseph Haroutunian, Piety Versus Moralisrn: The Passing of the New England Theology (Nueva York: Henry Holt and Company, 1932), p. 113.

que la oratoria de Edwards en el púlpito era "un esfuerzo consumidor para hacer que los sonidos se convirtieran en objetos, para controlar y disciplinar su discurso de modo que las palabras se plasmasen inmediatamente en los sentidos no como sonidos sino como ideas". En consecuencia, Edwards tenía que "*hacer* que las palabras transmitieran la idea del cielo" y "*obligarlas* a transmitir la idea del infierno".[7] Según un conciso comentario de Winslow, Edwards pretendía "convertir en realidad los sermones escriturales".[8]

Estas valoraciones nos indican que lo que pretendía conseguir Edwards por medio del lenguaje encajaba con lo que él concebía como la verdadera función del mismo. Cuando aconsejaba a sus compañeros de ministerio sobre la oratoria, su coherencia no vacilaba. Dijo que tales hombres manifiestan "el mayor aprecio" por su congregación cuando "exponen con claridad... la verdad de las cosas", y las expresan "de la forma más vívida" (*Rasgos distintivos*, 247). Tanto si la verdad pertenece al pecado como a la salvación, tanto si describe al hombre natural o al regenerado, quienes se preocupan por las almas deben "esforzarse mucho" para sensibilizar a las personas al respecto. Si la verdad era la del propio infierno, ¡Edwards hacía un llamamiento a predicarla! Usando una lógica intachable y un lenguaje vívido, declaró: "Creo que es una empresa razonable intentar asustar a las personas para alejarlas del infierno, a aquellas que están a punto de caer en él, que están dispuestas a hacerlo y que no son conscientes del peligro: es razonable asustar a una persona para que huya de una casa en llamas" (*Rasgos distintivos*, 248).

Hemos de decir de inmediato que Edwards nunca fomentó la predicación del terror porque sí.[9] Como veremos cuando examinemos su "Pecadores en manos de un Dios airado", hay algunos críticos que le han caricaturizado tan escandalosamente que sugieren que su placer por predicar el fuego del infierno aumentaba en función del sufrimiento de sus oyentes. Por el contrario, Edwards advirtió explícitamente contra el deseo de aterrar diciendo algo que no es cierto,

---

7 Perry Miller, Jonathan Edwards (Cleveland: World Publishing Company, 1959), pp. 158, 160.
8 Ola Elizabeth Winslow, Jonathan Edwards, 1703-1758 (Nueva York: The Macmillan Company, 1940), p. 144.
9 Ver p. 173

o con palabras que no invitan "al cansado y al cargado a volver a su Salvador" ("La auténtica excelencia de un ministro del evangelio", II, 957). Lo que es más importante: advirtió contra la tendencia a predicar cosas que los propios ministros no hubieran experimentado (*Reflexiones*, 506-507). El examen del propio corazón era siempre el requisito previo a la predicación dirigida al corazón de otros. En todos los sermones de Edwards sobre la condenación estaban implícitas sus propias y vastas regiones de sentimiento, su propio tormento y su sentido del infierno. Para asimilar el impacto pleno de estos sermones sobre el fuego infernal, el lector debe colocarlos junto a la *Narración personal* de Edwards, en la que exclamó: "¡Cuando examino mi corazón, y contemplo mi maldad, me parece un abismo infinitamente más profundo que el infierno!" (I, xc). Para Edwards, lo infinito se extendía en ambas direcciones, y predicar sobre la luz refulgente presuponía conocer la oscuridad infinita. Predicó con gran solemnidad sobre todas estas cosas, con una voz "un tanto lánguida, con una nota de patetismo".[10]

2. El concepto de Edwards del pecado

Como respaldo de la visión que tenía Edwards del infierno tenemos un concepto del pecado que él expuso a lo largo de sus obras, pero que llevó a una afirmación final y definitiva en *La gran doctrina cristiana del pecado original*, publicada en 1758, el año en que murió Edwards. Aunque la concibió como una respuesta ostensible y específica a la obra del reverendo John Taylor *Scripture-Doctrine of Original Sin* (1738), y en menor grado a *The Principles of Moral Philosophy* (1740) y a *Christian Philosophy* (1740), del reverendo George Turnbull, el tratado de Edwards tomó como blanco más amplio la marea creciente del liberalismo. Su interpretación del pecado nació de la convicción de que toda naturaleza humana está fundamentalmente alienada de Dios. Edwards escribió diciendo que esta condición "es *inherente*, y

---

10 Winslow, p. 134.

está asentada en esa *naturaleza* que es común a toda la humanidad".[11] Por un breve tiempo, Adán había vivido en armonía con Dios; pero cuando Adán pecó, su naturaleza divina fue retirada, y se quedó solo, superior en inteligencia a los animales pero aun así separado de la fuente de vida y de luz espirituales. En oposición a la interpretación arminiana, fundada en el argumento de Pelagio que decía que el pecado de Adán fue solo suyo y que no afectó en absoluto a sus descendientes,[12] Edwards sostuvo que, como hijos de Adán, todos somos pecadores de nacimiento. El pecado de Adán no fue solo suyo, sino que está "asentado" en esa naturaleza común a todos. Y es que, según Edwards, todo hombre comparte esta naturaleza común, y es, por así decirlo, como si hubiera cometido el pecado de Adán. Esto es cierto de personas "de todas las constituciones, capacidades, naciones y eras" (*El pecado original*, 124).

Dada esta condición universal, podemos decir que los seres humanos manifiestan una orientación fija hacia el pecado, una inclinación del corazón que precede a toda volición y a toda acción. Independientemente de sus "miles" y "millones" de buenas obras, todos los hombres comparten esta "propensión redomada" hacia el mal moral (*PO*, 128). El fundamento tiene que ver con el "motivo". En la voluminosa obra de Edwards *Libre albedrío*, publicada cuatro años antes, en 1754, dijo que antes que la voluntad, mediante la cual la mente elige libremente una u otra cosa, existe una causa más fundamental identificada como el motivo.[13] Con este término se refería a "la *totalidad* de todo lo que mueve, estimula o invita a la mente a la volición".[14] Una persona es libre de hacer lo que desee; disfruta de libertad en el ejercicio de su albedrío. Pero la voluntad, que no constituye su propia causa, está determinada por algo fuera y más allá de sí misma. En *El pecado original* Edwards utiliza los términos "propensión" y "tendencia" para expresar esta misma idea, y en *Los afectos religiosos*, el término

---

11 Jonathan Edwards, Original Sin, ed. Clyde A. Holbrook (New Haven: Yale University Press, 1970), p. 124.
12 Véase Calvino, Institutes, Il, i, 5, para la interpretación reformada, además de una exposición breve del concepto de pecado según Pelagio.
13 Jonathan Edwards, Freedom of the Will, ed. Paul Ramsey (New Haven: Yale University Press, 1957). p. 137.
14 Ibíd., p. 141.

"inclinación". El fundamento lógico que anuda estos términos deja claro que los actos volitivos tienen causas fundadas en una disposición humana común y determinada. Según Clarence H. Faust, la respuesta inequívoca de Edwards a la pregunta "¿Con qué disposición vienen los hombres al mundo?" se basaba en su argumento contra el libre albedrío. Faust decía que Edwards afirmaba "intransigentemente la creencia de que los seres humanos llegan a esta vida siendo totalmente depravados; llegan a ella con disposiciones que los vuelven totalmente incapaces de hacer el bien o de evitar el mal".[15] La piedra angular del argumento de Edwards apareció en *La naturaleza de la auténtica virtud* (obra póstuma, 1765), en la que identificó esta disposición, de una vez por todas, como la del amor por uno mismo.[16] Dado que la naturaleza humana está determinada y orientada hacia el yo, no hacia Dios, la lógica consiguiente nos dice claramente que: "El hombre percibe conforme se siente inclinado a ello; según lo que percibe, elige; según elige, actúa".[17]

Tener la disposición inflexible hacia el amor por uno mismo es tanto una cualidad inherente a la naturaleza humana como la esencia de su depravación. Tal como declaró Edwards en un sermón de 1740, el amor natural de uno mismo presupone la enemistad contra Dios, al inclinar al corazón a rechazar la presencia divina a la par que su infinitud ("Hipócritas deficientes en oración", II, 73). El amor por uno mismo glorifica a la criatura en lugar de al Creador. Declara su "independencia ontológica"; identifica la circunferencia de la existencia humana con "el perímetro del propio Ser".[18] Este es el gran espejismo del hombre; esta es su terrible depravación.

En resumen, la inclinación natural del ser humano es hacia la independencia, un estado existencial en el que está fuera de la relación con Dios o, más exactamente, no está en Cristo ("La justificación solo por fe", I, 629). Contrariamente a la libertad cristiana, que se obtiene

---

15 Clarence H. Faust, en Jonathan Edwards: Representative Selections, eds. Faust y Thomas H. Johnson (Nueva York: Hill and Wang, 1962), p. lxv.

16 Jonathan Edwards, The Nature of True Virtue, con un prefacio de William K. Frankena (Ann Arbor: University of Michigan Press, 1960), cap. 4.

17 Douglas J. Elwood, The Philosophical Theology of Jonathan Edwards (Nueva York: Columbia University Press, 1960), p. 64.

18 Ibíd.

solo al "unirse a Cristo", el gran espejismo presenta la libertad como independiente de la gracia, y la virtud como sinónimo del amor por uno mismo. Según Edwards, la verdad de este asunto es que en lugar de iluminar la existencia humana, el amor por uno mismo oscurece la mente y endurece el corazón. Acalla la conciencia, pervierte la religión y aliena al ser humano de la fuente de todo amor y gracia. Lo que el amor por uno mismo considera el poder de la luz es, en realidad, el poder de las tinieblas. Y, en lugar de iluminarse, el corazón se convierte en una cárcel. Debido al fracaso inherente del ser humano por disfrutar de las cosas divinas, por consentir al verdadero Ser, por unirse a Cristo, el corazón humano se corrompe por medio de su propio orgullo.

Para sensibilizar del todo del pecado al lector de su tratado sobre el pecado original, Edwards usa la imagen de la "muerte". Los conceptos sobre la depravación inherente y universal; sobre la propensión fija del ser humano hacia el pecado; sobre la cualidad "odiosa", "detestable", "perniciosa" y "destructiva" de esta propensión... todas esas cosas tienen como denominador común "el reinado universal de la *muerte*" (*PO*, 129, 206). Para Edwards, esto significaba dos cosas: no solo el cese de la vida, sino también el estado en que uno se encuentra fuera de Cristo. Es el estado de "miseria perfecta, de destrucción sensible... la pérdida de ese principio sagrado, que era en el sentido más elevado la vida del alma". En esta condición ("verdaderamente arruinado y vencido... corrupto, miserable e indefenso"), el individuo "está muerto" (*PO*, 243, 258-259).

Con imperiosa autoridad, Edwards habló implacablemente sobre este tema. Sin embargo, su misión siempre fue algo más que exponer ideas abstractas, que seguirían siendo estériles a menos que insuflase en sus oyentes la consciencia del pecado. Fue precisamente aquí donde a Edwards se le planteó el mayor reto de todos. Y es que no solo consideraba que los no regenerados estaban espiritualmente muertos, sino que para él su pecado estaba unido al hecho de que eran ciegos a su propia condición. El pecado era "primero y antes que nada, una ceguera", y solo después una perversidad por la cual el hombre natural ve "lo grande como pequeño, lo hermoso como desdeñable, lo santo como indeseable, lo glorioso como algo aburrido y despreciable".[19] Él no podía identificar su verdadero yo con nada de eso. La misión de Edwards consistía en guiar a sus oyentes a la inseguridad, adentrarlos en un peligroso viaje hacia sí mismos.

La dificultad siempre estribaba en hacer que se vieran como eran realmente. Abundaban las evidencias que les aseguraban su bondad. El propio Edwards admitía que los hombres naturales son capaces de realizar muchos actos éticamente buenos, y que de hecho los hacen. Northampton tenía una buena cantidad de buenos ciudadanos y vecinos. Incluso Calvino había celebrado los grandes dones de la inteligencia y la imaginación, que Dios había concedido a la naturaleza humana. No cabía duda de que, dotado de un anhelo de hallar la verdad, el ser humano obtenía éxitos increíbles en las ciencias, las artes, la filosofía y el derecho. Calvino reconocía que aquellos a los que la Escritura llama "hombres naturales" eran, en realidad, "agudos y penetrantes". Y añadía: "Aprendamos mediante su ejemplo cuántos dones dejó el Señor en la naturaleza humana aun después de haber sido despojada de su verdadero bien".[20] Como si estas concesiones a la bondad natural no bastasen, Calvino fue más allá para sugerir "un instinto natural, una consciencia de la divinidad… un sentido de la deidad grabado en los corazones de todos". Según él, ese estado estaba "más allá de toda duda".[21]

A pesar de todo, el hecho indiscutible del pecado seguía ahí. Podría decirse que en la idea del "a pesar de todo" estriba la verdadera importancia de la Reforma. La discontinuidad radical que implica este término fue la misma que destruyó la síntesis medieval de naturaleza y gracia, razón y revelación.[22] El concepto de Edwards es exactamente

---

19 Joseph Haroutunian, "Jonathan Edwards: Theologian of the Great Commandment," Theology Today, 1 (abril de 1944), 370.

20 Calvino, *Institutes*, II, ii,15. Una exposición lúcida de la defensa que hizo Calvino del aprendizaje secular (*Institutes*, II, ii, 13-17) se encuentra en el epílogo ("An Essay on Calvin's Defense of Secular Studies: His Doctrine of Common Grace") de la obra de Quirinus Breen John Calvin: A Study in French Humanism, 2ª ed. (Archon Books, 1963), pp. 165-179.

21 Calvino, *Institutes*, I, iii, 1.

22 Richard Kroner, Speculation and Revelation in the Age of Christian Philosophy (Philadelphia: Westminster Prees, 1959), pp. 194ff y ss. La misma idea halla su expresión moderna en la teología de Barth. "La fe," dice Barth, "nunca se puede vivir sin un 'A Pesar De': a pesar de todo lo que el hombre

el mismo que abunda en todos sus escritos, como lo hizo en los de Calvino. A pesar de todas las evidencias racionales que lo contradicen, la naturaleza está determinada hacia el mal, y está totalmente corrompida. Edwards afirmaba que la incapacidad de ver el pecado no es un error de las facultades naturales del ser humano: "Dios ha otorgado a los hombres facultades realmente nobles y excelentes"; esa ceguera tampoco es "como la ignorancia de un niño recién nacido" ("La ceguera natural del hombre en el ámbito religioso", II, 247). La ceguera se debe más bien a una "causa positiva" que Edwards identificó como "un principio" presente en el corazón humano que obstaculiza las facultades en lo tocante a asuntos religiosos (II, 247). Siendo este el caso, Edwards urgía a los buenos ciudadanos y vecinos de Northampton a despertar a sí mismos: "escudriñad vuestros corazones" ("El hombre es por naturaleza enemigo de Dios", II, 134). Sus palabras se hacen eco de la *Institución* de Calvino ("Sin el conocimiento de uno mismo no hay conocimiento de Dios"[23]), así como de las que pronunciaron sabios y profetas siglos antes. Para Edwards, el imperativo "conócete a ti mismo" significaba "mira por debajo de tu «bondad», examina las viejas heridas hasta lo más hondo, para que puedan ser sanadas". Sin este examen interno, sin admitir el pecado inherente, toda sanación que supuestamente tenga lugar es vana y engañosa. Edwards declaró a todo Northampton que aunque parecían vivir en paz, la paz no existe fuera de la gracia radical de Cristo.

Para Edwards seguía siendo una realidad que los pecadores no tenían esta visión. No podían regocijarse en la santidad de Dios ni temblar al ver su alienación de Él. Su consciencia complaciente les volvía impermeables a todo lo misterioso. El llamamiento de Edwards a que despertasen recuerda a la afirmación de Rudolf Otto, quien dijo que si el ser humano pudiese temblar conocería lo que significa temer a Dios. "Y es que el temblor", decía Otto, "es algo más que un miedo «natural», ordinario... implica que ante la mente empieza a cernirse

---

encuentra en sí mismo y en su prójimo, a pesar de todo lo que es y de todo lo que sus congéneres intenten hacer"— Church Dogmatics, IV, I, eds. G. W. Bromiley y T. F. Torrance (Edimburgo: T. & T. Clark, 1956), p. 635.

23 Calvino, *Institutes*, I, i, 1.

lo misterioso, que comienza a afectar al sentimiento".[24] El hombre natural está privado de este "sentido". Aunque puede ser consciente de haber cometido actos perjudiciales o de estar en discordia con su prójimo y consigo mismo, no sabe nada de sí mismo como pecador, y el pecado y la salvación no son más que argumentos tediosos. Esta auto ceguera es la que pretendía destruir Edwards. Creía que el hombre natural, alienado de Dios, solo se reconoce cuando Dios le aborda en Cristo.[25] A menos que penetre en "el espíritu", no sabe nada sobre su verdadero estatus, aunque pueda considerarse con justicia una persona sincera, disciplinada, ingeniosa, moralmente enérgica y meticulosa en sus negocios. Era a este ciudadano modélico a quien Edwards predicaba sobre el pecado.

Antes de examinar de qué manera despertó Edwards la consciencia adormecida de Nueva Inglaterra y obligó a sus habitantes a contemplar el infierno de su verdadero estado, hemos de reiterar que según el concepto de pecado de Edwards la alienación presuponía estar ciego al mismo. Los reformadores habían sabido que el hombre natural, engañado por su autosuficiencia, no tenía sentido alguno del infierno ni de la alienación de Dios.[26] Como los reformadores, Edwards sabía que la autosuficiencia, fomentada por la teología liberal, protegía a los no regenerados para que no percibieran las profundidades del pecado y el poder del mal que habían estado "en el centro de la experiencia de Lutero, como también en la de Pablo".[27] Lo que Edwards sabía mejor

---

24 Rudolf Otto, *The Idea of the Holy*, 2º ed., trad. John W. Harvey (Londres: Oxford University Press, 1950), p. 15.

25 "La verdadera pregunta es qué es el hombre en presencia de Dios, si puede permanecer delante de Dios; y esta pregunta solo la puede responder el propio Dios. «El Espíritu Santo nos asegura en la sagrada Escritura que nuestra comprensión está tan afectada por la ceguera, nuestro corazón por sus conceptos tan malvados y corruptos, de hecho que nuestra naturaleza está tan depravada, que no podemos hacer otra cosa que pecar hasta que Él mismo pone en nosotros una nueva voluntad»". Wilhelm Niesel, *The Theology of Calvin*, trad. Harold Knight (Londres: Lutterworth Press, 1956), p. 80. La cita es de Calvino.

26 "El infierno, independientemente de qué «metáfora física» se use para retratarlo, para Calvino es esencialmente esto: *alienari ab omni Dei societate*. *Institutes*, III, xxv, 12 (p. 1008n en LCC, vol. 2). El editor compara el concepto de Calvino con el de Milton en *Paraíso perdido*, V, 877, concretamente en cómo se dirige Abdiel a Satanás: "Oh alienado de Dios, oh espíritu maldito". La visión de los reformadores de la autosuficiencia del hombre natural se trata en Wilhelm Pauck, *The Heritage of the Reformation* (Boston: Beacon Press, 1950), p. 9.

27 Paul Tillich, *The Protestant Era*, edición abreviada, trad. James Luther Adams (Chicago: University of Chicago Press, 1957), p. xvi.

que ninguno de sus contemporáneos del siglo XVIII era que el pecado original era una profunda verdad de todos los hombres, pasados y presentes. En su predicación sobre el infierno, procuró que sus oyentes fueran conscientes de este en su momento presente; despertarles a sí mismos, inducirles a aprehender el infierno como separación de Dios, y exponerlos a sus propios errores, ceguera y muerte.

En un plano abstracto, decía que la insensibilidad humana surge de un "principio de ateísmo" natural, la negativa a reconocer la existencia de Dios ("El hombre es por naturaleza enemigo de Dios", II, 134). En otros lugares describió este espíritu del ateísmo como un tipo de entendimiento "lleno de tinieblas", y una mente "ciega a las cosas espirituales" ("El hombre natural en su terrible estado", II, 187). En el ámbito de la experiencia cotidiana, Edwards interpretó la insensibilidad como, primero, autosuficiencia, orgullo, satisfacción con uno mismo y, segundo, como la apatía que deja el alma de la persona, como la del Prufrock de T. S. Eliot, anestesiada con éter, inconsciente de las contingencias de la vida, insensible a la propia inseguridad y al peligro de "caer al infierno antes de mañana por la mañana" ("El hombre natural…", II, 823). El mensaje de Edwards se grababa a fuego en la esencia de la existencia presente. Una vez rotas las falsas seguridades, exigía un viaje peligroso por uno mismo, donde los cimientos retiemblan y los hombres se estremecen.

Subyacente en los sermones de Edwards sobre el fuego del infierno hallamos la insistencia calvinista en que el conocimiento de uno mismo es lo primero. A menos que las personas vean antes su condición fragmentada, permanecerán ajenas al conocimiento salvador de las cosas divinas. Ver el fuego del infierno y estremecerse son el punto de partida del drama de la salvación. Pero primero Edwards tenía que concienciar a su público de la apatía natural que los dominaba.[28] De entre los sermones que escribió para hacer precisamente esto, el más eficaz es "La ceguera natural del hombre en el ámbito religioso".

---

28 Los sermones con este objetivo incluyen "Los incrédulos ofenden la gloria y la excelencia de Cristo"; "La gracia auténtica a diferencia de la experiencia de los demonios"; "Los hombres son por naturaleza enemigos de Dios"; "Los hombres naturales en su terrible condición"; "Las advertencias de la Escritura se adaptan de la mejor manera al despertar y a la conversión de los pecadores".

El tema se centra en las maneras engañosas mediante las cuales las personas apartan la vista del doloroso autoexamen. El análisis de Edwards va *in crescendo*:

> ¿Qué puede ser más evidente en sí mismo que el hecho de que las cosas eternas tienen una importancia infinitamente superior a las temporales? Y aun así, ¡qué arduo es convencer a los hombres de ello! ¡Qué claro está que la miseria eterna en el infierno es algo que hay que temer infinitamente! Sin embargo, ¡cuán pocos parecen estar plenamente convencidos de esto! ¡Qué evidente es que la vida es incierta! Pero, ¡qué distinto es el concepto que tienen los hombres de ella!... No hay nada más claro y manifiesto, y más demostrable, que el ser de Dios. Se manifiesta en nosotros mismos, en nuestros cuerpos y almas, y en todo lo que hay entre nosotros dondequiera que fijemos la vista, ya sea en los cielos o en la tierra, en el aire o en los mares. Y aun así, ¡qué propenso es el corazón humano a cuestionarlo! (II, 252)

Lo que cuestionaba Edwards eran las cosas absurdas de este mundo, el estado de los "buenos hombres", la sabiduría fundamentada en el aprendizaje humano. Solo la revelación ilumina las tinieblas en las que viven los necios, y solo semejante luz aporta verdadera sabiduría. Pero para obtener este don soberano de Dios, Edwards exigía el reconocimiento previo de la debilidad, la ceguera y la miseria. Decía: "La verdadera sabiduría es una joya preciosa" (II, 256), comprada a un precio alto y doloroso.

A Edwards le preocupaba el hecho de que, al aceptar el liberalismo teológico, los habitantes de Nueva Inglaterra se contentaban con demasiado poco. El liberalismo se caracterizaba por lo que R. W. B. Lewis, en su obra *The American Adam*, llama "la falta de riquezas"; al abandonar el sentido del pecado, había convertido el drama humano en algo que Edwards consideraba plano, incoloro y aburrido. Lo que es más importante: había suprimido el sufrimiento, por no decir ya el terror, del camino de la salvación. Había anulado la paradoja paulina de "cuando el pecado abundó, sobreabundó la gracia" (Ro. 5:20), y había silenciado la pregunta que Nathaniel

Hawthorne, haciéndose eco de Edwards, formuló cien años después en *El fauno de mármol*: "Entonces, ¿acaso el pecado, al que consideramos una oscuridad tan temible en el universo, es, como la tristeza, un mero elemento de la educación humana por medio del cual nos abrimos paso hasta un estado más elevado y puro del que podríamos haber alcanzado de otro modo?" (cap. 50). El arminianismo no logró captar la grandeza de esta pregunta, pero Edwards la entendía plenamente cuando escribió:

> Si no hubiera un pecado que perdonar, si no hubiera una condenación de la que ser librado, no habría manifestación alguna de la gracia o la verdadera bondad de Dios… Apenas pensamos en cuánto aumenta la consciencia del bien gracias a la del mal, porque sin él la manifestación de la gloria de Dios no podría ser sino imperfecta e incompleta; de modo que el mal es necesario para la máxima felicidad de la criatura, y la plenitud de la comunicación de Dios, para la que hizo el mundo… porque, como hemos dicho, el sentido del bien es comparativamente apagado y plano sin el conocimiento del mal. ("Acerca de los decretos divinos en general y de la elección en particular", II, 528).

Para Edwards, el conocimiento del mal suponía un sufrimiento concomitante: el conocimiento y la experiencia siempre eran lo mismo. Lo que Edwards pretendía que transmitiesen sus sermones imprecatorios era el conocimiento en este sentido pleno, un conocimiento que llevase a las personas al arrepentimiento. En un sentido general, Edwards no pensaba que el sufrimiento fuese un castigo por el pecado, sino una corrección para no pecar en el futuro. El pecado llevaba consigo su propio castigo, terror e infortunio. Calvino había enfatizado la misma idea al citar a Agustín: "Lo que padecéis, aquello de lo que os lamentáis, es vuestra medicina, no vuestro castigo; vuestra represión, no vuestra condenación… Sabed, hermanos, que toda esta desdicha de la humanidad por la que gime el mundo es un dolor medicinal, no una sentencia penal".[29]

---

29 Calvino, *Institutes*, III, iv, 33.

La idea destacable es que el pecado dota de sentido a la salvación. Experimentar y predicar la salvación presupone el pecado, del mismo modo que la luz presupone la oscuridad. Edwards sostenía que solo mediante el conocimiento del mal se manifestará la plenitud y la genuina bondad de la gracia divina. Este era el objetivo de Edwards al predicar sus sermones sobre el infierno.

3. El infierno como visión e imagen

Cuando recordamos que Edwards predicó sobre el infierno a hombres naturales o no regenerados, que no tenían su misma visión, percibimos enseguida la idoneidad de las imágenes que empleaba. Por ejemplo, la metáfora de la araña: "El Dios que te sostiene sobre el pozo del infierno, como sostenemos a una araña o a algún insecto desagradable sobre el fuego, te aborrece, y está muy furioso" ("Pecadores en manos de un Dios airado", II, 10). El hombre, con su propensión al amor por sí mismo, es "por naturaleza" enemigo de Dios. En lugar de unirse a Dios por medio de Cristo, existe apartado, tan peligrosamente cerca de morir como una araña que pende sobre las llamas. La imagen revela la preocupación de Edwards no por la situación de las arañas, ni siquiera del ser humano, sino por la relación entre el hombre pecador y Dios. Como mucho, es una relación precaria, que solo se mantiene intacta por la misericordia divina, pero sometida también al juicio y a la disolución de Dios cuando Él lo decida. La imagen transmite un significado metafísico esencial. Si no fuera por esa débil hebra, el hombre no redimido y finito se perdería para siempre en el abismo de la disolución. Aquí Edwards emplea un lenguaje que representa una verdad espiritual por medio de una imagen concreta que, al mismo tiempo, exige un ojo santificado para discernir la analogía. La idoneidad de la imagen de la araña radica en la verdad que se revela a la visión santificada. Estando en el Espíritu, una persona puede discernir la condición del hombre pecador que está fuera del Espíritu.

La imagen resulta idónea por otros motivos. Edwards concebía las palabras y las ideas como mutuamente asimiladas. En lugar de ser indicadores arbitrarios, las palabras como ideas reales son algo que debe sentir, percibir, experimentar. El lenguaje figurativo sitúa las ideas en la mente, de modo que la palabra se convierte en el suceso. Aparte de la teoría de que las palabras suscitan sensaciones, la idea más importante es que las palabras se convierten en la idea, de modo que la pureza del lenguaje descansa en el hecho de que, por medio del lenguaje transparente, de repente se aprehenden ideas lingüísticas. No hay nada que interfiera entre el suceso del lenguaje y el suceso de la aprehensión, entre la imagen física de la araña y el sentido de pecado. Así, como un Kafka del siglo XVIII, Edwards despabiló a sus oyentes de sus "elucubraciones dominicales irrelevantes e inútiles"[30] y, lo que es más importante, con esa misma imagen les obligó a enfrentarse a su triste condición.

Por medio de imágenes que nacen de una visión religiosa, no estética, Edwards procuraba desarrollar una estrategia tripartita. La *primera fase* consistía en despertar a los individuos a su condición natural. El hecho de que esta condición estaba compuesta de orgullo, enemistad, desdén, ateísmo, blasfemia, se hacía patente para ellos cuando, clavándoles la vista, Edwards hablaba de "una pequeña, miserable y despreciable criatura; un gusano, una nadería, y menos que nada; un vil insecto que se ha rebelado con desprecio hacia la Majestad de los cielos y la tierra" ("La justicia de Dios en la condenación de los pecadores", I, 673). Edwards intensificó la consciencia de sus oyentes describiendo a esa criatura sumida en la destrucción. Luego procedió a dejar caer el vil insecto al pozo. Su imagen está sacada de este mundo: "A menudo habéis visto una araña, o algún otro insecto molesto, cuando la arrojan en medio de un fuego intenso, y habéis visto cuán inmediatamente sucumbe a la fuerza de las llamas… Esa es una imagen de cómo seréis en el infierno, a menos que os arrepintáis y acudáis a Cristo" ("El castigo futuro, ineludible e intolerable, de los malvados", II, 82). Edwards equiparaba la aniquilación con la muerte espiritual, con lo que él llamaba "morir en el sentido más

---

30 James Carse, *Jonathan Edwards and the Visibility of God* (Nueva York: Charles Scribner's Sons, 1967), p. 162.

elevado de la palabra". Con una gran agudeza, dijo que ese tipo de muerte suponía

> morir conscientemente; morir sabiéndolo; ser sensible a la angustia de la muerte. Esto significa la aniquilación, merece el nombre de destrucción. Este hundimiento del alma bajo un peso infinito, que no puede soportar, es la angustia del infierno. En la Escritura leemos sobre la negrura impenetrable; pues es esto, es precisamente esto. (II, 81)

Esta es la muerte revelada por la ley de la que habla Pablo (Ro. 3:9-20). No estamos listos para escuchar el evangelio de la salvación hasta que la magnitud de nuestro pecado llena nuestra consciencia. Las verdades que se hacían palpables por medio de las imágenes de las arañas, las llamas y la muerte que usaba Edwards eran que esa muerte ha destruido a muchos, que el infierno era el estado de muerte en el que "existen" los inconversos, que si pudieran hablar con voz propia "temblarían y se sacudirían, clamando, gritando, crujiendo los dientes" (II, 82). Nada menos que un sentido aterrador podría calibrar su importancia metafísica.

La *segunda fase* requería el tipo de lenguaje que convenciese a los pecadores de la justicia de Dios al condenarlos, provocar en ellos la voluntad de ser condenados y hacerles aceptar el infierno que merecían. La lógica de Edwards en este asunto, manifiesta con gran eficacia en "La justicia de Dios en la condenación de los pecadores", presuponía un universo basado en lo que él llamaba "la responsabilidad mutua" entre el modo en que Dios obra con el hombre y los propios actos de este (I, 672). En consecuencia, todo pecado merece un castigo. Si hay alguien a quien tenemos "la obligación infinita" de amar, honrar y obedecer, el comportamiento contrario hacia esa persona debe ser "infinitamente erróneo" (I, 669). Si esa persona es Dios, y si su amor es infinito y posee una excelencia y una belleza que también lo son, el pecado contra Dios es infinitamente aborrecible y exige un castigo sempiterno. Edwards intentaba convencer a sus oyentes de este hecho, retratando a un Dios airado cuyos juicios son "estrictos, exactos, espantosos y terribles", y por lo tanto gloriosos ("La eternidad de los tormentos infernales", II, 87). Para convencerles de que "las manos de un Dios airado" son también "las manos de un Dios grande" ("El castigo futuro...", II, 82), Edwards expuso a su congregación a esa ira. Usando una prosa característica, escribió:

> La ira de un rey es como el rugido de un león; pero esta es la ira de Jehová, el Señor Dios omnipotente... ¡Cómo debe ser lo más intenso de su ira, la de aquel que hizo los cielos y la tierra por la palabra de su poder, quien habló y fue hecho, quien ordenó y fue afirmado! ¡Cómo debe ser la ira de aquel que da una orden al sol y este no sale, y apaga las estrellas! ¡Cómo será la ira de aquel que sacude la Tierra haciéndola salirse de su lugar, y hace que tiemblen los pilares de los cielos! ¿Cómo será la ira de quien reprende al mar y lo vuelve en tierra seca, que traslada los montes de lugar y los allana en su furor? ¿Cómo será la ira de aquel cuya majestad es tan temible que ningún hombre puede vivir bajo su luz? ("Cuando los malvados hayan colmado la medida de su pecado", II, 124).

Edwards no escatimó esfuerzos para convencer a sus oyentes de que el pecado tiene consecuencias en un universo moral. En un manuscrito titulado "Directrices para juzgar las experiencias de las personas", que consistía en criterios mediante los cuales determinar la autenticidad de la experiencia religiosa, insistió en que sus compañeros en el ministerio "se encargasen" de que sus congregaciones tuvieran la convicción genuina de que la condenación es la consecuencia justa de su pecado y, lo que es más, que sus experiencias de la justicia divina "no son remordimientos, destellos, imaginaciones, sobresaltos, sino algo sólido, sustancial, profundo, inserto en el marco y en el temperamento de sus mentes".[31] Edwards quería que sus sermones implantasen esta convicción en la consciencia de los habitantes de Nueva Inglaterra.

Esta interpretación de la predicación de Edwards no debe difuminar la distinción entre el infierno como separación de Dios (*poema*

---

31 Jonathan Edwards, "Pautas para juzgar las experiencias de las personas", en *Selections from the Unpublished Writings of Jonathan Edwards of America*, ed. Alexander B. Grosart (impreso para circulación privada, 1865), p. 184.

damni) y el infierno como castigo de Dios (*poema sensus*). A pesar de que las imágenes de Edwards sugieren lo segundo, eludió la dicotomía fatal entre Dios como justo y airado y Cristo como misericordioso y amante, así como la representación estrafalaria de Dios como amoroso y airado según el momento. Bajo el punto de vista de Edwards, los atributos supremos de Dios tienen que ver con la excelencia y la belleza; su severidad está circunscrita a la gloria, y sus juicios al amor. No debemos olvidar que, mientras que el amor y el odio son antónimos, el amor y la ira no lo son. Con demasiada frecuencia los intérpretes han presentado a Edwards, que supuestamente oscilaba entre estados de ánimo contradictorios, como un evangelista errático que aplicaba incoherencias a Dios. Además, han interpretado literalmente sus imágenes sobre el fuego infernal, como si el Dios concebido por Edwards fuera un sádico a quien le complaciera atormentar a la humanidad. La ira divina que retrató Edwards encaja, en última instancia, en la esfera de la ley, la maldición, el pecado y la muerte; en el estado de alienación del ser humano respecto a Dios, y no en los propios afectos de Dios. Las imágenes totalmente bíblicas que usó Edwards se basaban en la teología calvinista. Calvino había dicho que, dado que las descripciones nunca pueden expresar correctamente la justicia divina; esta debe sernos "expresada figurativamente mediante las cosas físicas". A las personas hay que llevarlas a "*sentir* el cielo, la tierra, los seres vivos y todo lo que existe como desbordante, por así decirlo, de una terrible ira contra ellas, y armados para destruirlas".[32] ¿Para qué sirven esas imágenes? Como Edwards, Calvino requería imágenes de fuego y de azufre para describir el infierno de la separación, de "qué espantoso es verse privado de toda comunión con Dios".[33] La descripción que hace Edwards de un Dios de ira y de furor obligan al reconocimiento sensorial no de las emociones divinas, sino de las consecuencias cósmicas del pecado que se expresan por toda la Creación, que según dijo Pablo "gime a una, y a una está con dolores de parto" (Ro. 6:22).

---

32 Calvino, *Institutes*, III, xxv, 12 (cursivas mías).
33 Ibíd.

En un principio, el lenguaje que aspiraba a despertar a los hombres naturales a su pecado, y luego a convencerlos de la justicia de Dios al condenarlos, era útil también en una *tercera fase*, a saber, la de prepararlos para escuchar el evangelio. La tremenda desazón que les provocaban las arañas, los lagos de fuego, las tinieblas, los pozos sin fondo y la ira divina abrían el camino para la seguridad de que "Dios os ofrece un Salvador" ("La justicia de Dios...", II, 674). Este don de la gracia suficiente carecía de sentido, no obstante, a menos que los hombres primero se sensibilizaban a su culpabilidad y al castigo que merecían. Edwards sostenía que era imposible que una persona que no se haya convencido primero de su pecado esté dispuesta a aceptar la oferta de una expiación. La lógica de Edwards no solo constituía una teología sólida, sino que también indicaba una retórica y una psicología bien afirmadas. Y es que si una persona no ha conocido el pecado y sus consecuencias, o "si realmente no has merecido arder para siempre en el infierno" (II, 675), la propia oferta constituye una imposición repugnante. Edwards se aseguraba de que sus oyentes sintieran el deseo ardiente de beber agua fría. Uno de los motivos por los que su sermón "La justicia de Dios en la condenación de los pecadores" es ejemplar de su mejor predicación imprecatoria es que en él aplica las tres fases con un efecto consumado.[34] No hay otro caso en que el infierno sea más ardiente y la seguridad de la salvación más satisfactoria: "Concluyo este discurso invitando a los santos a recordar la gratitud y la maravilla de la gracia de Dios hacia ellos" (II, 679). Una conclusión parecida es la que ilumina la adustez de su sermón "La contemplación del fin de los malvados": "Si os arrepentís antes de que sea demasiado tarde, formaréis parte de esa comunidad de alegría... y entraréis en el gozo de vuestro Señor, ¡y será un gozo que jamás acabará ni disminuirá!" (II, 212).

Pero, mientras que su sermón "La justicia de Dios..." es el ejemplo más satisfactorio de la predicación sobre el infierno de Edwards,

---

34 Sus sermones más eficaces sobre la condenación son: "La eternidad en los tormentos infernales"; "Cuando los malvados hayan completado la medida de su pecado"; "El fin de los malvados contemplado por los justos"; "El castigo futuro de los malvados, inevitable e intolerable"; "La justicia de Dios en la condenación de los pecadores"; "La ira ilimitada sobre los malvados"; "Pecadores en manos de un Dios airado".

el sermón por el que las generaciones venideras llegarían a conocer a Jonathan Edwards sería el que predicó en Enfield, Connecticut: "Pecadores en manos de un Dios airado". Ningún otro sermón predicado en Estados Unidos ha recibido una atención comparable al que recibió este.

4. *"Pecadores en manos de un Dios airado"*

Para enfocar este increíble sermón desde el punto de vista *estadounidense*, Paul Elmer Moore, el inquebrantable humanista de la década de 1920, puede servirnos como punto de partida. En su calidad de crítico literario, se dio cuenta de que el lenguaje de Edwards destilaba algo impresionante. Pasó a alabar la "sinceridad de la visión" de Edwards, pero nunca fue más lejos.[35] Abordó el mundo calvinista de Edwards solo hasta el punto de destacar, citando al biógrafo temprano de este autor, Alexander V. G. Allen, que era un hombre casi demasiado grande "para soltárselo a otras personas sumidas en su condición natural".[36] Edwards era como "un órgano de una gran capacidad, cuyas paradas o combinaciones más fuertes nunca deberían haberse producido".[37] Este comentario de "soltar" al calvinista estadounidense a su congregación de Northampton durante veinte años no describe bien su ministerio, caracterizado por un amor y un interés generosos por el bienestar de sus parroquianos. Sin embargo, es cierto que esos mismos parroquianos echaron a Edwards, y uno supone que, cuando abandonó Northampton para siempre en 1751, sus habitantes suspiraron aliviados. Desde los tiempos de Edwards a los de More, las personas que atisbaron el infierno del que hablaba Edwards dieron un rápido paso atrás cuando la conmoción perturbó sus vidas cotidianas y bien ordenadas.[38]

---

35 Paul Elmer More, *A New England Group and Others: Shelburne Essays, Eleventh Series* (Londres: Constable & Co., s. f.), p. 44.

36 Citado por More, ibíd.

37 Citado por More, ibíd.

38 Este no es el caso de los artistas, según dice F. O. Matthiessen: "... no es casualidad que nuestros propios escritores modernos, con su sentido de lo que ha supuesto para nuestra sociedad la consciencia excesiva de Edwards y nuestra propia preocupación moral de Hawthorne y [Henry] James, sigan

Por supuesto, Edwards predicaba un calvinismo cada vez más inaceptable, que no permitía compromisos cómodos entre Dios y los hombres ni entre el hombre natural y el regenerado. Se negaba a violar su ortodoxia para adaptarla a unos habitantes de Nueva Inglaterra que, cada vez más, exigían de sus ministros de culto la seguridad de que Dios favorecía la moral casi tanto como la piedad; que no veían motivos por los que negar a los no regenerados el sacramento de la comunión, sobre todo desde que el propio abuelo y predecesor de Edwards, Solomon Stoddard, había sostenido que la Santa Cena podría constituir una experiencia regeneradora; y quien exigía que los miembros de la Iglesia incluyeran incluso a aquellas personas que no querían o no podían profesar una experiencia religiosa previa. El hecho de que Edwards se opusiera a los liberales en todos los frentes no evitó que la Ilustración progresiva fuera ganando terreno.

Entonces, ¿hasta qué punto el ostracismo al que sometieron a Edwards tenía solo un origen teológico? Aun admitiendo su importancia —además de la que tuvieron las circunstancias personales que la biógrafa Ola Winslow asocia con su expulsión—[39] esta no explica esa virulencia tan peculiar entre sus detractores. Lo que resulta más curioso es que, en realidad, este sentimiento nunca disminuyó. Un siglo después de la muerte de Edwards, Oliver Wendell Holmes, con un comedimiento condescendiente, reveló su profunda hostilidad hacia una teología fundamentada en "las profundidades más hondas del infierno" y hacia un lenguaje que "escandalizó la sensibilidad de una generación posterior".[40] Holmes pensaba que, si Edwards hubiera vivido más, "no tengo duda de que su credo se habría suavizado convirtiéndose en una creencia más amable y humanizada".[41] Si se hubiera dado esa buena suerte, supuestamente Edwards se habría dado cuenta de que la civilización había trascendido lo que para Holmes era el mito detestable de la Caída y del "infierno legendario".

---

creando, ya sea impulsados por la sensación de O'Neill de desintegración caótica o por la creencia de Eliot en la necesidad de regeneración, personajes cuyo tormento interior les hace imaginar que las Furias les persiguen". *American Renaissance* (Nueva York: Oxford University Press, 1941), p. 339.
39 Winslow, cap. 11 ("Trouble in the Parish").
40 Oliver Wendell Holmes, *Pages from an Old Volume of Life: A Collection of Essays 1857-1881* (Boston: Houghton, Mifflin and Company, 1892), p. 369.
41 Oliver Wendell Holmes, *Over the Teacups* (Boston: Houghton, Mifflin and Company, 1892), p. 40.

Además, habría aprendido la lección de que el infierno "es algo de lo que no se habla mucho hoy día, tanto en los círculos educados como en los demás"; que, de hecho, "a la humanidad la escandaliza y la ofende".[42] En los albores del nuevo siglo, William James, dejando a un lado su reconocida objetividad, respaldó esa misma acusación diciendo que "hoy aborrecemos" la doctrina del infierno y de la salvación que predicaba Edwards, que "nos parece que es, si es soberanamente algo, soberanamente irracional y vil".[43] El desdén menos reprimido produjo todo tipo de caricaturas, la más descarada de las cuales fue la de Clarence Darrow, quien escribió en *American Mercury*, de H. L. Mencken, que "el objetivo principal [de Edwards] en este mundo era asustar a mujeres y a niños inocentes, blasfemando del Dios al que profesaba adorar". No satisfecho con esta andanada, añadió: "Solo una mente distorsionada o enferma podría haber producido su «Pecadores en manos de un Dios airado»".[44] Otro detractor, Vernon Louis Parrington, intentó explicar lo que consideraba la tragedia de la vida intelectual de Edwards, a saber, que la teología había triunfado sobre la filosofía. Él pensaba que Edwards hubiera podido ser un pensador tremendamente creativo si su conversión religiosa no le hubiera "interrumpido" lamentablemente. Entonces, recurriendo a un sarcasmo apenas disimulado, Parrington conjeturaba que en el fondo no lamentamos que Edwards avivase los fuegos del infierno, porque, "una vez quedaron expuestos a la mirada pública los horrores subyacentes en el calvinismo, el sistema quedó condenado".[45]

Lo que provocó semejante antagonismo no fue solo la teología de Edwards. Lo que "se soltó" a los adoradores de Nueva Inglaterra —incluyendo a los de Enfield— y lo que siguió perturbando a generaciones posteriores, fue una visión equiparable a la de los mejores poetas y profetas, cuya misión implícita ha sido siempre la de perturbar. En *La República*, Platón sabía que los poetas eran peligrosos, igual

---

42 Ibíd., p. 254.

43 William James, *The Varieties of Religious Experience: A Study in Human Nature* (Londres: Longmans, Green, and Co., 1902), p. 330.

44 Clarence Darrow, "The Edwardses and the Jukeses", *American Mercury*, VI (octubre 1925), 153.

45 Vernon Louis Partington, *Main Currents in American Thought*, I (Nueva York: Harcourt Brace and Company, 1927), 159.

que el Gran Inquisidor de Dostoievski en *Los hermanos Karamazov* se dio cuenta de que había que silenciar a los profetas. Ambos tipos de persona eran una ofensa para el ciudadano de a pie que vivía dentro de su mundo familiar. La caída pública de Edwards —si podemos llamarla así— se debió a que se había atrevido a conceptualizar el cielo y el infierno y a plasmar luego su visión en un lenguaje que la mayoría de personas no podía soportar. Esperaba que su pueblo sintiera, de todo corazón, las tensiones que él generaba. Durante el breve Despertar, esos mismos oyentes consiguieron preservar esos sentimientos además de aprender la diferencia entre moralidad y conversión, buenas obras y afectos religiosos, autosuficiencia y gracia irresistible. Pero cuando esas tensiones se conservan interminablemente, inducen el estado de temor que Kierkegaard insertó en la categoría de consciencia. Cuanto más conscientes seamos de la finitud y la infinitud, mayor será el miedo. "Cuanto mayor es el temor, mayor es el hombre", añadió Kierkegaard.[46] Es difícil que a nadie le guste que le llamen a tener este tipo de grandeza, y no cabe duda de que no fue del agrado de la congregación de Edwards. La gente necesitaba cosas más cercanas en las que pensar. Sin embargo, con una ironía que habría sorprendido al mismo Edwards, sus "Pecadores en manos de un Dios airado", a pesar de todo el temor apocalíptico que provocó y toda su irrelevancia para el Sueño Americano, se convirtió en el sermón más famoso que se haya predicado en ese país.

Identificar el sermón como la culminación del Gran Despertar clarifica aún más el punto de vista estadounidense. El avivamiento religioso, que se había extendido por todo el valle del Connecticut en la década de 1730, había alcanzado un punto álgido en Nueva Inglaterra en la época en que Edwards predicó a la congregación de Enfield el 8 de julio de 1741. Unos años antes ya habían sucedido cosas maravillosas entre sus propios paisanos de Northampton, como describió Edwards en una carta (del 30 de mayo de 1735) al reverendo Benjamin Colman, de la Brattle Street Church de Boston. A pesar de que no hay evidencias de que Colman publicase esta carta, los sucesos en

---

46 Søren Kierkegaard, *The Concept of Dread*, trad. Walter Lowrie (Princeton: Princeton University Press, 1944), p. 139.

Northampton fueron tan relevantes que más tarde Edwards amplió su relato y lo publicó en 1737, con el título *Narración fiel de la obra sorprendente de Dios en la conversión de muchos cientos de almas en Northampton y en ciudades y aldeas vecinas*, una obra que abría las puertas "a la emoción y a la sensibilidad".[47] Por supuesto, en esto consistió el Gran Despertar. Como alternativa repentina al racionalismo amable, convirtió el entusiasmo religioso en algo público y democrático. Además, en un sentido que Edwards nunca pudo prever, inspiró una actitud totalmente nueva entre los estadounidenses: contra la autoridad, contra la aristocracia, contra Oriente, contra la teología; es lo que Richard Hofstadter ha identificado como el anti-intelectualismo estadounidense.[48]

No obstante, Edwards también consideraba estos avivamientos públicos experiencias intensamente personales para los individuos; una experiencia transformadora, regeneradora, que llegaba a lo más profundo del ser y abría el corazón a la percepción de la realidad divina. Aunque le preocupaban los excesos públicos y las consiguientes críticas, predicó infatigablemente el sentido del corazón, volviéndolo comprensible teológicamente en obras como *Los rasgos distintivos de una obra del Espíritu de Dios* y *Algunas reflexiones sobre el presente avivamiento en Nueva Inglaterra*. Estos dos libros echaron los cimientos para el *Tratado relativo a los afectos religiosos*.

Cuando se lee "Pecadores en manos de un Dios airado" dentro del contexto del Gran Despertar, y de la búsqueda cada vez más profunda del significado de la experiencia religiosa, su importancia sobrepasa con mucho el juicio de aquellas personas que solo lo consideran "fuego del infierno". Haremos una breve digresión para destacar que determinados apologistas, como avergonzados por el fuego y azufre de Edwards, insisten en que no era ese tipo de predicador. Ola Winslow escribe: "Cuando era realmente él mismo, era un maestro apacible".[49] Douglas J. Elwood afirma que "Pecadores en manos de un Dios airado" es más representativo de la época de Edwards

---

47 Miller, *Jonathan Edwards*, p. 137.
48 Richard Hofstadter, *Anti-Intellectualism in American Life* (Nueva York: Alfred A. Knopf, 1963).
49 Winslow, p. 137.

que de su escritor.[50] Otro estudioso de Edwards, Thomas A. John-son, resta importancia a esta faceta de Edwards afirmando que solo un tercio de sus sermones, aproximadamente, fueron disciplinarios (es decir, imprecatorios, correctivos, exhortatorios). Con diferencia, la inmensa mayoría de ellos eran sermones pastorales que expresaban "con un lenguaje positivo, gozoso, tierno, poético e incluso arreba-tado la belleza de la contemplación religiosa".[51] Por último, podemos destacar que mientras que Edwards fundamentó su fogoso sermón de Enfield en el pasaje bíblico de Deuteronomio 32:35 ("a su tiempo su pie resbalará"), escribió en un tono muy distinto sobre otro pasaje del mismo capítulo (32:2). El pasaje dice: "Goteará como la lluvia mi enseñanza; destilará como el rocío mi razonamiento; como la llovizna sobre la grama, y como las gotas sobre la hierba". Edwards comentó lo siguiente sobre este texto:

> Aquí Dios habla a su pueblo de una forma bastante distinta a la que em-pleó en el monte Sinaí, cuando les habló desde el fuego. El mensaje de Dios en aquel caso fue como truenos y relámpagos y fuego consumidor, que amenazaba con aniquilar y destruir a una criatura tan frágil y tierna como el ser humano, que es como la hierba y la flor del campo. La es-cuchamos como un cántico agradable. En lugar de ser como el rayo que destruye y consume, es como la lluvia apacible, como el rocío refrescante sobre la hierba tierna, revelando no su ira sino su gran misericordia, de un modo adaptado a la constitución delicada del hombre. Este cántico contiene buena parte del glorioso evangelio.[52]

La atención dedicada a esta otra faceta de la predicación de Edwards disipa rápidamente la impresión popular distorsionada que dice que en todos los sermones de este predicador ardía con fuerza el fuego del infierno.

Sin embargo, volvemos a la misma idea: Edwards predicó enfáti-camente el infierno en los términos plásticos relativos a las arañas que

---

50 Elwood, p. 2.
51 Thomas H. Johnson, en Jonathan Edwards. *Representative Selections*, eds. Faust y Johnson, p. cxi.
52 Jonathan Edwards, *Observations Upon Particular Passages of Scriptures*, en *The Works of President Edwards*, 4 vols. (Nueva York: Robert Carter and Brothers, 1869), III, 548.

pendían de un hilo sobre las llamas consumidoras. Aunque es cierto, como señalan sus detractores, que esto no es todo lo que predicó; que sus sermones sobre la salvación alcanzaban cotas líricas tan altas como los que hablaban del pecado sondeaban las profundidades; que los sermones pastorales eran más numerosos que los disciplinarios, a pesar de todo esto, como dice correctamente Peter Gray,

> minimizar la importancia, y explicar la doctrina, del sermón de Enfield es hacerle a Edwards un dudoso favor; supone volverlo inofensivo mediante la castración. Edwards no quería ser inofensivo. Dios era omnipotente, Dios estaba furioso, el hombre sin Dios está totalmente perdido: estos eran los pilares sustentadores de la teología de Edwards.[53]

Por consiguiente, es esencial reconocer la visión que tenía Edwards del infierno como lo que era realmente. Esto *no* quiere decir que Holmes, Darrow y Parrington (por mencionar solo a tres de los detractores más severos) admitiesen nada importante.[54] Tampoco sugiere que el propio Edwards abandonara la severidad intelectual por lo que para los George Whitefields de su misma época se convirtió en el emocionalismo evangélico. Y, sin duda alguna, no supone argüir que Edwards quisiera establecer el tipo de fundamentalismo religioso que más tarde se extendería por todo el occidente de Estados Unidos. La idea esencial es que para Edwards el infierno es inseparable de la experiencia religiosa. Conocer la salvación supone, primero, conocer la noche oscura de la alienación.

El momento que Edwards expone en "Pecadores en manos de un Dios airado" se corresponde con la terrible consciencia de que un Dios soberano sobre todo ha destruido todos los engaños humanos, ha expuesto todos los motivos secretos, y ha desintegrado toda confianza en las fuerzas humanas, sus progresos, su prudencia y sus artilugios. La seguridad que confieren la buena salud, los proyectos bien organizados e incluso la teología del pacto se convierte en nada. Tanto

---

53 Peter Gay, *A Loss of Mastery: Puritan Historians in Colonial America* (Berkeley and Los Angeles: University of California Press, 1966), p. 108.
54 Para una evaluación inteligente y global de los detractores de Edwards, véase Clyde A. Holbrook, "Jonathan Edwards and His Detractors", *Theology Today*, X (octubre de 1953), 384-396.

si para describir la inseguridad uno elige la imagen del hilo de araña como si opta por una corteza finísima, solo la voluntad arbitraria de Dios nos separa de la aniquilación. En este sermón Edwards dijo que, si visitáramos el reino de la muerte y preguntásemos por los ya desaparecidos, "sin duda escucharíamos a unos y a otros contestar «No, nunca pretendí venir aquí. En mi mente la historia se desarrolló de otro modo; pensaba que me las arreglaría bien por mi cuenta. Pensaba que mi forma de vivir era correcta... y cuando decía 'Paz y seguridad', me sobrevino la destrucción repentina»" (II, 9). Ese instante destructivo que disipa todo espejismo es el mismo momento aplastante y numinoso en el que contemplamos el corazón de las tinieblas, para descubrir en él —como escribió Martín Lutero— que Dios, "más terrible y amedrentador que el diablo... nos pide cuentas y nos lleva a la ruina con poder, nos golpea y nos aplasta sin prestarnos más atención... En su majestad, es un fuego consumidor".[55]

La característica realmente audaz del sermón es el modo en que Edwards expuso las proporciones cósmicas de ese momento. Sus imágenes se apropian de los elementos básicos del *aire*, la *tierra*, el *fuego* y el *agua*, que conspiran para destruir al ser humano. Los enemigos de Dios son como el tamo ante el "torbellino", y su destrucción llegará "como un torbellino" (II, 8, 9). De no ser por la voluntad soberana de Dios, la "tierra no [los] soportaría ni un instante más", y su seguridad no es más sólida que la de una tela de araña que intenta "detener la caída de una piedra" (II, 9). Además, "las llamas se reúnen y centellean a su alrededor" (II, 9). También el agua sube para reventar la presa, y "lo único que contiene las aguas es el beneplácito de Dios" (II, 9). Estas imágenes tipológicas hacen algo más que estimular la experiencia sensorial; relacionan toda la Creación con el mundo concreto y presente. Pero al posicionar al ser humano entre los elementos naturales, también sugiere su soledad en la vastedad del tiempo y del espacio. Su infierno durará "largas eras, millones de millones de eras", de la misma manera que ahora existe suspendido en el espacio sin tener "nada en lo que sustentarse o a lo que aferrarse" (II, 11, 9). Lo que manifiestan estas imágenes cósmicas con una importancia

---

55 Citado en *Otto*, p. 99.

amedrentadora es la total incoherencia del orgullo y del libre albedrío humanos, su completa alienación de la fuente de la vida y de un Dios trascendente que no tiene ninguna obligación para con los intereses propios del ser humano.

El hecho de que se pase por alto la contemporaneidad de este sermón corrobora el veredicto de Berdyaev, quien dice que hoy día la comodidad tiene carácter escatológico, y que es posible que sea "el destino final del ser humano".[56] Para disipar la comodidad de su propia época, Edwards reforzó el poder visionario y verbal de "Pecadores en manos de un Dios airado", añadiendo la siguiente afirmación, muy clara, antes de dar comienzo a la sección de la "Aplicación" del sermón: "El tratamiento de este tema tan espantoso va destinado a despertar a las personas inconversas de esta congregación" (II, 9). Pero el terror que generó "este tema tan espantoso" ha resultado ser algo más que el que se asocia con Enfield y con el efímero Despertar. El terror también es propio de la inseguridad del hombre moderno. En este sermón Edwards lleva a la humanidad, "sin mitigación, protección o indulgencia", cara a cara con un universo carente de seguridad y de refugio. Así, podemos decir que "Pecadores en manos de un Dios airado", usando la expresión de Perry Miller, es "el repentino salto [de Estados Unidos] a la modernidad".[57] El sermón representa —como ha dicho H. Richard Niebuhr hablando sobre la predicación de Edwards— una consciencia religiosa de que los hombres, en todo momento, están "tan a punto de caer en el abismo de la desintegración, la barbarie, el crimen y la guerra de todos contra todos, como de avanzar hacia la armonía y la integración". Según Niebuhr, Edwards reconocía "lo quiso decir Kierkegaard cuando describió la vida como ir caminando por el agua teniendo bajo nuestros pies diez mil metros".[58] No es una exageración decir, como James Carse, que los sermones de Edwards, sobre todo "Pecadores en manos de un Dios airado", "fueron en su época lo que es para la nuestra el «Guernica» de Picasso".[59]

---

56 Nicolas Berdyaev, *The Destiny of Man* (Nueva York: Harper & Row, 1960), p. 179.
57 Miller, *Jonathan Edwards*, p. 147.
58 H. Richard Niebuhr, en *Christian Ethics: Sources of the Living Tradition*, eds. Niebuhr y Waldo Beach (Nueva York: Ronald Press, 1955), p. 380.
59 Carse, p. 161.

Ninguna mente moderna ha comprendido mejor esta condición que la de Kierkegaard. El hecho de que el sermón de Edwards haya supuesto una ofensa para diversas generaciones de lectores incide directamente sobre la idea que subrayó Kierkegaard respecto a la naturaleza ofensiva del propio cristianismo. Ambos pensadores afirmaron que el cristianismo parte de la doctrina del pecado. Esta doctrina establece de inmediato la categoría del individuo como opuesta a la categoría de lo universal. La ofensa radica en que un individuo particular deba vivir semejante realidad y, lo que es más, que su pecado moleste a Dios. La ofensa radica en que el cristianismo exija a la persona individual que sea ella misma delante de Dios, y no que mantenga una relación abstracta con un Bien, una Belleza y una Verdad universales, ya sea por medio del intelecto o de la imaginación. De hecho, la ofensa radica en la relación frágil como un cabello que mantiene la persona particular con el Dios soberano. Una vez más, dijo Kierkegaard, la ofensa no es que el cristianismo sea muy oscuro, agorero, severo, sino más bien que "convertiría al ser humano en algo tan extraordinario que es incapaz de metérselo en la cabeza".[60]

Al dramatizar las consecuencias de esa hebra rota, Edwards dio pábulo al temor reverente. Consideró que el aire, la tierra, el fuego y el agua eran instrumentos que podían acarrear la destrucción de la humanidad. La separación del ser humano es completa, y su muerte es eterna. El pecador, tras haber decidido rechazar la relación hombre-Dios y consentir solamente a su propia excelencia humana, al haberse alejado de la ofensa y de su poder salvador, ha dejado de estar en manos de Dios, y por tanto está perdido para siempre. "Pecadores en manos de un Dios airado" demuestra la visión que aportaba Edwards a esta faceta de la experiencia religiosa. Revelaba la condición de las personas que viven alejadas de Dios por propia voluntad. Usando un lenguaje que parece descansar sobre la visión, como si fuera complementario a ella, Edwards predicó sobre este infierno de modo que sus oyentes estuvieran preparados para imaginar junto a él el cielo prometido por el evangelio de la salvación.

---

60 Søren Kierkegaard, *The Sickness Unto Death*, en *Fear and Trembling/The Sickness...* (Nueva York: Doubleday & Co., 1954), p. 214.

CAPÍTULO SEIS

La salvación

1. Preludio

A pesar de que Edwards propagó todo tipo de temores entre su congregación de Nueva Inglaterra, nunca pretendió que sus grandes sermones sobre el fuego del infierno fueran nada más que un preludio para un tema mucho más importante. Sin duda, el infierno era un preludio necesario. Él nunca dudó de la importancia que tiene que una persona adquiera una convicción de pecado. Pero era una convicción, un conocimiento propio, destinado a hacer de la persona alguien capaz del gozo de la salvación, que fue siempre el tema preponderante para Edwards.

Esta insistencia tiene una gran incidencia en Edwards y en el tema de la tragedia. La visión religiosa de Edwards, sustentada por la fe paulina de que el evangelio ha sustituido a la ley, trascendía la tragedia. Algunos escritores, por el contrario, han sostenido que el puritanismo refrendaba una visión trágica basada en lo que William E. Rowley llamaba "la tragedia esencial de la Caída del hombre".[1] Por lo que respecta a Edwards concretamente, Robert Spiller define este

---

1 William E. Rowley, "The Puritan's Tragic Vision", *The New England Quarterly*, XVII (septiembre de 1944), 417.

sistema filosófico como "una casa de tragedia en la que sobrevive el sentido de la culpa y de la agonía", y donde fracasa la liberación "de la paz del sometimiento". Spiller dice que se trataba de una estructura de consciencia trágica "repetida en la obra de Poe, Hawthorne y Melville; O'Neill, Eliot y Faulkner".[2] El problema de esta interpretación es que se queda corta frente a la visión que tenía Edwards de la salvación. De los escritores mencionados en la lista de Spiller, solo T. S. Eliot conoció esta visión, si, en realidad, la rosa de múltiples pétalos de los *Cuatro cuartetos* simboliza la visión soteriológica. En cuanto a Edwards, se produce un progresivo ensanchamiento espiritual que Alan Heimert llama correctamente "la visión milenial", y que Elwood saluda como el "optimismo cósmico" de Edwards.[3] Después de la idea de que en la esencia del puritanismo radica un "optimismo indestructible",[4] tanto Heimert como Elwood afirman convincentemente que en última instancia todos los cataclismos y todo el mal, que se identifican como parte del círculo de la finitud, se encuentran insertos en la realidad infinita de Dios. Esto supone defender, como Edwards, que todas las dislocaciones trágicas se resuelven dentro del contexto más amplio. La tragedia del Everyman pierde su aguijón y, por último, su estatus dentro de la excelencia y el amor salvador de Dios, que todo lo abarcan.

2. La gracia y la salvación personal

Edwards habló sobre los términos últimos de la salvación. Antes que nada, su premisa básica era la misma que sustentaba la teología ortodoxa, a saber, "un Dios omnipotente y un ser humano impotente".[5]

---

2 Robert Spiller, *The Cycle of American Literature: An Essay in Historical Criticism* (Nueva York: The Free Press, 1967), p. 11.
3 Alan Heimert, *Religion and the American Mind: From the Great Awakening to the Revolution* (Cambridge, Mass.: Harvard University Press, 1966), p. 64: Douglas J. Elwood, *The Philosophical Theology of Jonathan Edwards* (Nueva York: Columbia University Press, 1960), p. 87.
4 Perry Miller, *The New England Mind: The Seventeenth Century* (Cambridge, Mass.: Harvard University Press, 1954), p. 38.
5 Ibíd., p. 26.

Con la máxima humildad debemos adorar "la terrible y absoluta soberanía de Dios", y nuestra salvación solo podemos atribuirla a su "gracia soberana" ("La soberanía divina en la salvación del hombre", II, 853, 854). Entonces, basándose en esta premisa, Edwards declaró que la salvación era ese poder divino que resuelve el pecado y rescata al hombre de todos los demás problemas que le atormentan. El objetivo de Edwards, como el de sus predecesores calvinistas, era la salvación, la liberación última del poder demoníaco del mal, el pecado y la muerte. La justificación *sola fide* era la absolución del pecado; la salvación era la nueva libertad frente al pecado, y la resurrección conllevaba un nuevo ser y un nuevo corazón.

La elección formaba parte implícita de la doctrina de la salvación. Edwards le daba el significado de un sentido de certificación. Nuestra salvación está certificada (sabemos que fluye de la fuente de la misericordia divina) cuando sabemos que hemos sido elegidos para unirnos a Cristo, "la cabeza de todas las criaturas elegidas" ("Comentarios sobre controversias teológicas importantes", II, 538). El concepto de la elección que tenía Edwards abarcaba dos cosas: el conocimiento previo y la predestinación. Edwards llamaba el "conocimiento previo" de Dios a su elección de las personas que se salvarían; destinarlas a conformarse a la imagen de Cristo era la predestinación de Dios. "Pues habiéndonos Dios, por medio de su conocimiento previo, entregado a Cristo, nos considera a partir de entonces miembros y parte de su ser; así, ordenando la cabeza [Cristo] para la gloria, también ordena a los miembros para ella" (II, 538). Al destinar a Cristo a la vida eterna, destinó también a todas las partes de Cristo. Edwards no sugiere que la salvación personal solo consiste en unirse con el Espíritu de Dios, o con los distintos atributos divinos (belleza, excelencia, bondad, plenitud) que le atribuyamos fuera de Cristo. El pensamiento de Edwards es exhaustivamente cristológico. Donde es más evidente este hecho es en su declaración de que "la elección de Cristo es el fundamento de la nuestra", de la misma manera que su justificación y su glorificación constituyen también nuestros cimientos (II, 528).

Pero la doctrina, por sí sola, no logra explicar el misterio de los caminos inescrutables de Dios. En cuanto a la doctrina específica de la elección, el propio Calvino había advertido contra un enfoque especulativo, diciendo que si una persona "audaz" enmarca su análisis lógico en él, "no encontrará nada que satisfaga su curiosidad". Calvino dijo: "Pues no está bien que un hombre, con impunidad, escudriñe aquellas cosas que el Señor ha decidido que permanezcan ocultas en él, y quiera sondear ese ámbito de sabiduría eterna que Dios quiere que adoremos pero no que comprendamos".[6] De igual manera, Edwards sabía lo inútil que es utilizar la doctrina para impartir un conocimiento religioso. Para él, no tenía mucho sentido decir doctrinalmente que la elección de Cristo es el fundamento de la nuestra a menos que, en el meollo del asunto, nos encontremos con Cristo y sepamos que por medio de nuestra elección —como miembros elegidos de Cristo— nuestra salvación queda cimentada en Dios. La especulación podía predicar este misterio, pero solo la percepción que tiene de él el corazón puede verificarlo. Edwards sabía que en la esencia de la experiencia religiosa, como si se tratase del punto intermedio entre la justificación y la salvación, está la gracia, un misterio que desafía la formulación doctrinal pero que, aun así, permite al ser humano responder a Dios con fe. En este consentimiento radica su conversión, la nueva tendencia de su corazón, permitiéndole alcanzar aquellas visiones espirituales que la razón natural, debido a su corrupción, nunca le puede proporcionar.

Edwards seguía diciendo con un fervor inconmovible que la gracia era la presencia especial de Dios que solo concedía a sus elegidos. Era la operación sublime del Espíritu por medio de Cristo en el corazón de la persona religiosa. El hecho es que este poder especial o esta presencia suponía la gran diferencia entre el hombre natural y el regenerado. Además, señalaba a la Deidad no solo como sustentadora del mundo natural, sino también como redentora del hombre pecador, como el Dios de la regeneración, que concede una libertad y una salvación auténticas. Edwards consideraba que la gracia mediante la cual se transforma la persona es una gracia especial o salvadora. A diferencia de la gracia común (que comparten santos y pecadores, y que se

---

6 Juan Calvino, *Institutes of the Christian Religion*, ed. John T. McNeill, en Library of Christian Classics (Londres: SCM Press, Ltd., 1960), III, xxi, l.

manifiesta en las buenas obras), la gracia salvadora es "un tipo o grado concreto de operación o de influencia del espíritu de Dios"; él sostenía que era algo totalmente diferente, "en su naturaleza y en su clase", de cualquier cosa que se encuentra en los no cristianos.[7]

Edwards fusionó sus ideas sobre la naturaleza de la gracia salvadora en su *Tratado sobre la gracia*, que seguramente escribió durante los años en Stockbridge[8], pero desconocido hasta que Alexander Grosart lo publicó en Edimburgo cien años más tarde, en 1865. En la época en que lo descubrió, Grosart comentó que lo había encontrado "cuidadosamente acabado, listo para la imprenta", y con toda razón lo definió como "un tesoro".[9] Pocas cosas que escribiera Edwards superan a esta obra en su excelencia intelectual y retórica. Además, en ella late cierto entusiasmo religioso que debe su presencia a la propia imaginación y visión religiosas de Edwards.

En esta obra presenta al hombre natural como "ajeno" a la gracia especial divina, como alguien que no sabe más sobre las cosas del Espíritu de lo que sabe un ciego sobre los colores. A su manera, el hombre natural es "totalmente ciego", porque es un desconocido para Cristo. La vista espiritual solo se obtiene en "comunión con Cristo", pero, tal como subrayó Edwards, "no hay comunión sin unión". Cambiando de metáfora, Edwards habló de una "simiente santa", un principio divino, algo pequeño como un grano de mostaza, que arraiga en el corazón, florece y produce una nueva criatura. Como corresponde a una persona que ha resucitado de los muertos, ahora su vida "no solo alcanza un nuevo grado, sino que es nueva del todo".[10] El lector del *Tratado* que preste mucha atención al lenguaje figurativo de Edwards detectará que el equilibrio entre expresiones y ritmo se acompasa perfectamente con la progresión de las imágenes, que pasan de la muerte al renacimiento, del aislamiento a la comunión, de la ceguera a la vista, del llamado a la respuesta, de la nada a la creación.

---

7 Jonathan Edwards, *Treatise on Grace*, en Selections from the Unpublished Writings of Jonathan Edwards of America, ed. Alexander B. Grosart (impreso para circulación privada, 1865), p. 19.

8 Ola Elizabeth Winslow, *Jonathan Edwards*, 1203-1253 (Nueva York: The Macmillan Company, 1940), p. 309.

9 Grosart, ed., *Treatise on Grace*, en Selections, p. 11.

10 Edwards, *Treatise on Grace*, pp. 22-25.

Como punto culminante del *Tratado* encontramos el relato que hace Edwards del "alma y la esencia, de la comprensión sumaria de toda gracia", el don de dones, el principio del amor divino "que halla su máxima expresión en el corazón de los santos, que primariamente tienen como su objeto a Dios".[11] Como arrebatado y dominado por las crecientes cadencias de Pablo, Edwards escribe:

> Si un hombre hace todas las cosas aquí descritas, formula semejantes profecías gloriosas, tiene este conocimiento, esta fe, y habla con tamaña excelencia, realizando unos actos externos tan excelentes, y hace cosas tan grandes en la religión como son repartir sus bienes entre los pobres y dar su cuerpo para ser quemado, ¿qué le falta sino una cosa? La quintaesencia de toda religión, el elemento donde radican la sinceridad, la espiritualidad y la teología religiosas. Y esto, como nos enseña el apóstol, es el AMOR.[12]

Al definir este amor, Edwards reconoció sus limitaciones lingüísticas, confesando que las cosas de esta naturaleza son indefinibles, y que, de hecho, "se sienten mejor que se definen". Sin embargo, con el uso repetido de las metáforas, lo intentó con todas sus fuerzas. Tener un sentido del amor divino en el corazón es "el anhelo que siente el alma por la excelencia suprema de la naturaleza divina, que inclina el corazón a Dios como su bien principal"; este sentido entrañable induce al individuo a "anhelar la bondad y la dulzura" de Dios; el alma regenerada "llega a ver, o mejor a gustar, la bondad superlativa del Ser divino"; por último, el amor divino es "óleo santo… que fluye suavemente y llega a todas partes… que no tiene rival en cuanto a su dulzura y su fragancia… como el óleo precioso sobre la cabeza que desciende por la barba, la barba de Aarón, y que llega hasta el borde de sus vestiduras".[13]

Ningún resumen breve puede hacer justicia a esta obra notable, tan rica en imágenes y en ideas. Su sucesora, también publicada póstumamente en 1865, fue *La naturaleza de la auténtica virtud*. Ambas

---

11 Ibíd., p. 32.
12 Ibíd., p. 33.
13 Ibíd., pp. 36-45.

obras son secuelas para el *Tratado sobre los afectos religiosos*; en ambas el sujeto es el ser humano antes y después de la redención. Pero mientras que el *Tratado sobre la gracia* nos presenta al escritor dominado por un celo santo, de modo que su prosa se vuelve prácticamente la del lenguaje religioso, *La naturaleza de la auténtica virtud* es implacablemente lógica y analítica, y solo de vez en cuando hallamos detalles figurativos que sugieran la exuberancia subyacente en su redacción. En la conclusión del *Tratado sobre la gracia*, Edwards entrevió el tema de su siguiente obra: "El Espíritu es el único principio de la genuina virtud en el corazón. Es decir, que ser verdaderamente virtuoso supone ser espiritual".[14] Por consiguiente, la verdadera virtud consiste en una unidad con el Espíritu de Dios, y su principio central es el amor. Estar en unión con el amor de Dios por medio de Cristo supone descansar en la armonía última de las cosas. Este es el don de la gracia especial, sin el cual ningún hombre puede escapar al círculo del amor por sí mismo para unirse con la infinitud del amor divino.

Al leer este análisis con unos argumentos tan prolijos sobre la verdadera virtud, el lector se siente tentado a llegar a la conclusión de que lo que interesaba sobre todo a Edwards era la ética. Allen, por ejemplo, comenta que en su tratado "Edwards esboza la transición de la teología a la ética".[15] En realidad, Edwards deja que el lector haga su propia transición, y el juicio de Allen solo es válido si vemos claramente que Edwards defiende que la religión experiencial siempre precede a la ética cristiana. En este tratado sobre la virtud genuina no analiza las aplicaciones prácticas del amor o de la virtud, como había hecho en la Duodécima Señal de *Afectos religiosos*. En este caso proclama el amor como un fin en sí mismo. Su énfasis recae sobre el amor del ser general, no de seres concretos. Desconfiaba de las presuntas disposiciones benevolentes destinadas a personas concretas o a la sociedad corporativa. Según él, ese amor "se queda infinitamente corto frente a la universalidad de la existencia".[16] El amor cuyo único objeto es otra

---

14 Ibíd., p. 55.

15 Alexander V. G. Allen, *Jonathan Edwards* (Boston: Houghton, Mifflin and Company, 1839), wp. 313.

16 Jonathan Edwards, *The Nature of True Virtue*, con un prefacio de William K. Frankena (Ann Arbor: University of Michigan Press, 1960), p. 19.

persona, una familia, una sociedad o una nación, demuestra como poco "un espíritu egoísta, contraído, estrecho"[17], y como mucho una enemistad a ultranza con Dios. En última instancia, ese amor no es más que amor egocéntrico; es una mera conducta ética que carece de fundamento religioso. Recurriendo una vez más a connotaciones paulinas, Edwards insistió en que "ningún afecto por una criatura, o sistema de seres creados, que no dependa o esté subordinado a una propensión o unión del corazón con Dios, el Ser supremo e infinito, puede tener la naturaleza de la virtud genuina".[18] Como en el *Tratado sobre la gracia*, el interés inequívoco de Edwards es el amor divino, Dios como centro de todo, y el nuevo sentido existencial que promete esa salvación. Los afectos religiosos, opuestos a los naturales que surgen del concepto del ser humano como centro, y que solo se interesan por lo que es particular y privado, nacen del poder ontológico del amor divino y se centran en el Ser en general. Aceptar, mediante la gracia, semejante dimensión de la realidad supone unirse con lo que Edwards llamaba "la máxima porción de la existencia", la excelencia y el amor de Dios.[19]

Los grandes temas de Edwards fueron siempre la gracia, el amor y la salvación. Una razón fundamental que explica esto tiene que ver con el concepto que tenía Edwards del ser humano. H. Richard Niebuhr se ha acercado más que nadie a localizar cuál era ese concepto. Afirma que "bajo la iluminación de la revelación" Edwards discernía algo profundamente contradictorio en el espíritu humano.[20] Por un lado, veía que el ser humano estaba motivado por el amor a sí mismo (la moralidad de su naturaleza caída), pero por otro "sentía que era alguien que no debía ser como era". Edwards creía que el ser humano caído tiene la sensación de que "se le exige algo que supera su capacidad presente, a saber: ser justo y leal en un sentido verdaderamente universal, con un altruismo absoluto".[21] Lo que sugiere Niebuhr es

---

17 Ibíd., p. 20.
18 Ibíd., pp. 22-23.
19 Ibíd., p. 9.
20 H. Richard Niebuhr, *Christian Ethics: Sources of the Lining Tradition*, eds. Niebuhr y Waldo Beach (Nueva York: The Ronald Press, 1955), p. 389.
21 Ibíd.

que Edwards atribuía al hombre un anhelo profundo por algo que el egocentrismo no logra darle.

De la misma manera que la visión que tenía Edwards de la historia humana era la historia de la redención del amor por uno mismo para el amor por todos los seres, según Niebuhr atribuía a todos los hombres el anhelo de una visión semejante. La observación provocativa de Niebuhr contribuye a explicar no solo la profunda inquietud de Edwards por el pecado, sino su preocupación incluso mayor por la salvación. Edwards consideraba que el temperamento universal del hombre no radicaba tanto en el temor del infierno sino en el anhelo del cielo. A pesar de que la naturaleza del hombre caído le inclina a alejarse de Dios, sigue teniendo ese sentido de "deber" que le permite responder, mediante la gracia, al llamado de la libertad. Si Edwards no hubiera tenido esta confianza en la respuesta humana, tendría que haber admitido la inutilidad de predicar sobre el tema de la salvación. Pero contando con esa seguridad, exhortó a sus oyentes a actuar basándose en su sentido del deber. En sermones como "El peregrino cristiano", "La sabiduría de Dios manifiesta en el camino de salvación", "La resolución de Rut" y "Avanzando hacia el reino", puso ante los suyos la visión de Canaán. Entre tanto, les ayudó infatigablemente a proseguir el viaje. Edwards sostenía que, una vez se han probado las bendiciones, tenemos más motivos incluso para perseverar, hasta que "somos llevados a un tipo de unión con Dios, y de disfrute de su Persona, tanto del Padre como del Hijo, inmensamente más exaltado de lo que podríamos haber conocido de otro modo" ("La excelencia de Cristo", I, 689). En última instancia, la visión celestial es unión, sin que haya ángeles o santos como intercesores ("El cielo", de *Observaciones variadas*, II, 630).

Edwards creía que en lo profundo de la consciencia de toda persona se halla un inagotable anhelo ontológico, que solo se satisface mediante el encuentro con Cristo. Al unirse con Cristo, un hombre se convierte en una persona entera, que no solo ha trascendido la humanidad natural sino que ha experimentado su redención. Ha sido justificado por medio de la fe, y por medio del poder milagroso del amor divino (que para Edwards nunca es un mero sentimiento o emoción, sino más bien una fuerza ontológica) ha sido bendecido con una vida nueva, con paz y con vista. Este es el gran tema del sermón de Edwards que pronunció en agosto de 1750, "La paz que Cristo otorga a sus verdaderos seguidores". Tomó como pasaje central Juan 14:27: "La paz os dejo, mi paz os doy". También podría haber elegido las palabras de Pablo en Romanos 5:1: "justificados, pues, por la fe, tenemos paz para con Dios por medio de nuestro Señor Jesucristo". Ambos pasajes describen la bendición de la paz que recibe el creyente. Edwards aportó su propio matiz interpretativo para explicar la naturaleza de esa paz. La paz que tienen los cristianos, dijo, "nace de que tienen los ojos abiertos, y de que ver las cosas como son" (II, 91). Equiparaba el corazón con la vista, y hallaba en la pureza del primero la esencia de la segunda. El corazón puro era el corazón que veía. "Dios es el dador del corazón puro", escribió Edwards, "y da para obtener este fin, que pueda estar preparado para la bendición que supone verle" ("Benditos los de corazón puro", II, 911). En el sentido cristiano, existir supone ver, aprehender la presencia de Dios y ver su rostro.

3. *La naturaleza y la historia*

No es de extrañar que por toda la obra de Edwards uno descubra imágenes de la naturaleza sacadas de la zona rural de Nueva Inglaterra. Tal como señala Ola Winslow, Edwards tuvo una infancia "de frontera", y en ningún momento —desde sus primeros años en East Windsor hasta sus últimos días en Stockbridge— estuvo a más de una breve cabalgada de los bosques vírgenes y de todo tipo de bellezas naturales.[22] Cuando escribió su *Narrativa personal*, utilizó muchas imágenes de truenos, flores, árboles, el cielo, el sol y las nubes. En el pasaje merecidamente famoso en el que describe el alma (la suya propia) de un verdadero cristiano, abundan semejantes imágenes:

> [El alma] aparecía como una pequeña flor blanca que vemos en la primavera del año; pequeña y humilde en la tierra, que abre su corola para

---

22 Winslow, cap. 2.

recibir los agradables rayos de la gloria del sol; que se regocija, por así decirlo, en un arrebatamiento apacible; que difunde a su alrededor una dulce fragancia; que se yergue, en paz y con amor, en medio de las otras flores que la rodean, todas las cuales, de la misma manera, abren sus pétalos para beber la luz del sol. (I, lvi)

De forma característica, asoció las imágenes de la belleza natural con la conversión religiosa. Otro ejemplo destacable lo hallamos en su sermón "La verdadera gracia, distinta a la experiencia de los demonios", en el que sugiere una espiritualidad que impregna a los corderos y a las palomas, las joyas, los lirios, las plantas "aves del paraíso" y las estrellas de los cielos; mientras sugería lo contrario con imágenes como la del lobo, el león y la serpiente (II, 42-43).

Esto no tiene nada de particular. El lenguaje de los sentidos se usa habitualmente para describir estados existenciales, ya sean psicológicos o espirituales. Lo que es más importante es la manera en la que Edwards contemplaba la propia naturaleza. Utilizó algo más que una metáfora cuando describió a Juan el bautista como la estrella de la mañana, y a Cristo como el sol refulgente que asciende siempre más hasta "que esa primera estrella se desvanece" ("Avanzando hacia el reino", I, 654); o cuando en otro sermón habla de los santos como luces que brillan "como reflejo de la gloria de Cristo" ("La porción de los justos", II, 898). Más que imagen restringida a la metáfora, "la luz del sol" es más bien un "tipo", una imagen de algo divino. En el fenómeno natural de la luz vemos implantada la visión previa que tenía Edwards de Cristo. El hecho de que los puritanos tiraban menos de imágenes que de alegorías queda patente en su manera de aplicar *a priori* verdades religiosas a la naturaleza, en lugar de usar esta como el medio para tales verdades.[23] La práctica de Edwards tenía que ver primero con la experiencia religiosa, y solo después con una visión de la naturaleza como tal. Antes de ver "la luz del sol" como la imagen o la emanación de un ser divino, primero debía haber experimentado a Cristo como la verdad divina. Así, en la distinción entre metáfora

---

23 Perry Miller, ed., en Edwards, *Images or Shadows of Divine Things* (New Haven: Yale University Press, 1948), p. 4.

y emanación, la luz del sol como metáfora es análoga a la que concibe la mente humana, mientras que la luz solar como emanación se desprende de la mente divina y se percibe mediante la claridad de la visión purificada. Vista desde este ángulo nuevo, la luz del sol y toda la naturaleza existen dentro de la unidad del sentido divino. Todo procede de Dios, como la luz viene del sol.

El patrón divino que Edwards percibía en la naturaleza tenía su contrapartida en la historia. Contemplada por medio de la misma imaginación y la misma visión regeneradas, la historia transmitía un significado unificado. Como la naturaleza, era un "tipo" o emanación que pretendía ver cada suceso no solo dentro del continuo de la actividad humana, sino también con una importancia cósmica. Aunque la naturaleza y la historia constituían solamente el mundo de la vida cotidiana y, por consiguiente, carecían de realidad última, seguían siendo tipos con sentido de la excelencia divina.

La visión de Edwards de la historia, como su concepto de la naturaleza, descansaba sobre la convicción de que el corazón determina la percepción. La experiencia religiosa conforma lo que percibimos en la historia, de modo que el relato histórico debe escribirse desde el punto de vista de lo que es pertinente para la verdad y el destino de la vida del creyente. Edwards sostenía que los sucesos de la historia, cuando los interpreta un espíritu creyente, no son caprichosos sino inteligibles conforme a un propósito y una dirección integradores. Los sucesos se cohesionan en un todo unificado que manifiesta lo que ha hecho Dios; su historicidad se basa en los actos del pueblo de Dios. El patrón general revela "el gran diseño" de Dios. La imaginación religiosa interactúa con la revelación para manifestar todos los acontecimientos como parte integral de la historia de la salvación.

En una serie de sermones que pronunció en 1739 y que se publicaron póstumamente en 1774 con el título de *Una historia de la obra de la redención*, Edwards expuso lo que él consideraba el "gran diseño". Escribió que la historia consiste "en muchas obras y dispensaciones de Dios sucesivas, que tienden hacia un gran efecto, unidas como partes de una estructura, y que juntas componen una gran obra" (I, 535). Su sentido singular es la obra de redención divina ("La obra de la redención y la obra de la salvación son una misma cosa", I, 534). Dentro de este propósito majestuoso no hay nada fortuito, nada que esté fuera de la voluntad de Dios, nada accidental. El conocimiento previo de Dios, la predestinación, doctrinas que Edwards asociaba con la doctrina de la elección, se encontraban así vinculadas con este concepto de la historia.

Joseph Haroutunian, escribiendo sobre la doctrina de la predestinación de Calvino, advierte que no debemos interpretarla como algo meramente determinista. Esta misma advertencia es aplicable al concepto que tenía Edwards de la historia. El determinismo, como nos recuerda Haroutunian, significa sencillamente que podemos descubrir y entender. Pero —dice él— no podemos llegar a una comprensión de la predestinación si solo estudiamos la condición de los cristianos en este mundo. No hay ninguna explicación comprensible que explique la forma de actuar de Dios. "El propósito de Dios sigue siendo su secreto, y solo él puede justificar sus obras entre los hombres".[24] El concepto de Edwards presupone que el mismo misterio permea toda la historia. Ninguna teoría del determinismo, ningún estudio de causa y efecto, puede explicarlo. El misterio es el de la salvación, afirmado por el corazón y por su unicidad con Cristo.

El hecho de que Edwards dividiera la historia en épocas, como lo hizo Agustín en *Ciudad de Dios,* no reduce el misterio esencial del que creía que emanaba la historia. Que Peter Gay afirme que aunque el pensamiento de Edwards no era reaccionario ni fundamentalista, "su historia sí lo era"[25], sugiere una dicotomía entre la percepción y lo percibido, entre la mente que imagina y lo imaginado por ella. Si las épocas de Edwards fueran mera historia objetiva (fundamentalista), esa división habría estado implícita. Si hubieran sido el resultado de una "historia iluminada", como la que escribieron Hume, Voltaire y Gibbon, una persona podría cuestionar justificablemente la consistencia unitaria de la percepción y del descubrimiento de Edwards.

---

24 Joseph Haroutunian, ed., en Calvino, *Commentaries*, en Library of Christian Classics (Londres: SCM Press, Ltd., 1958), pp. 41-43.
25 Peter Gay, *A Loss of Mastery: Puritan Historians in Colonial America* (Berkeley y Los Angeles: University of California Press, 1966), p. 104.

Para él, las épocas que constituyen el diseño general eran algo parecido a la consciencia mítica, igual que la historia bíblica es mítica en su narración de lo que han hecho Dios y su pueblo y en su relato de la revelación divina a ellos.[26] No obstante, la que hizo Edwards de la historia representó un diseño visionario ulterior que dependía del misterio de la revelación y de la gracia. En él explicaba los acontecimientos humanos en términos de la Creación y de la escatología, el pacto de la gracia y la obra total de la salvación. En consecuencia, según Edwards, el *primer* periodo —desde la Caída del hombre hasta la Encarnación de Cristo— fue una época en la que Dios preparaba la venida de Cristo; el *segundo* periodo —desde la "Encarnación de Cristo hasta su resurrección"— fue cuando el Salvador efectuó y compró la redención, y el *tercer* periodo —que se extiende desde "la resurrección de Cristo hasta el fin del mundo"— se dedicará a completar el propósito redentor final (I, 535). Estas épocas representaban algo más que la deuda que tenía Edwards con las fuentes bíblicas y con Agustín. Eran estadios coherentes en el gobierno moral de Dios visto desde el punto de vista del ojo regenerado de Edwards.

Edwards dividía el llamado tercer periodo en siete partes, las primeras seis de las cuales delineaban la Iglesia sufriente de la historia, y el séptimo su victoria final. Estas partes eran: (1) desde la resurrección de Cristo hasta la destrucción de Jerusalén; (2) desde la destrucción de Jerusalén hasta Constantino; (3) desde Constantino hasta la venida del anticristo (el papado); (4) desde el surgimiento del anticristo hasta la Reforma; (5) desde la Reforma hasta el momento presente; (6) desde el momento presente hasta la derrota del anticristo (Ap. 61: 1 y ss.); (7) el milenio, el periodo de mil años, una era de oro para la Iglesia en la Tierra: desde la caída del anticristo hasta la segunda venida de Cristo, la resurrección de los muertos, el juicio y la consumación, cuando los malvados sufrirán eternamente y los elegidos se reunirán en la Nueva Jerusalén.

---

26 Richard Kroner, *The Religious Function of Imagination* (New Haven: Yale University Press, 1941), pp. 46-47.

Las contribuciones de Edwards a la escatología se encuadran en sus especulaciones sobre el milenio.[27] Como los reformadores, que creían que los enemigos de Cristo (los turcos y el papado) serían derrotados antes de los últimos tiempos,[28] Edwards creía que dentro de la historia, y antes del retorno de Cristo, el "reino visible" de Satanás será destruido: "el propio viento lo arrebatará como el tamo de las eras estivales" (I, 607). Todas las herejías desaparecerán. El socinianismo, el arrianismo, el cuaquerismo, el arminianismo, el deísmo ("que ahora se muestra tan osado y confiado en la infidelidad") serán aplastados; "el reino mahometano de Satanás" y "la infidelidad judía" serán derrocados (I, 607-608). Todas las regiones de la Tierra (África, las Indias Orientales, etc.) serán habitadas por el pueblo santo, y el inmenso continente de América será cubierto de "la gloriosa luz del evangelio y del amor cristiano" (I, 608). Como Calvino, confiado en que el evangelio "progresaría por todo el mundo" y Cristo el Rey obtendría la victoria sobre Satanás y sobre el pecado,[29] y como los puritanos ingleses que consideraban que este concepto de la historia "era más que aceptable y lo desarrollaron",[30] Edwards también expresó que las esperanzas mileniales tendrían consecuencias soteriológicas.

Revisten un interés especial las esperanzas que tenía Edwards sobre América. Alan Heimert, en su estudio sobre la religión en América, presta una atención especial a la escatología de Edwards en lo relativo a la obra de Dios, no solo en las vidas individuales sino en la sociedad. Para Edwards, el suceso más importante en América, por supuesto, fue el Gran Despertar. Según Heimert, fue el Despertar lo que tenía en mente Edwards cuando en *La naturaleza de la verdadera*

---

27 Ver C. C. Goen, "Jonathan Edwards: A New Departure in Eschatology", *Church History*, XXVIII (marzo de 1959), 25-40, para un análisis de lo que Goen describe como "el contenido, la novedad y la Fuente" de las ideas de Edwards sobre el milenio. También son interesante las "Notas sobre el apocalipsis" de Edwards, un bloc de notas inédito que cuenta con 208 páginas, que empezó en 1723 y escribió durante un periodo de unos treinta y cinco años. Sin que Goen, Heirnert y Miller hagan comentarios sobre este bloc, este revela el interés que mantuvo Edwards por la escatología durante toda su vida. Ver Stephen J. Stein, "A Notebook on the Apocalypse by Jonathan Edwards", *The William and Mary Quarterly*, XXIV (octubre de 1922), 623-634.

28 Peter Toon, *Puritans, the Millennium and the Future of Israel: Puritan Eschatology 1600-1660*, ed. Toon (Londres: James Clarke & Co., 1920), p. 25.

29 Ibíd., p. 26.

30 Ibíd.

virtud describió la visión "de una sociedad o sistema de seres inteligentes, unidos dulcemente en un benevolente acuerdo del corazón".[31] Heimert sugiere también que *Los afectos religiosos*, que normalmente se piensa que tienen que ver con la experiencia religiosa individual, abarcan un área más amplia, incluyendo la obra de la redención divina en el mundo así como en América durante la década de 1740.[32]

En sus sermones de 1739 Edwards citaba América como un territorio en el que un día imperaría el amor cristiano. Contemplaba el alba emocionante de esa época. Tres años después de pronunciar sus sermones sobre la redención, reafirmó la probabilidad de que la gloria milenial "empiece en América" (*Reflexiones*, 353). Interpretaba las "islas" a las que se hace referencia en Isaías 60: 9 ("Ciertamente a mí esperarán los de la costa, y las naves de Tarsis desde el principio, para traer tus hijos de lejos, su plata y su oro con ellos, al nombre de Jehová tu Dios, y al Santo de Israel, que te ha glorificad") como América. Sostenía que la obra ya empezada, "si continuase y prevaleciese... convertiría Nueva Inglaterra en una especie de cielo en la tierra" (*Reflexiones*, 385). Esta visión no perdió nada de su claridad cuando en 1747 escribió *Un humilde intento de fomentar el acuerdo explícito y la unión visible del pueblo de Dios, en oración extraordinaria por el avivamiento de la religión y la extensión del Reino de Cristo en la Tierra*. En esta obra aplaudía los esfuerzos de los ministros escoceses que, durante dos años, hicieron que las congregaciones de Edimburgo, Glasgow, Aberdeen y Dundee se reunieran en determinados momentos en una Oración Concertada, y recomendó esta práctica a las congregaciones americanas. Edwards estaba confiado en que la derrota del anticristo no estaba lejos, y que pronto llegaría una época gloriosa para América. Perry Miller observa que *Un humilde intento* nos da pistas sobre la "fascinación" que sentía Edwards por la doctrina del milenio y del triunfo que se obtendría "en la tierra".[33] Dos años más tarde, cuando Edwards publicó su *Humilde examen de las cualificaciones para la comunión* (1749), las esperanzas mileniales seguían brillando con fuerza, y

---

31 Citado en Heimert, p. 52.
32 Heimert, p. 130.
33 Perry Miller, *Jonathan Edwards* (Cleveland: World Publishing Company, 1959), p. 198.

en esta ocasión tenían que ver con una política eclesiástica en Nueva Inglaterra que, supuestamente, no solo dirimiría la controversia sobre la comunión sino también aceleraría la venida del Reino. Heimert comenta que *Un humilde examen* "se encuadraba claramente en un marco escatológico" que presuponía a la Iglesia como "tipo", "imagen" o "débil semejanza" del milenio y, como la Oración Concertada propuesta en un documento anterior, "un precursor del gozo venidero y un instrumento para alcanzarlo".[34]

En consonancia con su concepto milenial, no debemos permitir que el sueño que tenía Edwards sobre América nos detenga. En el siglo siguiente ese sueño tuvo muchos defensores, quienes al secularizarlo se convirtieron, como dice Goen, "en activistas para su cumplimiento desde un radiante océano al otro".[35] La gran visión del siglo XIX concebía América como el Reino de Dios, y sus ciudades y pueblos (New Hope o "nueva esperanza", Concord o "concordia", Zion o "Sión", New Harmony o "nueva armonía", etc.) llevaban nombres que daban testimonio de este cumplimiento. Por supuesto, Miller tiene razón cuando sugiere que el sueño acabó de una vez por todas a las ocho y cuarto de la mañana del 6 de agosto de 1945, en la bola de fuego que se tragó Hiroshima[36], una conflagración, sugiere él, que no resulta irrelevante para la visión apocalíptica de Edwards sobre la destrucción que llegaría después de la edad de oro y luego el juicio, cuando, una vez los santos hayan ascendido a la gloria eterna, "este mundo arderá en llamas, convirtiéndose en un horno" (*Historia de la redención*, I, 614).

La visión más elevada de Edwards —ya sea milenial o apocalíptica— trascendía el destino de América para abarcar el propósito de Dios en la Creación. Era un panorama majestuoso que Edwards nunca pudo concluir por escrito. Publicado de forma póstuma en 1765 como *Una disertación sobre el fin por el que Dios creó el mundo*, esta obra fue solo un fragmento de lo que él pretendía que fuese su obra maestra. Sin embargo, como pasa con la otra obra inacabada (*La*

---

34 Heimert, pp. 125-126.
35 Goen, 36.
36 Perry Miller, *Errand Into the Wilderness* (Nueva York: Harper & Row, 1964), p. 238.

naturaleza de la verdadera virtud), que se publicó al mismo tiempo, hay suficiente contenido como para mostrar a un Edwards "en su máxima expresión".[37] Su editor, seguramente Samuel Hopkins, comentaba en el Prefacio que los temas tratados en ambos fragmentos "son sublimes e importantes", diciendo también que al lector podría resultarle difícil seguir el ritmo del autor "en los puntos en que el ascenso es arduo" (I, 94).

Edwards definió la auténtica virtud como una propensión por el corazón de Dios. La verdadera virtud consiste en la genuina benevolencia al Ser (o el amor de Dios). Con una cierta audacia, Edwards también definió la virtud del propio Dios como algo que consiste, principalmente, en amor por sí mismo, "en el amor y la amistad mutuos que subsisten eterna y necesariamente entre las diversas personas de la Trinidad".[38] Por consiguiente, el propósito final de Dios no es alcanzar la felicidad humana, como sostenían los arminianos, sino revelar su propia gloria. Por lo que respecta a la naturaleza de Dios, Edwards estableció una disposición original "hacia una emanación de su propia plenitud infinita... de modo que él llegaba a la propia emanación como un fin último de la Creación" (*Sobre el fin*, I, 100). Lo que Dios busca y consigue, más allá de la redención del mundo, es la manifestación de su propio ser. Su excelencia es la causa y el motivo finales del mundo. El drama de la Caída y de la subsiguiente redención del ser humano por medio de Cristo alcanza su punto más elevado cuando los elegidos perciben la infinita plenitud de Dios en todas las cosas, y se unen en su perfección divina. Participar en el conocimiento de Dios, en su amor y su gozo es la esencia del conocimiento, el amor y el gozo del cristiano.

El propósito último de Dios es revelarse, y la esencia de la experiencia cristiana es participar en esa revelación. Edwards alcanzó una visión consumada cuando, con las imágenes características de la luz, describió esta revelación:

> De la misma manera que en Dios existe una plenitud infinita de todo bien posible, una plenitud de toda perfección, de toda excelencia y belleza, y de una alegría infinita, y del mismo modo que esta plenitud se puede

---

37 Miller, *Jonathan Edwards*, p. 285.
38 Edwars, *The Nature of True Virtue*, p. 23.

comunicar o emanar *ad extra*; de esa misma manera parece algo digno de reconocimiento y de valor propios que esta fuente infinita de bondad vierta abundantes arroyos… Así, es pertinente que, dado que existe una fuente infinita de luz y de conocimiento, esta luz brille en rayos de conocimiento y entendimiento comunicados a otros; y, dado que hay una fuente infinita de santidad, de excelencia moral y de belleza, que también fluya en una santidad comunicada. Y que, como existe una infinita plenitud de gozo y de felicidad, también tales cosas tengan una emanación y se conviertan en una fuente que se derrama en arroyos abundantes, como rayos del sol. (*Sobre el fin*, I, 99-100)

Este pasaje ilustra lo que Elwood identifica perspicazmente como "la síntesis más alta" de Edwards, que hace justicia tanto a la majestad y a la naturaleza separada de Dios (calvinismo puritano) como a la inmediatez de su presencia (platonismo de Cambridge). Elwood detecta en esta síntesis la anticipación de la filosofía del proceso de Whitehead, y de la reinterpretación existencial de la teología de la Reforma, ambos elementos hitos del interés teológico contemporáneo.[39]

4. La gloria de Dios

Solo podemos conjeturar cómo habría sido la plenitud de la *summa theologica* de Edwards si hubiera vivido lo suficiente como para acabarla. Sin embargo, aun como fragmento, *Sobre el fin* fue "esbozada concisamente" (Prefacio de Hopkins, I, 94) para concluir el tema de la gloria de Dios. La máxima síntesis a la que llegó Edwards fue la concepción de su obra. El concepto más noble de Edwards es la gloria de Dios. Exigía una devoción apasionada y una mente profundamente integrada, cualidades que Haroutunian creía que Edwards poseía claramente, siendo alguien a quien Dios había bendecido con "un sentido y un conocimiento únicos de su gloria".[40]

---

39 Elwood, pp. 6-9.
40 Joseph Haroutunian, "Jonathan Edwards: Theologian of the Great Commandment", *Theology Today*, I (abril de 1944), 361-362.

Edwards identificaba el fin último de Dios al crear el mundo con la emanación y la comunicación de su plenitud infinita. El fin último de la Creación es el propio Dios. En esta visión consumadora Edwards también admitía numerosas distinciones que requerían una clarificación. Por ejemplo, al examinar la emanación, explicaba que también debemos pensar en el "ejercicio" de la perfección de Dios y su "efecto", las distinciones sutiles entre la manifestación divina y la comunicación divina, y nuestra propia "estima" de los caminos de Dios, incluyendo nuestro "ejercicio y expresiones" de esta estima (I, 119). Cuando abordó el problema de expresar lo inefable, Edwards reunió todos estos aspectos en el término "gloria". En este término su teología alcanzó la irrevocabilidad, pero una irrevocabilidad que aun entonces siguió siendo opaca debido a la inevitable "imperfección del lenguaje para expresar cosas de naturaleza tan sublime" (I, 119).

Sin embargo, hay dos aspectos del término que Edwards subrayaba con la misma confianza y fe. Uno era el atributo divino de la luz. Toda la belleza, el amor y el gozo, en toda su plenitud divina, se reúnen en una sola refulgencia de rutilante brillo: "La gloria del Señor los rodeó de resplandor" (Lc. 2:9). De esta visión de la luz forma parte inseparable el conocimiento experiencial de la excelencia divina. La emanación o refulgencia reside en los ojos del espectador; la luz "tiene relación con el sentido de la vista" (I, 118). Por consiguiente, la gloria de Dios incluye tanto su majestad trascendente como su presencia en el corazón humano, tanto su emanación como la salvación del ser humano. La plenitud desbordante de la gloria de Dios se combina con el sentido de esta en el corazón humano. La emanación y la participación son indivisibles. La existencia solo es posible por medio de la participación en el Ser verdadero, de la misma manera que la luz es real solo cuando la vemos. Primero en la emanación divina, y luego en el consentimiento humano, la gloria de Dios confirma la verdad de que Dios lo hace todo y el hombre también. Así estamos preparados para la conclusión cumbre de Edwards sobre la gloria de Dios: "Es la abundante y extensiva emanación y comunicación de la plenitud del sol para innumerables seres que disfrutan de ella… Es gracias a ella por lo que toda la naturaleza recibe vida, consuelo y gozo" (I, 119).

CONCLUSIÓN

Edwards vivió durante una época en la que un número cada vez mayor de sus contemporáneos estadounidenses no verían discrepancia alguna entre la justicia divina y la razón humana, entre la gloria de Dios y la bondad del hombre. Fue un tiempo en que la corriente de opinión predominante en Estados Unidos se había dividido, y una de sus ramas pareció ampliarse y extenderse por todas partes; la otra, más oscura, profunda, misteriosa y amenazante, se soterró, mientras que las personas más inocentes creían que había desaparecido para siempre. Pronto el país proclamaría su independencia política, y pocas décadas más tarde su independencia cultural. Entonces Emerson anunciaría que los americanos ya no cantarían a las musas cortesanas del pasado, sino que escribirían sus propios himnos en su propio idioma, como haría Whitman en "Canto a mí mismo". Los derechos políticos del ser humano se convertirían en su nuevo dios; su mente, así como el maravilloso paisaje de su país, serían su *sanctum sanctorum*. En resumen: era la mejor de las épocas, cuando las perspectivas de futuro parecían volver irrelevante el recuerdo de las cosas pasadas.

Sin embargo, Edwards intentó mantener vivos esos recuerdos. Se atrevió a hacer que sus congregaciones mirasen su pasado puritano y aceptasen su carga, incluyendo su teología ortodoxa. Insistió en que lo que había dicho Calvino sobre el pecado humano y la justicia soberana de Dios no podía verse eclipsado por las promesas engañosas del libre albedrío y la nacionalidad. Y es que lo que había imaginado Calvino era un drama mucho más importante que todo suceso en el Salón de la Independencia de Philadelphia o los tribunales de Boston. El hecho de que la mente de Edwards estuviera dominada por este otro drama le permitió predicar que aquellos eran, sin duda, los peores tiempos. La herencia del ser humano estaba lastrada por el pecado, y solo mediante la gracia redentora de Dios se podría ver libre de la maldición eterna.

Muchos estudiosos han intentado comprender a Edwards por medio de la tragedia de Northampton que le mandó al destierro cuando sus parroquianos ya no pudieron aceptar los dolorosos recordatorios a los que los enfrentaba. Esta interpretación pretende, por lo general, mostrar a un Edwards que defiende una teología gastada en una nación del siglo XVIII que avanzaba deprisa —con la bendición del cielo— hacia la democracia liberal y la benevolencia universal. Lo que excluye esta interpretación es una visión epistemológica que abarca puntos incluso más distantes. Aunque esta visión era tradicional, también era diferente y radical, informada por conceptos que se retrotraían a los principios del ser humano y llegaban hasta su fin, que iban desde la Creación hasta la gloria omnipresente y futura de Dios. Era una visión religiosa que abarcaba estas dimensiones últimas de la realidad. Así, Edwards creía que solo la persona religiosa está completa, porque solo una persona así ha contemplado las antípodas.

La teología de Edwards plasma sus propios viajes espirituales desde las tinieblas a la luz. Aunque sus obras demuestran una disciplina intelectual, una lógica muy bien afinada y unos argumentos razonados de máximo orden, su tema central tiene que ver con el conocimiento religioso que no se practica en la mente sino en el corazón. Edwards creía que solo por medio del sentido del corazón podía conocer una persona las profundidades y las alturas, y solo de esta manera podía trascender la tragedia implícita en la limitación humana. El hecho de que Edwards raras veces hiciera que sus escritos fueran claramente autobiográficos no oculta el gran manantial del corazón y de la mente que impulsaba su obra. Como corroborando la ironía calvinista, Edwards se sumergió en aquellas aguas oscuras y descubrió su apoteosis bañada por el sol. Lo que esto significa teológicamente es que, en virtud de la unión del creyente con Cristo, aquel ha llegado a poseer todas las cosas.

APÉNDICES POR ERNEST KLASSEN

APÉNDICE 1

Edwards y su relevancia para el avivamiento en el contexto latino

Jonathan Edwards vivió en otra época (1703–1758). Ministró en otras latitudes (Nueva Inglaterra de la costa lateral este de los Estados Unidos). Utilizó otro idioma (un inglés antiguo). Sin embargo, el pensamiento de Edwards trasciende el tiempo y las culturas porque habla un idioma universal, el idioma bíblico. Su pensamiento es vigente para nuestra época y para el contexto Latino porque su ministerio estuvo profundamente arraigado en las Escrituras. Como hemos visto, esta obra es esencialmente una exposición de I de Juan 4. Pero no es un estudio seco o árido o divorciado de la vivencia cristiana. La exposición de la palabra ha pasado por el filtro de una personalidad profundamente comprometida con el Dios trino. El análisis del texto está bien informado por la experiencia pastoral. Además, su perspicacia filosófica y teológica combinada con su familiaridad con la historia de la iglesia y la sicología bíblica, le autoriza a Edward a hablar, ayer y hoy. Permítame dar un resumen de tres lecciones que Edwards nos ofrece, al mundo latino.

Lección 1: El equilibrio

Lo que me llama mucho la atención en los escritos de Edwards es su profunda familiaridad con el Dios de las Escrituras y con las Escrituras de Dios. Jesús advirtió al liderazgo religioso de su época: "Entonces respondiendo Jesús, les dijo: ¿No erráis por esto, porque ignoráis las Escrituras, y el poder de Dios?" (Marcos 12:24). El motivo del error en el liderazgo se debe a nuestra ignorancia intelectual y experimental de las Escrituras en su totalidad, de nuestra superficialidad y falta de intimidad profunda con el Espíritu Santo, especialmente con su poder, y de nuestra incapacidad para mantener el equilibrio entre las Escrituras y el poder de Dios. Algunos evangélicos son muy bíblicos, relativamente conservadores en su interpretación y aproximación al texto bíblico, "campeones" de la "sana doctrina", defensores de lo "escrito está", pero relativamente reacios o reticentes a un énfasis sobre el poder del Espíritu, y esto a pesar del énfasis bíblico al tema de la verdadera espiritualidad y el papel protagónico del Espíritu Santo y la plenitud y poder del Espíritu en dicha espiritualidad. Otros evangélicos son muy "espirituales", relativamente generosos en su énfasis sobre el poder y plenitud del Espíritu, amigos del "carisma", defensores de la "libertad del Espíritu" pero relativamente descuidados en el conocimiento intelectual y vivencial de las Escrituras. La exposición sistemática de las Escrituras en los púlpitos y el estudio expositivo sistemático en las aulas y los hogares y en la vida devocional individual, es notoria por su ausencia. Tanto la dieta desequilibrada de la Palabra (no predicando todo el consejo de Dios, sino enfatizando las doctrinas favoritas de uno mismo) como el descuido de la Palabra por un enfoque más vivencial (testimonios, pragmatismo apelando a la necesidad inmediata sin claro fundamento bíblico) tienden ambos a producir un cristianismo y un cristiano enfermizo. (Y ese descuido bíblico, con una híper-espiritualidad, suele suceder a pesar de la verdad de que la Biblia es el soplo del Espíritu.)

Ambas escuelas tienden a polarizarse y caer en el error. Unos están en una zanja, los otros están en la zanja del otro lado, pero ninguno de los dos está en la autopista. Ambas escuelas necesitan escucharse y aprender de la otra para volver y mantenerse en la pista. Nuestra tendencia carnal es ser reactiva y no proactiva. Aquí Jonathan Edwards tiene mucho que ofrecer a las diferentes escuelas evangélicas del continente Latino. Su capacidad para mantener el equilibrio entre las Escrituras y el poder de Dios, especialmente en tiempos de refrigerio espiritual especial y tiempos de "visitación", es muy digna de ser no solamente loada, pero (y más importante) ser seguida. Lo que América Latina necesita es una clase de avivamiento que produzca un equilibrio sano entres las Escrituras y el poder de Dios, unificando a los hermanos bien intencionados pero desequilibrados en la praxis de lo que Dios ha determinado unir. Decimos en la ceremonia de boda: "Lo que Dios ha unido, que no lo separe el hombre". Esto lo debemos aplicar a la "unión" entre las Escrituras y el poder de Dios.

Lección 2: La apertura

Edwards era un hombre muy abierto al obrar de Dios. Cuando uno analiza cuidadosamente las nueve "señales ambiguas", uno descubre una tremenda apertura, una disposición de mente y de corazón para conocer más de Dios. Por ejemplo: Edwards dice en la "Primera Sección" de su obra, en la primera "señal ambigua", que no debemos descartar algo simplemente por ser "inusual" o "extraordinario". Edwards nos cae en una apertura extremista. Él añade "con la condición de que se ubique dentro de los parámetros o límites establecidos por las Escrituras". Abierto, pero no a la deriva. Edwards es abierto a cierta fenomenología (vea señal ambigua nº 2). Lamentablemente, la mayoría de los creyentes tendemos a reaccionar a experiencias extremistas que hemos visto y clausurar nuestro espíritu (o departamentos de nuestro espíritu) al Espíritu de Dios. Tal vez por celo a la obra a nuestro cargo, vemos con mucha cautela cualquier corriente. Sufrimos cierto tipo de ambigüedad espiritual. Queremos un avivamiento, pero tenemos un avivamiento. Nos preocupa la salud de los fieles a nuestro cargo. Y debemos preocuparnos, porque precisamente Dios nos ha encomendado una tarea pastoral. Las palabras de Pablo a los ancianos de Éfeso reunidos en Mileto (Hechos 20:17 ad), pesan mucho sobre el liderazgo pastoral, especialmente aquel mandato: "Por tanto, mirad por vosotros, y por todo el rebaño en que El Espíritu Santo os ha puesto por obispos, para apacentar la iglesia del Señor, la cual él ganó por su propia sangre". (Hechos de los Apóstoles 20:28). En fin, Dios nos llama a ser líderes cautelosos y prudentes; de acuerdo. *Pero puede ser que la prudencia humana usurpe el papel que corresponde al Espíritu de Dios*, y terminemos apagando al Espíritu (1 Tes. 5:19 – ver el contexto). Una cosa es prudencia humana, otra cosa es prudencia divina. Como dice Isaías 55:8,9: "Porque mis pensamientos no son vuestros pensamientos, ni vuestros caminos mis caminos, dijo Jehová. Como son más altos los cielos que la tierra, así son mis caminos más altos que vuestros caminos, y mis pensamientos más que vuestros pensamientos". La cuarta señal ambigua muestra otro aspecto de la apertura de Edwards. El hecho de que haya un efecto marcado en la imaginación no significa que la obra no sea de Dios. El hecho de que la obra esté acompañada por imprudencias e irregularidades (Señal ambigua nº 6 y Señal ambigua nº 8) no significa que la obra sea de Dios. Edwards mantiene una postura bastante abierta. El hecho de que haya errores de juicio y cierta cizaña con el trigo no obliga a quemar todo el campo (Señal nº 7). Realmente, cuando uno analiza cada una de las "señales ambiguas" queda maravillado a la apertura de Edwards. Creo que esto es loable. Una actitud demasiado mezquina, cautelosa y parroquial, puede ser evidencia de que estemos operando con "paradigmas humanos clausurados" y anacrónicos. Los éxitos de ayer pueden convertirse en los impedimentos de hoy. Animo al lector, especialmente al lector líder, a revisar las señales ambiguas de Edwards y pedir al Espíritu Santo una sana y libertadora apertura a nuevos paradigmas.

Lección 3: La sabiduría

Edwards es un hombre abierto. Pero no es un hombre "crédulo". Existe un equilibrio sano y difícil de lograr y mantener en la vida cristiana y en el ministerio cristiano entre el ser abierto sin caer en el "simplismo" y "credulidad". En nuestro deseo por avivamiento auténtico, y mantener una apertura para que no apaguemos al Espíritu (1 Tes. 5:19), nunca debemos descuidar nuestra responsabilidad de "examinarlo todo y retener lo bueno" (1 Tes. 5:21). La Palabra de Dios en varias ocasiones nos exhorta a ejercitar discernimiento espiritual. 1 Juan 4:1 dice: "Amados, no creáis a todo espíritu, sino probad los espíritus si son de Dios; porque muchos falsos profetas han salido por el mundo". Jeremías 15:19 aclara que el ministerio profético exige discernimiento espiritual: "Por tanto, así dijo Jehová: Si te convirtieres, yo te restauraré, y delante de mí estarás; y si entresacares lo precioso de lo vil, serás como mi boca. Conviértanse ellos a ti, y tú no te conviertas a ellos". Esta tarea de "probar los espíritus", "examinarlo todo" y "entresacares lo precioso de lo vil" es el deber del liderazgo y especialmente en momentos de refrigerio espiritual y avivamiento, el hombre y la mujer de Dios deben ejercer discernimiento espiritual. Nuestra vida espiritual, y la vida espiritual de los que Dios ha puesto a nuestro cargo, depende de eso.

Aquí nuevamente vemos nuestra tendencia a caer de un extremo a otro. De ser muy cerrados, caemos al extremo de ser muy "crédulos". ¡Cuán frágiles somos! ¡Cuán propensos a ser reactivos y no proactivos! ¡Que El Espíritu Santo nos dé su "templanza"! (Gal. 5:23) y una mente/corazón "σωφρονισμοῦ." (2 Timoteo 1:7) que, traducido del griego al castellano significa "mente sana". Las diferentes versiones de la Biblia dan un matiz rico a este vocablo griego. La Reina Valera traduce "dominio propio". Dios habla hoy. La Biblia de Estudio traduce "buen juicio". Es interesante ver que la versión Reina Valera de 1909 traduce el vocablo "templanza". Este vocablo es utilizado solamente aquí en el Nuevo Testamento. Las versiones en inglés lo traducen de diferentes maneras "sobriedad" (*American Bible Union Version*), sano "juicio" (*New Testament in Modern Speech* – Weymouth), "auto-disciplina" (*New English Bible*), "juicio" o "discreción sabia" (*The New Testament, A New Translation* – Norlie). La versión amplificada en inglés traduce "una mente calma y bien balanceada y disciplina y auto-dominio" (*The Amplified New Testament*). La riqueza del término en el idioma original es sumamente difícil de agotar en un solo término en castellano o inglés. Esto es precisamente la cualidad que tanto admiro en Edwards. Me parece que su acercamiento a lo sobrenatural fue caracterizado por esta virtud que Pablo menciona en 2 Tim. 1:7. Cuando uno analiza las señales positivas, y estudia cuidadosamente el criterio bíblico para discriminar que está en 1 de Juan, se nota en Edwards este equilibrio sano.

El énfasis de Edwards en Cristo, su conciencia de los reinos de las tinieblas y el reino de la luz, su enfoque en las sagradas escrituras, el amor por la verdad y la transparencia, y finalmente su enfoque en el amor hacia Dios y entre los creyentes y la relación que tienen estas señales positivas, la una con la otra, son evidencia de la templanza y discreción sabia que 2 Tim. 1:7 menciona.

Tres lecciones de Jonathan Edwards para nosotros en el mundo latino: Ser equilibrado, abierto y sabio. Equilibrado en el énfasis en la Palabra de Dios y en el Espíritu de Dios. Abierto al obrar del Espíritu de Dios, no preso de paradigmas clausurados. Sabio en el ejercicio del discernimiento espiritual.

Al llegar al final de nuestra reflexión sobre el avivamiento en general y de este escrito de Edwards en particular, creo que la mejor manera de terminar es apelar al lector, utilizando las palabras que se encuentran en el epitafio de Edwards:

> "¿Quiere saber, oh viajero, qué clase de hombre fue aquella cuyos restos mortales aquí descansan? Un hombre auténtico, de alta pero elegante estatura, atenuada por la agudeza de su intelecto, la abstinencia y los estudios más arduos; en la agudeza de su intelecto, su sagaz juicio y su prudencia fue el primero de los mortales, en su conocimiento de las ciencias y de las artes liberales, alguien notable, eminente en la crítica sagrada, y teólogo distinguido sin igual; defensor imbatido de la fe cristiana y

predicador serio, solemne y discerniente; y gracias al favor de Dios, muy feliz en el éxito y el devenir de su vida. Ilustre en su piedad, apacible en su trato pero amistoso y benigno con los demás, vivió para ser amado y venerado, y ahora, ¡ay!, lamentado por su muerte. La universidad ya huérfana llora por él, como lo hace la Iglesia, pero el cielo se regocija al recibirle: *Abi, Viator, El Pia Sequere Vestigia* («Parte de aquí, oh viajero, y sigue sus pasos piadosos»)." (Gerstner I: 19, 20)

APÉNDICE 2

Descubriendo la vida de Jonathan Edwards
Reflexiones de Ernest Klassen sobre la obra de Simonson

Por fin el mundo de habla hispana dispone de material sobre la vida y el pensamiento de Jonathan Edwards. Me siento agradecido porque CLIE haya decidido traducir y publicar en español la obra de Harold P. Simonson *Jonathan Edwards, un teólogo del corazón.* También me honra que me hayan elegido para escribir una reflexión sobre la importancia que tiene Edwards para el mundo hispanohablante. ¡Qué privilegio! Para uno de estos capítulos he decidido tomar el libro de Simonson y "resaltar" algunos de sus comentarios sobre Edwards, así como algunos pensamientos del propio Edwards, reflexionando luego sobre su importancia para los hispanohablantes modernos.

¿Por dónde empezar? ¡Empecemos por el final! En la ciudad de Princeton, donde falleció Edwards después de trabajar como presidente de un centro para la formación ministerial, encontramos grabado en su lápida, en latín, el siguiente tributo:

"¿Quiere saber, oh viajero, qué clase de hombre fue aquella cuyos restos mortales aquí descansan? Un hombre auténtico, de alta pero elegante estatura, atenuada por la agudeza de su intelecto, la abstinencia y los estudios más arduos; en la agudeza de su intelecto, su sagaz juicio y su prudencia fue el primero de los mortales, en su conocimiento de las ciencias y de las artes liberales, alguien notable, eminente en la crítica sagrada, y teólogo distinguido sin igual; defensor imbatido de la fe cristiana y predicador serio, solemne y discerniente; y gracias al favor de Dios, muy feliz en el éxito y el devenir de su vida. Ilustre en su piedad, apacible en su trato pero amistoso y benigno con los demás, vivió para ser amado y venerado, y ahora, ¡ay!, lamentado por su muerte. La universidad ya huérfana llora por él, como lo hace la Iglesia, pero el cielo se regocija al recibirle: *Abi, Viator, El Pia Sequere Vestigia* («Parte de aquí, oh viajero, y sigue sus pasos piadosos»)." (Gerstner I: 19, 20)

¿Qué tiene que decir Edwards al viajero contemporáneo de habla hispana? ¿Por qué hemos de detenernos para reflexionar sobre este hombre, su vida, sus obras o su predicación? Como usted, lector, ya habrá descubierto gracias a la reseña biográfica que hace Simonson de Edwards —que destaca diversos aspectos de su vida y de su pensamiento— existen diversos motivos sólidos por los que Edwards, aun estando muerto, sigue hablando hoy, y su voz para el mundo hispanohablante es tan atrayente como correctiva. En las siguientes páginas he interactuado con la obra de Simonson con el propósito de facilitar la conversación y la meditación sobre lo que nos dice hoy este autor. Veamos una lista breve de 16 lecciones valiosísimas que nos ofrece Edwards a los que vivimos y/o ministramos en el entorno hispanohablante moderno:

1. COMPRENDER NUESTROS TIEMPOS
2. ENFRENTARSE AL ORGULLO HUMANO
3. ENFATIZAR LA JUSTIFICACIÓN POR LA FE, NO POR OBRAS
4. DOCUMENTAR LOS AVIVAMIENTOS RELIGIOSOS
5. CENTRARSE EN LA SANTIDAD Y EN DIOS, NO EN LA FENOMENOLOGÍA Y EL HOMBRE
6. LOS PREDICADORES AVIVADOS SON EL SECRETO DE LAS IGLESIAS AVIVADAS

7. EL CORAZÓN DEL ASUNTO ES UN ASUNTO DEL CORAZÓN
8. EDWARDS COMO PENSADOR
9. EJEMPLO FIRME DE UNA PAREJA QUE MINISTRA JUNTA
10. DEJANDO UN LEGADO Y ACABANDO BIEN
11. PASAR TIEMPO CONOCIENDO A DIOS
12. PALABRAS, IDEAS Y EMOCIONES
13. ¡PRAXIS!
14. ¡DESPERTAD!
15. EL INFIERNO
16. LA ORACIÓN

1. Comprender nuestros tiempos

De la misma manera que los hijos de Isacar entendieron los tiempos (1 Cr. 12:32) y supieron qué debía hacer Israel, Edwards tuvo la capacidad de comprender su momento y tuvo el valor de hablar en ellos con un liderazgo y una autoridad espirituales. Su voz y su pluma fueron proféticas. Sabía qué debía hacer "Israel". Nosotros también somos llamados a ser como esos hombres, anunciando a nuestro mundo la palabra profética, atemporal pero oportuna. ¿Dónde están los Elías y los Eliseos de nuestra época? También nosotros somos llamados a ser atemporales y oportunos. Tal como aconsejaba Barth, debemos leer la Biblia con una mano y el periódico con la otra, y conectar ambas lecturas. John Stott escribió un libro excelente sobre la predicación titulado *Entre dos mundos*. El título es muy pertinente. El predicador tiene la misión doble de comprender el mundo de la Biblia y también la escena contemporánea, incluyendo las corrientes filosóficas subyacentes, para luego levantar con habilidad un puente entre el mundo bíblico y el contemporáneo. Edwards sirvió bien a su generación (Hch. 13:36). Los líderes hispanohablantes pueden aprender muchas cosas de él. Edwards tenía una visión profética que le permitió detectar las consecuencias del pensamiento contemporáneo y de las corrientes filosóficas predominantes, y luchó por aplicar las Escrituras a sus tiempos, conteniendo la corriente adversa.

Por ejemplo, Edwards entendía la tendencia hacia el liberalismo propia de su época, y las tendencias humanistas de un arminianismo incipiente[1], y escribió y predicó dentro de este marco de referencia. Su debate teológico con Chauncy, el pastor bostoniano que se oponía al Gran Despertar, se basaba en su comprensión de las consecuencias del pensamiento de aquel y de lo que estaba en juego. Edwards detectaba las semillas del liberalismo en los argumentos de Chauncy, su tendencia a un enfoque meramente racionalista de la religión, carente del dinamismo espiritual y de la dinámica respaldada por el Espíritu que defendía y proclamaba Edwards, como se manifestó en el Gran Despertar.

Hoy día los líderes españoles necesitan un ojo de águila, una visión profética, para ser "videntes" en el sentido profético del Antiguo Testamento, es decir, para percibir esas tendencias, comprender su origen y ministrar profética y pastoralmente. El cuidado pastoral es esencial, pero tiene que complementarse con una faceta profética. Resulta tristemente irónico que dado el gran énfasis que se pone sobre "el mensaje profético" en el mundo hispano, exista la tremenda necesidad de

---

1 El arminianismo es un sistema de creencias que intenta explicar la relación entre la soberanía de Dios y el libre albedrío humano, sobre todo en relación con la salvación. Este movimiento recibe su nombre de Jacob Arminio (1560-1609), un teólogo holandés. Mientras que el calvinismo subraya la soberanía de Dios, el arminianismo enfatiza la responsabilidad humana. Si reducimos el arminianismo a cinco ideas esenciales, parecidas a las cinco ideas clave del calvinismo, son las siguientes: (1) Depravación parcial: la humanidad está depravada pero aún puede buscar a Dios. Hemos caído y estamos contaminados por el pecado, pero no hasta el punto de no poder recurrir a Dios y aceptar la salvación con la ayuda de la <u>gracia preventiva</u> de Dios. Dada esta gracia, la voluntad humana es libre y tiene la capacidad de someterse a la influencia del Espíritu. Advertencia: muchos arminianos rechazan la depravación parcial y sostienen un concepto muy parecido al de la depravación total propio del calvinismo. (2) Elección condicional: Dios solo "elige" a aquellos que saben que elegirán creer. Nadie está predestinado al cielo o al infierno. (3) Expiación ilimitada: Jesús murió por todos, incluso por aquellos que no son elegidos y que no creerán. La muerte de Jesús fue para toda la humanidad, y todos pueden ser salvos al creer en Él. (4) Gracia resistible: la persona puede resistirse y/o rechazar el llamado de Dios para ser salva. Podemos resistirnos al llamado de Dios a la salvación si queremos. (5) Salvación condicional: los cristianos pueden perder la salvación si rechazan activamente la influencia del Espíritu Santo en sus vidas. El mantenimiento de la salvación es necesario para que un cristiano la conserve. Nota: muchos arminianos niegan la "*salvación condicional*", defendiendo la "<u>seguridad eterna</u>". (https://www.gotquestions.org/arminianism.html)

escuchar una voz realmente profética, y un coro de voces proféticas que se enfrenten a esas tendencias que pretenden socavar la centralidad de la Palabra y suelen glorificar el experimentalismo y un paradigma antropocéntrico.[2]

2. Enfrentarse al orgullo humano

Edwards vivió en un momento en que estaba emergiendo el espíritu de la independencia humana. Solo nació tres años antes que Benjamin Franklin (1706-790), quien, según dicen algunos, refleja y personifica el espíritu de la autosuficiencia (independiente de Dios y sin su influencia) y del liberalismo humanista que echaron los cimientos de una nueva constitución, en la que se encapsularon muchos valores seculares como "la búsqueda de la felicidad" en lugar de "la búsqueda de Dios", que los puritanos, representados por Edwards, fomentaron y defendieron (http://www.history.com/topics/american-revolution/benjamin-franklin).

Edwards estaba familiarizado con filósofos y científicos tales como Locke y Newton, y entendía las consecuencias de su pensamiento, que sembraban las semillas de la autonomía y de la independencia (no solo de la Madre Patria, Inglaterra, sino, lo que es más importante, de Dios). Sabía que esa tendencia podría minar y socavaría el énfasis idóneo sobre la soberanía de Dios, de modo que predicó sobre *Dios glorificado en la dependencia del hombre* (su primer sermón publicado, que le hizo un hueco en el mapa teológico); así procuró contener el espíritu de sus tiempos y situar las cosas dentro de su cosmología teológica correcta, de un universo teocéntrico y no antropocéntrico. Esto es algo que consiguió hacer a la madura edad de 27 años (8 de julio de 1731).

---

2 Al igual que el poderoso movimiento que pretende eliminar los géneros mediante sus postulados filosóficos y morales, lo cual tiene profundas implicaciones para el concepto de la familia y para la definición de la identidad personal. O pensemos en la importancia que ponen los experimentalistas y los humanistas en la espiritualidad como algo distinto a una Palabra teocéntrica que proporciona un marco legítimo para una experiencia en Cristo viva y dinámica, como opuesta al experiencialismo.

El análisis que hace Edwards de los peligros del orgullo espiritual se cuenta, desde mi punto de vista, entre sus mejores reflexiones. Como menciono en mi libro *La predicación que aviva* (CLIE, 2016), en el capítulo titulado "La supremacía de Dios en la predicación", Edwards creía que todo gira en torno a Dios. La revolución copernicana situaba al sol, no a la Tierra, en el centro del universo; se trata de un cosmos heliocéntrico, no geocéntrico. De igual manera, las Escrituras proponen una cosmología espiritual característica: todo debe girar en torno al Hijo, y no a la humanidad o la necesidad humana (sentida), ni a un ser humano concreto ni al yo. El universo es teocéntrico, no egocéntrico. Este egocentrismo natural, tan arraigado en nuestra humanidad, necesita que lo reformulemos de manera revolucionaria. En esencia, la conversión y la santificación son una reconfiguración radical del centro esencial. Hemos de atajar el orgullo espiritual si queremos glorificar sinceramente al Dios trino. Edwards creía esto. La predicación eficaz para el avivamiento pasa por el destronamiento del yo y la derrota del orgullo espiritual (Klassen, 240).

Edwards se dio cuenta de que esta tendencia perniciosa del orgullo que hay en el corazón humano no solo es ese elemento que tiende a mantener a las personas apartadas de la admisión de su necesidad de un Salvador, pero entre quienes profesan el nombre de Jesús y le confiesan como su Salvador, este antagonismo de tan profundas raíces hacia el reino y el gobierno de Cristo no se puede eliminar fácilmente, incluso tras la regeneración. Tal como afirma Edwards: "Es un pecado que, por así decirlo, tiene muchas vidas; si lo matas, sigue vivo; si lo mortificas y eliminas en una de sus formas, adopta otra; si piensas que ya ha desaparecido, aún sigue ahí. Hay muchos tipos distintos de este pecado, que se manifiestan en formas distintas, una tras otra, envolviendo el corazón como las capas de una cebolla; si arrancas una, encuentras otra debajo. Por consiguiente, en lo tocante a este asunto hemos de mantener siempre la máxima vigilancia sobre nuestros corazones, y clamar sinceramente al gran Examinador de los corazones pidiendo su ayuda. «El que confía en su propio corazón es necio» (Pr. 28:26)"; (WJE 4:416-17).[3]

---

3 El acrónimo "WJE" se refiere, en inglés, a "Works of Jonathan Edwards" ("Las obras de Jonathan Edwards"), una serie de volúmenes que contienen un compendio exhaustivo de fuentes primarias

Además, a menudo el orgullo espiritual es la causa primaria de la decadencia y la desaparición de los despertares y avivamientos espirituales. A menudo los que han sido avivados o despertados pueden enorgullecerse de su vida espiritual superior, y del hecho de que Dios se ha mostrado especialmente misericordioso y "generoso" con ellos, como si de alguna manera fueran "dignos" de su atención especial. Edwards reconocía este problema dentro de su propia congregación, cuyos miembros pensaba que se habían "inflado" debido a su propia notoriedad al haber experimentado diversos despertares.

E incluso más allá de esto, algunos instrumentos del avivamiento fueron concretamente responsables de este problema del orgullo espiritual. El propio Edwards parecía ser consciente de esta tendencia y peligro en su propia vida, y procuró tenazmente verse libre de ellos. Fue por este motivo por el que escribió: "Quiero invitaros encarecidamente a estar alerta contra el orgullo espiritual. Supone un gran peligro" (WJE 22:531).

También nosotros debemos escrudiñar nuestros tiempos y predicar de tal modo que evitemos las mismas tendencias contemporáneas. En una era donde se glorifica al "hombre" como "la medida de todas las cosas", atajar el orgullo espiritual resulta especialmente importante. Esto es relevante sobre todo para el estado de la cristiandad. La Iglesia está sometida a estas influencias, y Dios levanta líderes espirituales como Edwards, y hoy sigue buscando líderes valientes y con discernimiento, que entiendan su época y hablen con firmeza, abordando y corrigiendo aquellos problemas concretos que sean más pertinentes. Dentro del mundo moderno hallamos un impulso poderoso hacia el humanismo y el secularismo, que tiene graves consecuencias para nuestra manera de ver la vida, incluso en la Iglesia. Como Edwards, el pueblo de Dios necesita ponerse en pie y denunciar esta tendencia hacia el humanismo. En el mundo de habla hispana hay suficientes evidencias que sugieren que el problema del "orgullo espiritual" es perenne. En determinadas latitudes podemos encontrar "vallas publicitarias" que promueven más al hombre y a su ministerio que al Señor y su gloria.

---

sobre las obras y los sermones de Edwards, así como fuentes secundarias que reflexionan sobre su pensamiento. Para el lector inglés se hallan disponibles en versión electrónica en http://edwards.yale.edu/research/browse.

3. Enfatizar la justificación por la fe, no por obras

La doctrina de la justificación por la fe, aparte de las obras de la ley, fue un golpe mortal para el orgullo humanista, y una represión clara para la autopromoción arrogante "de que las buenas obras, la obediencia y la virtud les cualificaban para recibir una recompensa" (Simonson, 41). Una vez comprendemos el punto de vista de Edwards sobre la humanidad, y su visión teocéntrica del universo, es lógico pensar que su énfasis sobre la salvación segura y eterna de la humanidad descansa por completo sobre el acto de gracia justificadora de Dios en Cristo, aparte del mundo de la ley.

Resulta significativo que cuando Edwards escribió *A Faithful Narrative of the Surprising Work of God*, que describió la primera fase de lo que se conocería como el Primer Gran Despertar en Nueva Inglaterra, atribuyó una de las causas primarias (dentro de la soberanía divina) a su énfasis doctrinal concreto y a un sermón en particular, *La justificación solo por fe*, predicado en 1734, justo antes del inicio del Gran Despertar.

De forma parecida, el mundo de habla hispana, con la excepción posible de la propia España, se enorgullece mucho de sus prácticas religiosas y espera, en lo secreto, haber acumulado suficientes "puntos de mérito" para ofrecer al "portero" celestial, de modo que les permita entrar en el paraíso, creyendo ilusamente que de alguna manera tienen más crédito que débito en las cuentas de Dios, y convencidos de que un 50% más un 0,000001 es suficiente para llevarles al otro lado de las puertas de madreperla. En la mayor parte de las regiones latinoamericanas, el catolicismo, con su tremendo énfasis en un sistema de regateo con Dios, es un sistema que sitúa en el meollo de la religión el esfuerzo humano, no la gracia divina. Es necesario postular la verdad de la justificación por la fe durante épocas como esta, como en los tiempos de Edwards, del mismo modo que hay que explicar otras verdades asociadas con ella para que las asimilen y las comprendan hombres y mujeres reflexivos.

Escribo estas líneas durante el 500 aniversario de la Reforma. En 1517, Lutero hizo circular sus "95 tesis", que se comentaron por toda

Europa. En nuestros días es necesario redescubrir el énfasis primario en "la justificación solo por fe" como uno de los grandes temas de la Reforma, sobre todo en Latinoamérica, y en los corazones de la mayoría de oradores españoles.[4] Necesitamos otra Reforma, una mezcla de Reforma y avivamiento, sobre todo en el mundo hispanoparlante. Quiera Dios levantar un ejército de Calvinos, Edwards, Farels, Knox, Luteros, Melanchton, Owens, Speners, Tyndales y Zuinglios (mis diez preferidos entre los reformadores y los puritanos, no en orden cronológico sino alfabético), que redescubran los cinco "pilares" de la Reforma y los prediquen y enseñen con la pasión del avivamiento en el mundo latino moderno. ¡Qué servicio supondría *eso*!

4. Documentar los avivamientos religiosos

Edwards fue un escritor prolífico. No solo escribió tratados religiosos, sino que exploró nuevos territorios al introducir un nuevo tipo de género dentro de la literatura cristiana, una obra "sui generis" (única, sin comparación): la narrativa religiosa de un movimiento de avivamiento. Estamos muy en deuda con Edwards por esta narrativa, porque tanto en su condición de protagonista como de observador crítico documenta fiel y exhaustivamente diversos aspectos del avivamiento que, de otro modo, se hubieran perdido para la posteridad. Él lo tituló "Una narrativa fiel", aunque el título completo es *Una narrativa fiel de la sorprendente obra de Dios en la conversión de muchos cientos de almas en Northampton, así como en las ciudades y aldeas vecinas de Hampshire, en Nueva Inglaterra*". Fue escrito durante el clímax del avivamiento, aunque los académicos historicistas dirían que el año 1737, que es cuando se publicó la obra, representa un interludio entre dos poderosas oleadas del avivamiento. Resulta significativo que la

---

4 Los cinco temas principales de la Reforma se resumen en los cinco "solo por" (*sola*), que son: *Sola Scriptura* ("solo por la Escritura"): La Biblia es nuestra autoridad máxima. *Sola Fide* ("solo por la fe"): somos salvos solo por la fe en Jesucristo. *Sola Gratia* ("solo por gracia"): somos salvos solo por la gracia de Dios. *Solus Christus* ("solo Cristo"): Jesucristo es nuestros único Señor, Salvador y Rey. *Soli Deo Gloria* ("solo para la gloria de Dios"): vivimos solo para la gloria divina.

lectura de este documento resultase esencial para la propagación del avivamiento a otras latitudes: "durante la vida de Edwards se imprimió en su totalidad por lo menos sesenta veces, diez de ellas en cinco países y en tres idiomas" (Simonson, 46).

Ojalá Dios levante hombres y mujeres como Edwards, que entiendan el valor de la narrativa religiosa, sobre todo la relativa al avivamiento. A menudo la fama de un avivamiento es la llama que lo enciende. Avivar esa llama por medio de la narrativa sobre el tema resulta especialmente importante. Muchos avivamientos se han propagado mediante la documentación y la diseminación de materiales sobre ellos. En diversos lugares del mundo de habla hispana existen importantes "movimientos para el avivamiento". Tuve el privilegio de participar en el movimiento "Lima al encuentro con Dios". Es necesario documentar esos movimientos. Tengo la esperanza de que la fama del avivamiento se convierta en el fuego que lo propague, y que las lecciones valiosas, aprendidas y documentadas, ministren a otras latitudes y a generaciones futuras.

5. Centrarse en la santidad y en Dios, no en la fenomenología y el hombre

Durante las épocas de avivamiento resulta fácil perderse por otros caminos y centrarse en las cosas equivocadas. Necesitamos la sabiduría que da el Espíritu para comprender la diferencia entre lo "esencial" y lo "periférico". Packer, al escribir sobre el puritanismo y sobre Edwards como revivalista, lo expresa con acierto: "tiene una importancia crucial juzgar los movimientos espirituales no en función de sus fenómenos inmediatos o de sus productos secundarios, sino por los efectos que han tenido en última instancia sobre las vidas de quienes participaron en ellos. Si te concentras en los fenómenos, siempre puedes encontrar muchas cosas que son espurias, mal meditadas y erróneas, alocadas y fanáticas; entonces te sentirás tentado a pensar que en ese movimiento no ha participado Dios. Pero... la manera correcta de evaluar lo que sucede es mirar si, entre todo el tumulto y el caos, aparecen «las marcas distintivas de una obra del Espíritu de Dios». Si es así, podemos saber que ahí está obrando Dios" (Packer, 325). Una de las grandes contribuciones de Edwards al movimiento evangélico es su teología del avivamiento, y en concreto su sabiduría para ayudarnos a distinguir entre las experiencias de avivamiento auténticas y las fraudulentas.

Edwards afirma que "el fin con el que Dios derrama su Espíritu es para santificar a las personas, no para convertirlas en políticos" (*Distinguishing Marks*) (WJE 4:241; Simonson, 50). Al hablar de "políticos", Edwards se refiere a ese tipo de conducta que es política o emocionalmente expeditiva. Al tamizar la fenomenología inusual, Edwards tuvo la prudencia de centrarse en lo esencial (INDICIOS DEL SÍ), en lugar de en lo periférico (INDICIOS DEL NO). Me gustaría hablar más sobre estos dos tipos de indicios, porque considero que las conclusiones de Edwards son especialmente profundas y tremendamente útiles para "interpretar" y "administrar" los movimientos de avivamiento.[5] Otra forma de abordar este tema de los "indicios del sí" y los "indicios del no" consiste en hablar de "criterios falsos" (lo que Edwards llamaba "indicios del no") y de los "criterios válidos" (los "indicios del sí" según él), para determinar si una experiencia religiosa procede o no de Dios y cuenta con su aprobación.

Por ejemplo: al hablar de "indicios del no", Edwards se refería a actividades inusuales y extraordinarias, efectos sobre el cuerpo de los hombres como las lágrimas, los temblores, los gemidos, los gritos, las agonías del cuerpo o la ausencia de fortaleza física; grandes impresiones sobre su imaginación, protagonistas y participantes "culpables de grandes imprudencias e irregularidades en su conducta"; errores y engaños, conducta escandalosa y predicación apasionada y sincera que enfatice sobre todo el fuego del infierno, etc. En su obra

---

5 Al decir "administrar" me refiero a la responsabilidad que tiene el líder de cuidar de la grey de Dios. En 1 Co. 4:1, Pablo dice que los ministros de Cristo son administradores de los misterios de Dios y de la importancia que tiene ser fieles. Dentro del contexto de los avivamientos, Dios llama a los ministros a ejercer una administración ministerial, siendo así fieles a su llamado, a su pueblo y, en última instancia, a su Dios. ¡Cuánto necesitamos sabiduría y discernimiento espirituales para evitar las trampas que suponen, por un lado, una apertura extrema a la fenomenología espiritual y, por otro, la aversión extrema a ella! Edwards, a pesar de estar muerto, sigue hablándonos sobre estas cosas.

clásica *Distinguishing Marks,* Edwards sostiene persuasivamente que tales cosas no constituyen necesariamente una evidencia precisa, por sí solas, para decidir si un avivamiento viene o no de Dios. Según Edwards, para determinar el verdadero origen de un avivamiento concreto hemos de tener en cuenta otros criterios ("los indicios del sí") y no esos criterios falsos. Algunas personas *se suben* a la carreta del avivamiento por motivos equivocados, y algunas de ellas *se bajan* de ella por los mismos motivos. Según Edwards, *ambas se equivocan,* porque apelan a criterios no escriturales para juzgar o discernir, y para llegar a una conclusión a favor o en contra, pero por motivos equivocados.

En mi opinión, este es el punto fuerte de Edwards. Al participar en el Primer Gran Despertar, vio a "enemigos" del avivamiento que cerraron sus mentes y sus corazones a él por razones equivocadas. Sin embargo, más adelante vio cómo, de igual manera, los "amigos" del avivamiento caían en el error de respaldar, propagar o promover el avivamiento por motivos erróneos. Edwards se dirigió a ambos grupos y les dijo: os equivocáis. Habéis caído en la trampa de restringir o de respaldar el avivamiento apelando a "indicios del no" y "criterios falsos". Usando una lógica notable y una comprensión profunda de la naturaleza humana, unidas a su conocimiento de la Biblia, Edwards abrió el camino para que ambos grupos estableciesen "criterios auténticos" para determinar si un movimiento de avivamiento debía apoyarse o rechazarse. ¿Cuáles son los "indicios del sí"? ¡Pensaba que no lo ibas a preguntar nunca! Edwards toma un pasaje clásico sobre el discernimiento espiritual (1 Juan 4) y lo aplica con una gran visión espiritual al Primer Gran Despertar, ayudando a sus lectores a desarrollar "criterios bíblicos y verdaderos" ("indicios del sí") para evaluar los movimientos de avivamiento. Propone que existen determinados elementos o características indispensables del avivamiento genuino: primero, la centralidad y la veracidad bíblicas de la cristología que propugna el movimiento. En segundo lugar, el Espíritu que obra lo hace en contra de los intereses del reino de Satanás, que radica en fomentar y arraigar el pecado, avivando las pasiones mundanales; este es un indicio claro de que se trata de un Espíritu de verdad, no de mentira. En tercer lugar, cuando el Espíritu obra para estimular en los hombres un mayor aprecio por las sagradas Escrituras, y los fundamenta con mayor firmeza en su verdad y su divinidad, ese espíritu es el Espíritu Santo. En cuarto lugar, cuando el espíritu del avivamiento actúa como el Espíritu de verdad, llevando a las personas a la verdad, convenciéndolas de aquellas cosas que son ciertas como, por ejemplo, "que existe un Dios, y que es un Dios grande que aborrece el pecado; que la vida es breve y muy insegura; que existe otro mundo; que tienen almas inmortales, y deben dar cuentas de ellas a Dios; que por naturaleza y en la práctica son tremendamente pecadores; que por sí solos están indefensos; y cuando les confirma en otras cosas que están de acuerdo con alguna sana doctrina; el espíritu que así obra ejerce como un espíritu de la verdad: representa las cosas como son en realidad" (cuarto indicio positivo de las *Distinguishing Marks*) (WJE 4:254). Por último, "si el espíritu que obra entre determinadas personas actúa como un espíritu de amor hacia Dios y hacia los hombres, es un indicio firme de que se trata del Espíritu de Dios". Estos cinco indicios, estas cinco características del verdadero avivamiento, es lo que Edwards llama "los indicios del sí", y son totalmente esenciales, el *sine qua non*,[6] sin las cuales no puede haber un genuino origen en el Espíritu o un avivamiento continuado respaldado por Él.

Antes de abandonar esta idea crítica, lo que me resultó más atractivo en Edwards fue el grado de ambigüedad que mantenía hacia los "indicios del no". Con esto quiero decir que estaba igual de dispuesto a que los "indicios del no" estuvieran presentes o ausentes, siempre y cuando los "indicios del sí" estuvieran presentes. El verdadero avivamiento puede existir con o sin los "indicios del no" (por favor, repasa la lista de "los indicios del no" en los párrafos anteriores). Pueden estar <u>presentes</u> y que *no haya un verdadero avivamiento*. Pueden estar <u>ausentes</u> y *no darse un avivamiento real*. Pueden estar <u>presentes</u> y que se produzca un auténtico avivamiento. Pueden estar <u>ausentes</u> y *puede haber un avivamiento genuino*. Estos "indicios del no" son "indicios del

---

6 La expresión *"sine qua non"* está en latín, y significa literalmente "sin la cual nada"; es decir, que algo es totalmente indispensable.

no", es decir, que no son criterios determinantes o concluyentes para discernir la verdadera naturaleza y la importancia de un avivamiento.

Esta es la manera en que Edwards discutió tanto con quienes se oponían al avivamiento ("viejas luces"), como Charles Chancy, como con los protagonistas del avivamiento ("nuevas luces"), como James Davenport. Edwards apartó la atención de todo el mundo de los falsos criterios y la centró en los verdaderos.

Por eso Edwards puede enseñarnos hoy en día. El mundo hispanoparlante está repleto de diversos tipos de "avivamientos" (aunque España, en su mayor parte, sigue esperando un gran despertar). ¿Dónde están los Eliseos que claman al Dios de Elías? (2 Reyes 2:14) ¿Dónde están los Jonathan Edwards que tienen el discernimiento espiritual, los criterios bíblicos, el hambre en el corazón, la pasión por la gloria de Dios y la apertura a lo que es inusual, sin subirse o bajarse del carro del avivamiento por todos los motivos equivocados (o algunos de ellos)?

En el mundo de habla hispana hay muchas cosas que pretenden ser avivamiento pero no son más que la actividad humana de levantar reinos, teniendo al hombre, y en algunos casos a la mujer, como cabeza.

También existe un anhelo profundo de la dinámica espiritual y de avivamiento auténtico que ahogan, coartan y a menudo liquidan por completo los líderes que "temen" perder el control y así "apagar el fuego del Espíritu" (1 Ts. 5:16-22). Necesitamos un liderazgo con discernimiento, que lo pruebe todo usando criterios válidos y aferrándose a la verdad. Necesitamos voces proféticas como Jeremías (23:25-29), que se enfrentó a los falsos profetas, cargados de visiones y de sueños que nacieron en sí mismos, y que llamen al pueblo hambriento de Dios a verdaderos manantiales de bendiciones propias del avivamiento.

6. Los predicadores avivados son el secreto de las iglesias avivadas

Dado que ya he abordado este concepto en el capítulo que habla de Edwards y del avivamiento, me limitaré a invitar simplemente al lector a que repase los pensamientos de Edwards sobre el avivamiento, que se encuentran en el capítulo pertinente de este libro. El rol del pastor en el avivamiento y en el despertar es esencial. Hemos de ser ejemplo de esto, igual que lo somos de otras facetas de la vida cristiana.

7. *El corazón del asunto es un asunto del corazón*

Simonson se centra en Edwards como "teólogo del corazón", y al hacerlo ha captado la esencia de ese hombre. Aunque tenía un intelecto brillante, y numerosos escritores le rinden tributo como alguien eminente en su teología y en la filosofía, donde realmente destaca es en el hecho de que su cabeza y su corazón van de la mano, en su persona y en su teología. La comprensión de Edwards del ser humano como ser integrado, en quien la mente y el corazón determinan la conducta, es poderosa e iluminadora para nosotros hoy día. Sus reflexiones sobre los *"afectos religiosos"*[7] proporcionan una visión provechosa sobre el modo en que opera el Espíritu de Dios en el ser humano.

"Lo que permitió a Edwards alcanzar la inusual combinación de claridad de pensamiento y profundidad fue no solo su capacidad intelectual, sino también su enorme corazón, que incluía la imaginación y la visión" (Simonson, 85). Existe una simbiosis que se produce entre la mente y el corazón que el teólogo y el predicador deben alimentar y cultivar. Los sermones de Edwards "estaban iluminados por unas imágenes brillantes y una visión subyacente que se pueden llamar estéticas" (Simonson, 85). Nosotros, como predicadores, tenemos mucho que aprender sobre la comunicación eficaz mediante el uso correcto de una imaginación santificada, no en el sentido humanista sino en el de Edwards.

Una imaginación santificada es ese "don de la gracia especial" que proporciona a los participantes no solo "un nuevo fundamento y una nueva inclinación de la voluntad, sino que poseen una nueva capacidad imaginativa mediante la cual aprehender lo que antes era invisible" (iluminaciones)...; "y las primordiales de todas ellas eran

---

7 WJE, volumen 2.

la hermosura y la gloria" (Simonson, 77). "Dios es el «autor» de la nueva capacidad para ver. Vemos la gloria de Dios cuando el nuevo sentido del corazón nos inserta en esa gloria. La imaginación la asimila porque estamos dentro de su círculo" (Simonson, 77). Conocer a Dios conlleva una imaginación santificada. No estamos hablando de una imaginación hiperactiva que se desvincule de la revelación bíblica, sino de una facultad regenerada, santificada o iluminada por el Espíritu, para "ver" a Dios. Este concepto de "ver a Dios" y "ver la verdad" escapa a la razón. Cuando el apóstol Pablo dice que los efesios podrían conocer lo que sobrepasa todo entendimiento, se refiere a esa capacidad que se fundamenta en la facultad de la "imaginación santificada" (Edwards), es decir, la actuación del Espíritu que mora en nosotros y de la plenitud de Cristo, arraigada en amor y transmisora de la capacidad inusual de conocer lo que sobrepasa al conocimiento meramente cognitivo, racionalista o especulativo de las cosas de Dios. Por medio de la experiencia de la verdad —una experiencia que la Trinidad vuelve real— a la que contribuye cada miembro de la Trinidad, y por medio de la imaginación iluminada y santificada, el creyente lleno del Espíritu, que mora en Cristo y tiene su centro en Dios puede hacer que su mente y su corazón actúen al unísono para obtener cierto tipo o género de conocimiento que trasciende con creces lo que pueden alcanzar por sí solas nuestras facultades mentales. Es un tipo de conocimiento "sui generis", dado que su origen es divino, no humano.

Si algún hombre está en Cristo, es una nueva criatura, una nueva creación, dotado de una nueva capacidad para ver, una imaginación regenerada. Cuando esa nueva criatura está llena del Espíritu de Dios, esa imaginación regenerada se santifica e ilumina, y se la capacita para "aprehender la belleza y la gloria plenas del Creador" (Simonson, 80). A menudo los creyentes necesitan un segundo contacto; si no, ven a los hombres como árboles andantes, en lugar de lo que son.

La predicación del avivamiento tiene que ver con la imaginación santificada. El Espíritu de Dios obra en la imaginación del predicador, y después en la mente y en el corazón del oyente. La capacidad de discernimiento de la imaginación es "la fuerza impulsora tras sus sermones" (Simonson, 80), según dice Simonson, y yo estoy de acuerdo con él siempre que entendamos que es el poder del Espíritu en y por medio de la imaginación el que posibilita semejante discernimiento e influencia de la convicción ineludible. No hablamos de una imaginación autónoma e hiperactiva que se desboca, sino de una iluminación ungida por el Espíritu, que recuerda la centralidad de "que Cristo es el mediador final y último entre la imaginación humana y la verdad divina" (Simonson, 81). ¡Excelente! ¡Bravo!

La imaginación autónoma es orgullosa y arrogante, y asume un rol y una prerrogativa que solo corresponden a Dios. "La imaginación es creativa cuando opera dentro de la revelación cristiana"... Las visiones y las creaciones de la imaginación no santificada no son más que "delirios de grandeza" (Simonson, 82). Una vez más regresamos al fundamento de la Escritura como marco dentro del cual puede y debe operar la imaginación santificada. Tal como afirma Simonson, "solo cuando la imaginación humana (el «yo») visualiza y crea dentro del contexto de la revelación cristiana (el «Tú») se puede confiar en ella" (Simonson, 82).

El mundo de habla hispana dentro de nuestro marco postmoderno necesita una dosis alta de imaginación santificada. El liderazgo en el mundo de habla hispana necesita cultivar una imaginación santificada, sobre todo en la transmisión del evangelio. La capacidad de los latinos para la estética es notable, y responden bien cuando los sermones se recubren de esta dinámica mente/corazón y se sumergen en ella.

8. Edwards como pensador

Dios nos llama a amarle con nuestro todo. Lucas 10:27 nos recuerda: "Amarás al Señor tu Dios con todo tu corazón, y con toda tu alma, y con todas tus fuerzas", y "al prójimo como a ti mismo". Si alguna vez ha habido una persona que amase a Dios con toda su mente, ha sido Edwards. Pensemos, por ejemplo, en algunas de esas resoluciones[8] que reflejan el deseo de Edwards de amar a Dios con toda su mente:

---

8 Para las resoluciones, ver WJE 16:753 y ss.

1. Resolución 1. Resuelvo hacer todo lo que considere que redunda sobre todo para la gloria de Dios, y para mi propio bien, provecho y placer, durante toda mi vida, sin tener en cuenta el momento, ya sea ahora, nunca o dentro de miles de años. Resuelvo hacer todo lo que considere mi deber, para el beneficio de la humanidad en general. Resuelvo hacer esto independientemente de las dificultades con las que me encuentre, por muchas y grandes que sean. 2. Resuelvo esforzarme en todo momento para descubrir alguna nueva técnica o invención destinada a propagar lo dicho anteriormente.

a. En otras palabras, Edwards anhelaba "descubrir alguna nueva técnica o invención" para aplicarla al "beneficio de la humanidad en general". Pensaba que esto incluía el desarrollo de ideas expresadas en publicaciones, que desempeñaran ese servicio y redundaran así para la gloria de Dios. Pensemos en su producción literaria, que demuestra hasta qué punto intentó cumplir estos dos votos.

2. Resolución 11. Cuando me plantee cualquier teorema de la divinidad que haya que resolver, me comprometo a hacer de inmediato todo lo que pueda para resolverlo, siempre que las circunstancias me lo permitan.

a. A Edwards le encantaba explorar el mundo de las ideas, sobre todo las teológicas. Para él, ¡ese era su primer amor!

3. Resolución 28. Resuelvo estudiar las Escrituras firme, constante y frecuentemente, para que sea consciente de mi crecimiento en el conocimiento de las mismas.

a. Edwards se comprometió con el estudio sistemático e intenso de la Palabra de Dios. Su herencia puritana y pastoral le ayudaron en esta empresa.

Como está grabado en su epitafio, "en la agudeza de su intelecto, su sagaz juicio y su prudencia fue el primero de los mortales, en su conocimiento de las ciencias y de las artes liberales, alguien notable, eminente en la crítica sagrada, y teólogo distinguido sin igual; defensor imbatido de la fe cristiana y predicador serio, solemne y discerniente; y gracias al favor de Dios, muy feliz en el éxito y el devenir de su vida" (Gerstner, I: 20). Quienes le han estudiado considera que escribió "el mayor prodigio del intelecto humano" (Webster), le consideran el mayor de los teólogos (Chalmers), uno de los mayores metafísicos de sus tiempos (Encyclopedia), el mejor pensador que haya producido Estados Unidos (Perry, McCosh), quizá el pensador más profundo del mundo (Hollister) (Gerstner, I: 20).

Dicen los biógrafos de Agustín que mientras estaba sumido en la turbulencia de la convicción y del conflicto interior escuchó la voz de unos niños, en la puerta de al lado, que cantaban jugando "toma y lee". Aceptando la voz "salida de ninguna parte" como un mensaje de Dios, "tomó" las Escrituras y las abrió al azar por Romanos, donde leyó: "sino vestíos del Señor Jesucristo, y no proveáis para los deseos de la carne" (Ro. 13:14); ese fue un encuentro que dio pie a su conversión. De forma parecida, Edwards escuchó el llamado a "tomar y leer". La lectura fue una pasión para Edwards, sobre todo, siendo puritano, la lectura de las Escrituras, aunque leyó muchas obras de teología, filosofía y las ciencias generales, como nos indica su epitafio[9]: Jonathan Edwards era lector y pensador.

Sin duda, Edwards está a la altura de Isaías, Pablo, Agustín, Aquino y Calvino como peso pesado de la teología. Su entendimiento de las materias, que obtenía en gran medida debido a las trece horas que dedicada al día a la lectura y a la reflexión en oración, le permitieron entender y abordar cuestiones intelectuales con gran profundidad. Reto a cualquiera a que lea "El libre albedrío", "La naturaleza de la auténtica virtud" o "Los afectos religiosos", para que aprecie lo que afirmamos aquí.

En el mundo de habla hispana contemporáneo necesitamos hombres y mujeres con un pensamiento incisivo. Los pensamientos son importantes; determinan el destino. El antiguo dicho "los filósofos gobiernan el mundo" es muy cierto. La Biblia afirma: "Pues cual es su

---

9 Véase el principio de este capítulo, sobre todo la porción que dice: "Un hombre auténtico, de alta pero elegante estatura, atenuada por la agudeza de su intelecto, la abstinencia y los estudios más arduos; en la agudeza de su intelecto, su sagaz juicio y su prudencia fue el primero de los mortales, en su conocimiento de las ciencias y de las artes liberales, alguien notable, eminente en la crítica sagrada, y teólogo distinguido sin igual; defensor imbatido de la fe cristiana y predicador serio, solemne y discerniente".

pensamiento en su corazón, tal es él" (Pr. 23:7). En el mundo hispano-parlante necesitamos un liderazgo espiritual e intelectual que tenga la visión necesaria para percibir "qué está pasando en el mundo", y luego el coraje suficiente para abordar esos pensamientos y pastorear el pueblo de Dios de tal manera que se vean influidos por los pensamientos de Dios y no por los del mundo.

Por ejemplo: hay que entender primero y abordar después la influencia que tiene el humanismo en el paisaje postmoderno actual. Es necesario identificar, analizar y abordar las corrientes intelectuales que desembocan en el movimiento de la Nueva Era. Los numerosos "-ismos" del mundo moderno y postmoderno, con sus combinaciones únicas, exigen un liderazgo agudo, inteligente y espiritual. Edwards identificó las corrientes intelectuales significativas que influyeron en el paisaje filosófico y teológico, y tuvo el coraje y la capacidad suficientes para ser una voz profética, un vigilante en las murallas de Jerusalén, y para dar la alarma, tocando la trompeta con claridad. ¿Quién sabe si *tú* (querido lector) has sido traído al reino para un momento como este?

> Alzaos, hombres de Dios.
> Himnario Metodista Unido, número 576
> Letra: William P. Merrill, 1867-1954
> Música: William H. Walter, 1825-1893
> Melodía: Cántico festivo, metro: SM
>
> 1. ¡Alzaos, oh hombres de Dios!
> Olvidad las cosas banales ya.
> Corazón y mente, alma y fuerzas
> Dedicad al Rey de Reyes.
> 2. ¡Alzaos, oh hombres de Dios!
> El reino ya se demora;
> Anunciad el día de hermandad
> Y salid de la noche del error.
> 3. ¡Alzaos, oh hombres de Dios!
> La Iglesia os espera,
> Pues fuerzas no tiene para la labor.

¡Alzaos y engrandecedla!
4. ¡Alzad bien alto la cruz de Cristo!
En sus huellas los pasos poned.
Cual hermanos del Hijo del Hombre,
¡alzaos, oh hombres de Dios!

9. Ejemplo firme de una pareja que ministra junta

Jonathan mantuvo una estupenda relación sentimental con su esposa Sarah. Ella demostró ser una compañera de vida realmente bien preparada, y compartía el mismo trasfondo puritano y los mismos valores espirituales que su esposo, así como una aguda capacidad intelectual. Además, Sarah era una notable mujer de Dios, que cuidó de sus once hijos y permitió que su esposo académico dedicara a sus estudios trece horas diarias. A pesar de todo, casi todos los días dedicaban un rato a montar juntos a caballo, y durante ese tiempo en que compartían las inquietudes del día, Edwards le explicaba sus últimas reflexiones. Sarah no era apocada: era una excelente interlocutora, y sin duda muchas de las contribuciones teológicas y filosóficas más profundas de Edwards se forjaron sobre el yunque de la conversación y la oración con su amada esposa. A menudo, durante esas sesiones, las ideas teológicas se clarificaron y solidificaron. Edwards estaba tan agradecido por la gran calidad de su relación sentimental que usaba los términos más exaltados para hablar de su "notable unión".

Para apreciar su ejemplo como pareja ministerial, hemos de apreciar el concepto puritano de la familia. Packer, en su excelente libro "La búsqueda de la santidad: la visión puritana de la vida cristiana", cita extensamente de "El libro de familia del pobre", de Richard Baxter. La cita es tan útil para entender el concepto puritano de la familia —y por lo tanto la ética familiar de los Edwards— que quiero exponer los siguientes seis consejos:

> Os ruego, decidme después mi deber para con mi esposa, y el suyo para conmigo. El deber común del esposo y de la esposa es: 1. Amarse por

233

entero el uno al otro, y por consiguiente elegir a alguien que sea realmente adorable…; evitando todas las cosas que procuren apagar ese amor. 2. Vivir juntos y disfrutar el uno del otro, contribuyendo fielmente a la educación de sus hijos, la administración de la familia y la gestión de sus negocios terrenales. 3. Sobre todo, contribuir a la salvación de la pareja: motivarse el uno al otro a la fe, el amor y la obediencia, así como las buenas obras; advertirse mutuamente sobre el pecado para evitarlo, así como las tentaciones; unirse a la adoración a Dios en la familia y en privado; prepararse mutuamente para la llegada de la muerte, y consolarse en la esperanza de la vida eterna. 4. Evitar toda disensión, y soportar las debilidades del otro que no sea posible curar: aplacar y no provocar las pasiones indebidas; y, en las cuestiones legales, complacerse mutuamente. 5. Preservar la castidad y la fidelidad conyugales, evitando toda conducta inapropiada e inmodesta, que pudiera provocar celos; así, evitar los celos injustos. 6. Ayudarse mutuamente a llevar sus cargas (y no permitir que la impaciencia las aumente). En la pobreza, los problemas, la enfermedad, los peligros, consolarse y apoyarse el uno al otro. Y ser compañeros encantadores en el santo amor, las esperanzas y deberes celestiales, cuando fallen todos los consuelos externos. (Packer, 263)

Sarah fue un ejemplo tan poderoso de verdadera espiritualidad y del avivamiento que Jonathan llegó a usarla como un estudio de caso "anónimo" para exponer la naturaleza de este último. Los eruditos piensan que la referencia anónima a una mujer que figura en su documentación sobre el avivamiento no es otra que su amada "Sarah". Esto es lo que dice Edwards sobre su esposa (sin declarar abiertamente de quién se trata): "Pasábamos considerables lapsos de tiempo juntos, bañados en la gloria de las perfecciones divinas y las excelencias de Cristo, de modo que el alma se sentía totalmente superada, empapada de luz y de amor, un dulce solaz, un reposo y un gozo que son inefables… Este gran regocijo ha sido con temblor, es decir, con una sensación profunda y vívida de la presencia de la grandeza y la majestad de Dios, así como de las tremendas pequeñez y vileza de la criatura… Las experiencias que he mencionado se han visto rodeadas por… una sensación extraordinaria de la terrible majestad, grandeza y santidad de Dios… A menudo perdía la fortaleza del cuerpo sumida en un profundo lamento por el pecado cometido contra un Dios tan santo y tan bueno… Hemos experimentado la sensación profunda de la verdad indiscutible de las grandes cosas reveladas en el evangelio, una sensación inmensa de la gloria de la obra de redención y del camino de la salvación en Jesucristo… La persona sentía un gran deleite al cantar alabanzas a Dios y a Jesucristo, y anhelaba que esta vida presente, por así decirlo, fuera un cántico constante de alabanza a Dios. Se daba el profundo anhelo, como lo expresaba la persona, de sentarse a cantar el resto de su vida; y el placer inconmensurable al meditar en la idea de pasar toda la eternidad en esa actividad…" (Packer, 322, citando a Edwards, Volumen I: 276 y ss.)

Edwards pasa luego a analizar la crítica de que el avivamiento contuvo elementos extremistas, y afirma, después de exponer el caso de su esposa: "Si tal cosa es el entusiasmo, si es el fruto de un cerebro perturbado, ojalá mi mente se vea dominada eternamente por esa bendita perturbación" (Packer, citando a Edwards, 322).

¡Qué gozo cuando las parejas ministeriales sirven juntas con una pasión, unos valores, unas convicciones y unas experiencias compartidas similares! De la misma manera que las Escrituras nos presentan diversos ejemplos de ministerio poderoso, como Aquila y Priscila, Jonathan y Sarah fueron un equipo poderoso para Dios. Nada es tan poderoso como el ministerio de una pareja cuyos miembros trabajan juntos. Uno perseguirá a mil, y dos harán huir a diez mil (Dt. 32:3). ¡El poder de la sinergia espiritual en el ministerio! ¡Bravo!

Lamentablemente, en algunas latitudes de habla hispana algunos ministros sienten que deben sacrificar a sus esposas y a sus familias en aras del "ministerio", y a menudo dejan a sus familias un legado de sufrimiento y de tristeza. No pasó esto con Edwards. Para su crédito, Sarah supo cómo dar a Jonathan el espacio que necesitaba y la pasión para seguir su pasión, mientras al mismo tiempo le acercaba a una visión más equilibrada del ministerio.

En el mundo hispanohablante existe cierto número de factores que militan contra el rol de la pareja en el ministerio, y que tienden a mitigar su eficacia combinada. El orden frenético de la familia moderna, la carga económica de muchas familias pastorales, el ritmo acelerado de la vida urbana (y, en menor grado, de la vida rural) y muchos otros factores complican el ministerio de la pareja. Sin embargo, dichoso el matrimonio que tiene una sensación firme del llamado, como pareja, para servir al Señor juntos. Las familias latinas y españolas necesitan ver en su liderazgo pastoral una calidad de vida familiar que resulte atractiva. Los conceptos teóricos expresados en el púlpito y en el aula deben ilustrarse en la dinámica relacional de la pareja casada que ministra. Esta es una gran necesidad en el mundo hispanoparlante.

10. Dejando un legado y acabando bien

En los albores del siglo XX, el educador y pastor estadounidense A. E. Winshipp decidió rastrear los descendientes de Jonathan Edwards casi 150 años después de su muerte. El legado de Jonathan Edwards incluye: un vicepresidente de Estados Unidos, tres senadores, tres gobernadores, tres mayores, trece presidentes de universidades, 30 jueces, 65 profesores, 80 cargos públicos, 100 abogados y 100 misioneros. ¡Qué ejemplo más poderoso! (http://unlockthebible.org/jonathan-edwards-leaving-a-godly-legacy/)

A medida que "maduro" en años, cada vez he pensado más sobre el legado. Acabar bien la vida en el mundo moderno tan exigente es una meta cada vez más infrecuente. Resulta difícil perseverar en el ministerio y acabar bien, no solo acabar. Edwards aprendió a acabar bien. Pudo decir junto al apóstol Pablo: "He peleado la buena batalla, he acabado la carrera, he guardado la fe" (2 Ti. 4:7). Como defensor de la fe, que aprendió a "contender ardientemente por la fe que ha sido una vez dada a los santos" (Jud. 1:3), aprendió a ser fiel hasta el fin. Acabó aquella "maratón" que Dios le había destinado y reservado. Contribuyó a la retención y a la preservación de la fe. Junto con una rica herencia espiritual en su familia inmediata, toda la familia de Dios se ha visto increíblemente enriquecida por el legado espiritual de Edwards. Ojalá nosotros también aprendamos a establecer priori-dades según el santo llamado de Dios a nuestras vidas, invirtamos en la eternidad y "sirvamos bien a nuestra generación". De David se dijo: "Porque a la verdad David, habiendo servido a su propia generación según la voluntad de Dios, durmió…" (Hch. 13:36). También nosotros debemos identificar los propósitos de Dios en nuestra propia generación (que, obviamente, varían entre una generación y la siguiente), sirviendo luego al propósito divino en nuestro entorno y generación particulares, de modo que acabemos bien y dejemos tras nosotros una herencia santa.

Al final de su ministerio, Jesús dijo: "Yo te he glorificado en la tierra; he acabado la obra que me diste que hiciese" (Jn. 17:4). Una gran parte del acto de dejar un legado espiritual consiste en acabar bien. Jesús glorificó a su Padre al tener una comprensión claramente definida de su obra única: "la obra que me diste que hiciese". "Acabar bien" significa empezar y continuar con un entendimiento claro de esa "tarea" concreta del cielo, y luego *buscarla* (y no nuestros sueños o ambiciones). Señor, permíteme acabar bien. Permite a mis lectores acabar bien. Que nuestro legado te rinda honra y gloria. Amén.

11. *Pasar tiempo conociendo a Dios*

La imaginación hay que cultivarla. Es necesario cultivar la imaginación regenerada y santificada. Edwards relata cómo aprovechó la primera aparición de una tormenta eléctrica para "fijarme" (una expresión del inglés antiguo de Nueva Inglaterra que significa "adoptar una posición fija o definida"), "para poder ver el juego de las nubes y los rayos, y escuchar la voz majestuosa y temible de los truenos de Dios, pasatiempo que en ocasiones me resultaba de lo más entretenida, llevándome a tener dulces contemplaciones de mi Dios grande y glorioso" (citando a Edwards de su *Narrativa personal*) (Simonson, 88, 89). De igual modo, debemos "fijarnos", "estar quietos" (Sal. 46:10), y meditar sobre la grandeza y la majestad de Dios. Este alimento para nuestra imaginación influirá sin duda en nuestra predicación y en todo nuestro ministerio. Tal como descubrió el salmista, "se enardeció mi corazón dentro de mí; en mi meditación se encendió fuego, y así proferí con mi lengua"

(Sal. 39:3). La predicación auténtica es como un volcán: la presión se va acumulando, en oración y meditación, ¡y entonces explota!

La predicación avivada nace de unos predicadores avivados, que dedican tiempo a conocer a su Dios; unos predicadores cuyas mentes, corazones e imaginaciones están alimentados por combustible divino de alto octanaje, y que hablan de la abundancia de un corazón cautivado por la guía de una imaginación santificada. Las Escrituras nos recuerdan: "más el pueblo que **conoce a su Dios** se esforzará y actuará" (Dn. 11:32). Si queremos ver conquistas para el Reino, será gracias a hombres y mujeres dentro del mundo de habla hispana que conozcan de verdad a Dios. Tendrán la fuerza y la capacidad de servir a Dios y de reflejarle fielmente en un mundo que intenta manipularle y utilizarle para sus fines personales.

12. Palabras, ideas y emociones

¿Qué puede enseñar Edwards a los latinos y a los españoles sobre la unión de las palabras, las ideas y las emociones? El arte de predicar en el mundo contemporáneo requiere algunas habilidades especiales. Existe la necesidad real de conectar con las personas por medio de imágenes, además de emocional y cognitivamente.

Por lo que respecta a la predicación, Edwards se había criado en el puritanismo. Sus mentores escribieron cosas así: "Un hombre no manifiesta su inteligencia o su cultura al revolcarse en metáforas y esparcir sus frases en griego y en latín, abundando en expresiones sublimes y hablando entre las nubes; es entendido cuando su aprendizaje ha clarificado su entendimiento, dotándolo de plenas y diáfanas aprehensiones de las cosas; cuando le permite hacer *sencillas* las cosas *difíciles*, y los conceptos antes confusos *definidos* y *ordenados*; y manifiesta su aprendizaje al decir cosas sanas, firmes, sencillas y lógicas" (Simonson, 94). ("Una defensa oportuna de la predicación y de su sencillez, de John Glanvill [Simonson, 94]). Edwards estuvo muy influido por ideas expuestas por el retórico francés Petrus Ramus, quien desarrolló el "trívium" "al distinguir entre la lógica («la materia del arte»), la gramática («el arte del habla») y la retórica («el arte del vestir»); y luego pasó a unir la retórica con las dos primeras, limitando así la elegancia de un modo que los puritanos hallaron muy de su agrado" (Simonson, 95). El verdadero propósito de la predicación no era impresionar o llamar la atención sobre uno mismo, sino más bien atraer a las personas a Dios (este es el Edwards más puro.) Estos dos conceptos del estilo "sencillo" y la retórica de Ramus explican en gran medida el estilo de Edwards.

13. ¡Praxis!

Quizá la mejor obra de Edwards, por la que es muy conocido, sea su obra clásica sobre los "afectos religiosos". Sin duda, esta figura como uno de los diez mejores libros de todos los tiempos en el ámbito de la teología. Es de lectura obligatoria para todo pastor o creyente que desee tener influencia en la formación espiritual propia y en la de otros. Después de escribir "Señales distintivas", en la que Edwards procuraba distinguir entre los criterios válidos (signos del sí) y los no válidos (signos del no) para discernir si un avivamiento realmente venía de Dios o no, el autor pasó a edificar sobre su investigación y, aprovechando su tremenda experiencia pastoral y su comprensión teológica y psicológica del corazón, escribió su *magnum opus*[10] sobre los afectos religiosos, el intento de Edwards de describir la naturaleza de la auténtica espiritualidad.

Después de unas cuatrocientas páginas llenas de reflexiones elaboradas y profundas conclusiones que, cuando las leemos, suscitan una reflexión seria sobre nuestra propia conversión, por no decir ya la santificación, Edwards expone, como si se tratase de un documento legal, su argumento final. Los verdaderos afectos religiosos se manifiestan en nuestros actos, en nuestra forma de vivir. Por sus frutos los conoceréis.

Dentro del mundo hispanohablante moderno (y no solo dentro de él, aunque este constituye mi foco de atención en estos capítulos) existe un "gran divorcio". Abundan las palabras y las ideas, pero

---

10 *Magnum opus* es una expresión latina que significa la mejor obra de una persona, una obra literaria que la hace destacar sobre otras, con la que el mundo asocia a esa persona y gracias a la cual se le recuerda.

existe una carestía de cristianismo auténtico manifestado en actos. El hablante de español, sometido a cierto grado de influencia de la teología de la liberación, usa el término "praxis", que de hecho se acerca bastante al concepto de Edwards del concluyente "signo del sí" en lo tocante a los "afectos religiosos" genuinos. La cuestión no se centra primordialmente en las reflexiones, aunque sin duda es esencial para el pensamiento y el entendimiento cognitivo de Edwards. No, se centra realmente en la VIDA, en las OBRAS que nacen de una FE VIVIFICADORA.

Estoy muy en deuda con el escritor canadiense Stevens por su manera de presentar este paradigma integrador del entendimiento. Hace referencia a la integración de la cabeza, el corazón y "la mano", de lo cognitivo, lo emocional y lo conductual. Las palabras que usa R. Paul Stevens en su estimulante libro *The Other Six Days: Vocation, Work and Ministry in Biblical Perspective* ("Los otros seis días: vocación, obra y ministerio desde una perspectiva bíblica") son: "ortodoxia", "ortopathos" y "ortopráctica". La siguiente imagen refleja esta comprensión holística del entendimiento.

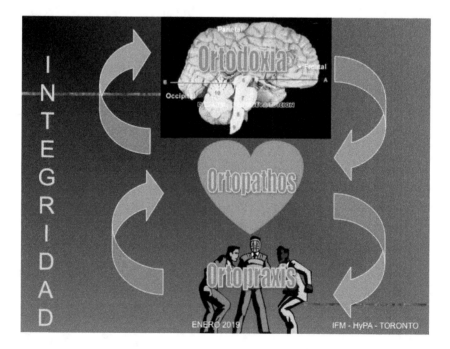

El mundo de habla hispana (y no solo este) necesita disponer de una comprensión más integrada de la verdadera espiritualidad, que confiera un énfasis bíblico y proporcionado a la cabeza, el corazón y la mano. Desde mi punto de vista, esta sería una de las cinco mejores lecciones que el mundo hispanohablante moderno puede extraer de Edwards.[11]

14. ¡Despertad!

¿Qué quiere decir despertar? Como sabrás a estas alturas, Edwards fue tanto protagonista como crítico de lo que se conoció como "El primer Gran Despertar". Ha habido muchos malentendidos sobre los conceptos del avivamiento, el despertar y la relación entre ellos. Edwards nos resulta especialmente útil a los hispanohablantes cuando reflexionamos sobre estos temas (lamentablemente, a tales cuestiones no se les ha prestado suficiente atención teológica seria). Veamos lo que nos dice Edwards sobre el "despertar".

Aunque existen numerosas cualidades admirables en la disposición del hombre natural, un reflejo de la *imago Dei* en el ser humano, la condición fundamental del hombre natural es la ceguera "letárgica" (Simonson, 122). Edwards creía que el ser humano padecía una "conciencia complaciente" (Simonson, 122) y que se ha engañado a sí mismo para adoptar una postura delante de Dios que le hace quedar bien. Para conocer de verdad al Dios verdadero, era y es necesario conocerse a uno mismo: "sin conocimiento de uno mismo no hay conocimiento de Dios" (Simonson, 122) "… no solo consideraba [Edwards] a los no regenerados como muertos espirituales, sino que para él [Edwards] su pecado se agravaba debido al hecho de que eran ciegos a su propio estado" (Simonson, 120). Este es el "doble problema" del hombre: ¡ni regenerado ni consciente! El Gran Despertar

---

11 Si tuviera que limitarme a mencionar las cinco lecciones que Edwards enseña al mundo de habla hispana moderno, y a dar prioridad solo a cinco, diría que son: (1) su comprensión de Dios; (2) su comprensión del avivamiento; (3) su comprensión de la predicación; (4) su comprensión de una espiritualidad auténtica integradora y, por último (¡oh, qué duro tener que limitarme solo a cinco!) (5) su comprensión del pecado.

conllevaba una consciencia incipiente (Simonson: de aquí la imagen de una persona que despierta y recupera la consciencia después del sueño profundo nocturno) de la auténtica condición calamitosa en que nos hallamos. Esta consciencia —este despertar— es en sí mismo un don de Dios: este despertar se produce mediante la predicación de la Palabra divina: "La misión de Edwards consistía en guiar a sus oyentes a la inseguridad, adentrarlos en un peligroso viaje hacia sí mismos" (Simonson, 121).

El hispanohablante moderno no es diferente al hombre y a la mujer que escucharon la predicación de Edwards. Lo que podemos aprender de él es la necesidad de fomentar y facilitar este tipo de despertar. Necesitamos un marco teológico que recoja plenamente la gloria y la vergüenza del ser humano, y que pueda guiarle, por una consciencia de Dios, del pecado, de Cristo y de la salvación mediante el Espíritu, a la regeneración y más allá: a la santificación. La hamartiología bíblica es esencial para la soteriología, que incluye tanto la regeneración como la santificación. Esta es la genialidad del paradigma calvinista sobre el hombre natural, y en su hamartiología Edwards era puro calvinismo.

Para la teología puritana, la consciencia de pecado es esencial para la salvación. Hay que predicar la ley, de modo que la conciencia descubra su necesidad de un Salvador. "Solo mediante el conocimiento del mal se manifestará la plenitud y la genuina bondad de la gracia divina", dijo Edwards (Simonson, 125). El sufrimiento se entiende como "medicinal", no "penal". Lo que quería decir con esto es que el sufrimiento y la adversidad humana son en realidad un acto de misericordia, parte de la gracia preventiva, que prepara el camino para la plenitud de la salvación. Realmente es una misericordia _**severa**_ (C. S. Lewis), pero _**es**_ misericordia porque allana el camino para la medicina divina. "No estamos listos para escuchar el evangelio de la salvación hasta que la magnitud de nuestro pecado llena nuestra consciencia" (Simonson, 127). Este énfasis legal, tan conocido entre los puritanos, explica la secuencia de la predicación de Edwards (Simonson, 129). Simonson observa que este orden no solo era teología sólida, sino también una psicología y una retórica igual de firmes. Los pecadores despiertos responden al evangelio: son buenas noticias. Pero los pecadores no despiertos tropiezan cuando escuchan el evangelio. Esto es muy cierto en el mundo moderno. Cuando escribo estas líneas (junio de 2017) estoy en la biblioteca pública de El Campello. Algunos españoles trabajan con la comodidad de este ambiente con aire acondicionado, mientras otros, fuera, padecen los rigores del verano. ¿Cómo llegarán los españoles a apreciar la virtud salvadora de Jesús? Según Edwards, solo lo conseguirán si despiertan a su verdadera condición delante de Dios. ¿Y cómo se producirá *ese* despertar? El avivamiento y el despertar del pueblo de Dios es el antecedente necesario. Los propios ministros de Dios necesitan un avivamiento y un despertar de modo que **esta** dinámica espiritual genere una predicación y una enseñanza de la Palabra de Dios, para satisfacer la necesidad de predicar la ley que despierta la conciencia, y luego predicar el bálsamo del evangelio; solo entonces se desatará ese poder que despierta a los perdidos.

15. El infierno

Edwards creía en el infierno. Creía en predicar sobre el infierno. Su famoso sermón "Pecadores en manos de un Dios airado" expone bien a las claras el concepto de la justicia de Dios. Un aspecto integral del despertar de los perdidos era crear la consciencia del concepto de la justicia divina.

¿Por qué hoy no predicamos sobre el infierno? "... es algo de lo que no se habla mucho hoy día, tanto en los círculos educados como en los demás"; "a la humanidad la escandaliza y la ofende" (Simonson, 131). Edwards creía que: "la obligación infinita de amar, honrar y obedecer, el comportamiento contrario hacia esa persona debe ser "infinitamente erróneo"... Si esa persona es Dios, y si su amor es infinito y posee una excelencia y una belleza que también lo son, el pecado contra Dios es infinitamente aborrecible y exige un castigo sempiterno" (Simonson, 127). Esta es la lógica del énfasis que puso Edwards sobre el infierno.

Llega un "instante destructivo" que "disipa todo espejismo", y que es "el mismo momento aplastante y numinoso en el que contemplamos el corazón de las tinieblas, para descubrir en él, como escribió Martín Lutero, que Dios, "más terrible y amedrentador que el diablo... nos pide cuentas y nos lleva a la ruina con poder, nos golpea y nos aplasta sin prestarnos más atención… En su majestad, es un fuego consumidor" (Simonson, 135). Este aspecto "destructivo" de la predicación se pasa por alto en gran medida en el movimiento evangelio de habla hispana. Al profeta Jeremías se le ordenó "Mira que te he puesto en este día sobre naciones y sobre reinos, para arrancar y para destruir, para arruinar y para derribar, para edificar y para plantar" (Jer. 1:10). La verdadera predicación profética conlleva tanto lo "negativo" como lo "positivo", en este orden. Según parece, hoy día ignoramos o "damos por hecho" lo negativo y aceleramos el mensaje de lo positivo, y creo que lo hacemos en detrimento de la extensión del reino de Dios.

Predica la ley, y luego la gracia. Lleva a las personas a la consciencia de la necesidad, por medio de la ley de la justicia de Dios; luego ofréceles una "escapatoria" en el evangelio. A menos que las personas sientan el peso de la ley, no se sentirán inclinadas a tomar su medicina.

16. La oración

Ya hemos visto que Edwards era lector, pero creo que uno de los "secretos a voces" que explica la visión de Edwards es que leía en oración. Si Agustín escuchó una voz que decía "toma y lee", Edwards escuchó otra que decía "toma y ora", porque a medida que estudiamos su vida es evidente que la oración ocupaba todas las facetas de su vida, sobre todo su vida académica y pastoral, porque sus escritos y sus sermones están empapados del espíritu de la oración.

Sabemos que Edwards dedicaba trece horas al estudio, aunque no podemos saber a ciencia cierta cuántas de esas horas dedicaba a la oración. A pesar de ello, podemos sacar algunas conclusiones. Gracias a la resolución 24[12] sabemos que Edwards estaba decidido a "luchar y orar" con todas sus fuerzas. La resolución 29[13] nos dice que Edwards

---

12 Resolución 24: "Siempre que yo haga cualquier acción conspicua y maligna seguiré su rastro, hasta que llegue a la causa que la originó y entonces, me esforzaré cuidadosamente en no volver a hacerla y a pelear y a orar con toda mi fuerza en contra de la causa".

13 Resolución 29: "Nunca permitir el considerar que una oración, ni algo que se considere como una oración, ni una petición en oración, la cual es hecha así, no pueda yo confiar en que Dios la contestará; ni una confesión en la cual no pueda yo esperar que Dios la aceptará".

quería tener fe cuando oraba. La 30[14] nos revela que, como Pablo, aspiraba a llegar a un grado superior de la gracia en su caminar espiritual. En la resolución 32[15] Edwards nos dice que pretendía ser fiel a su confianza, lo cual incluía sin duda ser fiel a las disciplinas espirituales de la lectura bíblica y de la oración, tan importantes para la ética puritana. Gracias a la resolución 61[16] sabemos que Edwards se resistía a la tendencia a la desgana y la pereza en el ejercicio de esas disciplinas espirituales. En la resolución 64[17] leemos que Edwards se proponía que, cada vez que escuchase el llamado a la oración, lo "alentaré con toda mi fuerza y no me cansaré de empeñarme encarecidamente en expresar mis deseos, ni en la repetición de tales anhelos". Fomentar los gemidos del Espíritu interior, "con toda mi fuerza" y sin cansarse "de expresar mis deseos" repetidamente era la manera puritana tradicional de afirmar la vida de oración.

Leemos frecuentemente que Edwards predicaba un mensaje de ayuno, llamando a su pueblo a ayunar y orar. Obviamente, él les daba ejemplo.

Quizá la evidencia más poderosa de las convicciones de Edwards sobre la oración por avivamiento sea su tratado titulado "Humilde intento de fomentar el acuerdo explícito y la unión visible del pueblo de Dios en oración extraordinaria por el avivamiento de la religión", publicado en 1746, después de que el primer Gran Despertar hubiera comenzado a disiparse. Los sábados por la tarde, los domingos por la mañana y el primer martes de cada trimestre, durante un lapso de siete años, se dedicaron a la oración extraordinaria. J. I. Packer, en su maravillosa obra "La búsqueda de la santidad: la visión puritana de la vida cristiana", dedica todo un capítulo a "Jonathan Edwards

---

14 Resolución 30: "Esforzarme cada semana a ser llevado más alto en el conocimiento de la religión, y a un mayor ejercicio de la gracia, de lo que estaba la semana pasada".

15 Resolución 32: "Estar estricta y fielmente firme en mi esperanza, como aquel hombre de Proverbios 20:6 "pero hombre de verdad, ¿quién lo hallará?", y que no se cumpla en mí solo parcialmente".

16 Resolución 61: "Que no daré ocasión a que la negligencia que yo encuentro en mí afloje y haga a mi mente dejar de anhelar estar completamente llena y firmemente colocada en la religión, cualesquiera excusa que pueda yo buscar, que mi descuido me incline a hacer, es mejor hacerlo etc. 21 de Mayo y 13 de Julio de 1723.

17 Resolución 64: "Cuando sienta estos gemidos que no deben ser proferidos de los cuales habla el apóstol y aquellos suspiros del alma tan desapacibles de los que hace mención el salmista en el Salmo 119:20 yo alentaré con toda mi fuerza y no me cansaré de empeñarme encarecidamente en expresar mis deseos, ni en la repetición de tales anhelos. 23 de Julio y 10 de Agosto de 1723".

y el avivamiento". Packer especula que el segundo Gran Despertar de finales de la década de 1790 hundía probablemente sus raíces en el llamado a la oración que hizo Edwards, publicado y distribuido unos años antes. Como afirma el propio Edwards: "Sean cuales fueren nuestras esperanzas, debemos contentarnos con ignorar los tiempos y las edades que el Padre puso en su sola potestad; y debemos estar dispuestos a que Dios responda a la oración y cumpla sus gloriosas promesas **en el momento en que Él lo desee**" (énfasis mío).

Actualmente, en el mundo de habla hispana necesitamos escuchar y prestar oído a este llamado a la oración. Fíjate de nuevo en el título: "el acuerdo explícito y la unión visible del pueblo de Dios en oración extraordinaria por el avivamiento de la religión".

> 1. El acuerdo explícito y la unión visible: el llamado al acuerdo en la oración, y a ser explícitos en este acuerdo. En una era de creación de reinos territoriales, cuando a muchos les interesa sobre todo su propia reputación, debemos escuchar y prestar oídos al llamado a un acuerdo explícito. La dinámica de la oración "unida" por el avivamiento entre el pueblo de Dios es uno de los "secretos a voces" del avivamiento. Edwards hizo un llamado a la unión visible, una demostración entre el pueblo de Dios de su determinación de orar juntos.

> 2. La oración extraordinaria por el avivamiento de la religión. La oración ordinaria es para los momentos ordinarios, pero la oración extraordinaria para el aviamiento de la religión es para periodos de crisis extraordinarias. En el mundo hispanohablante vivimos en un momento que exige una oración "extraordinaria". Existen fuerzas poderosas que desgarran el tejido de la sociedad: la desintegración de la familia; la desintegración de la Comunidad Europea con el BREXIT inminente y sus consecuencias, que serán cambios significativos en España, Europa y el mundo; el trastorno extraordinario del mundo occidental, sobre todo en Estados Unidos, donde existe una inestabilidad y un desencanto con la política sin precedentes; las graves perturbaciones sociales que afectan a determinadas zonas, como Venezuela, Siria, Cuba y Oriente Medio. Si ha habido alguna vez un momento que exija "la oración extraordinaria para el avivamiento de la religión" —destinada a solventar circunstancias extraordinarias— es hoy, es ahora.

Conclusión

Hemos procurado reflexionar sobre la importancia que tiene Jonathan Edwards para el mundo de habla hispana contemporáneo. Algunos pueden pensar que un puritano del siglo XVII que nunca salió de las colonias orientales de Nueva Inglaterra no tiene mucho que decir sobre nuestro mundo hispano, posmoderno, convulsivo y tecnológico, dentro del marco más amplio de una sociedad tumultuosa sometida a tremendas alteraciones tectónicas. ¡Craso error! Edwards es uno de los pensadores más importantes que habla con poder y convincentemente al mundo hispano moderno. Solo hemos examinado algunas de las áreas más destacadas en las que precisamos escuchar la voz de Edwards.

1. COMPRENDER NUESTROS TIEMPOS
2. ENFRENTARSE AL ORGULLO HUMANO
3. ENFATIZAR LA JUSTIFICACIÓN POR LA FE, NO POR OBRAS
4. DOCUMENTAR LOS AVIVAMIENTOS RELIGIOSOS
5. CENTRARSE EN LA SANTIDAD Y EN DIOS, NO EN LA FENOMENOLOGÍA Y EL HOMBRE
6. LOS PREDICADORES AVIVADOS SON EL SECRETO DE LAS IGLESIAS AVIVADAS
7. EL CORAZÓN DEL ASUNTO ES UN ASUNTO DEL CORAZÓN
8. EDWARDS COMO PENSADOR
9. EJEMPLO FIRME DE UNA PAREJA QUE MINISTRA JUNTA
10. DEJANDO UN LEGADO Y ACABANDO BIEN
11. PASAR TIEMPO CONOCIENDO A DIOS
12. PALABRAS, IDEAS Y EMOCIONES
13. ¡PRAXIS!
14. ¡DESPERTAD!
15. EL INFIERNO
16. LA ORACIÓN

Que el Señor nos conceda la humildad para hacer una pausa, mirar y escuchar las voces de los gigantes de la historia de la Iglesia. Una de las voces más relevantes del pasado que tiene mucho que decir sobre la Iglesia hoy día es Jonathan Edwards. "Aquel que habla estando muerto". Amén. Comencé haciendo referencia al epitafio en la tumba de Edwards. Ahora que hemos analizado algunos aspectos de su vida, permíteme concluir con ese mismo epitafio. Espero que la mayor consciencia que tenga el lector de la influencia y de la importancia que tiene Edwards confiera mayor peso a la lectura de estas solemnes palabras:

> "¿Quiere saber, oh viajero, qué clase de hombre fue aquella cuyos restos mortales aquí descansan? Un hombre auténtico, de alta pero elegante estatura, atenuada por la agudeza de su intelecto, la abstinencia y los estudios más arduos; en la agudeza de su intelecto, su sagaz juicio y su prudencia fue el primero de los mortales, en su conocimiento de las ciencias y de las artes liberales, alguien notable, eminente en la crítica sagrada, y teólogo distinguido sin igual; defensor imbatido de la fe cristiana y predicador serio, solemne y discerniente; y gracias al favor de Dios, muy feliz en el éxito y el devenir de su vida. Ilustre en su piedad, apacible en su trato pero amistoso y benigno con los demás, vivió para ser amado y venerado, y ahora, ¡ay!, lamentado por su muerte. La universidad ya huérfana llora por él, como lo hace la Iglesia, pero el cielo se regocija al recibirle: *Abi, Viator, El Pia Sequere Vestigia* («Parte de aquí, oh viajero, y sigue sus pasos piadosos»)." (Gerstner I: 19, 20)